上市公司高管薪酬
法律规制研究

臧兴东／著

图书在版编目（CIP）数据

上市公司高管薪酬法律规制研究/臧兴东著.—北京：知识产权出版社,2019.5
ISBN 978-7-5130-6219-0

Ⅰ.①上… Ⅱ.①臧… Ⅲ.①上市公司-管理人员-劳动报酬-劳动法-研究-中国 Ⅳ.①D922.504

中国版本图书馆CIP数据核字(2019)第075212号

内容提要

本书以薪酬信息披露制度为核心，对美国和其他国家上市公司的股权激励制度进行了介绍和分析，对我国上市公司高管薪酬的法律规制进行了概况和总结，指出了上市公司高管薪酬问题产生的原因、解决的困难性，对相关制度进行了总结和评价，提出薪酬决定和信息披露制度是促进薪酬合理化的关键。

责任编辑：张冠玉　　　　　　　　　　　　　责任印制：孙婷婷

上市公司高管薪酬法律规制研究
SHANGSHI GONGSI GAOGUAN XINCHOU FALÜ GUIZHI YANJIU

臧兴东　著

出版发行：知识产权出版社 有限责任公司	网　址：http://www.ipph.cn
电　话：010-82004826	http://www.laichushu.com
社　址：北京市海淀区气象路50号院	邮　编：100081
责编电话：010-82000860转8699	责编邮箱：zhangguanyu@cnipr.com
发行电话：010-82000860转8101	发行传真：010-82000893
印　刷：北京虎彩文化传播有限公司	经　销：各大网上书店、新华书店及相关专业书店
开　本：720mm×1000mm　1/16	印　张：16.25
版　次：2019年5月第1版	印　次：2019年5月第1次印刷
字　数：238千字	定　价：78.00元
ISBN 978-7-5130-6219-0	

出版权专有　侵权必究
如有印装质量问题，本社负责调换。

前　言

　　20世纪30年代，伯利和米恩斯基于所有权与经营权分离的前提，从经济学的视角对委托人与代理人之间的利益矛盾做出了经典分析，奠定了现代公司治理研究的理论基础。以詹森和麦克林为代表的经济学家创立并发展了代理理论，成为各个学科展开高管薪酬研究的基础。上市公司因公众性而与众不同，其高管薪酬制度是公司治理理论和实践中的重点。为了解决代理问题，增强高管与公司之间目标函数的一致性是高管薪酬制度设计的方向。但是，在股票期权激励方式产生以前，各种激励方式的效果有限，高管的非股权薪酬与他们的业绩一直仅有着微弱的联系。由此，股东与政策制定者越来越依赖股权薪酬来增强各方目标函数的一致性。自20世纪50年代美国上市公司开始推行股票期权激励计划以来，股权激励薪酬在高管薪酬总额中的占比不断增加，最终成为高管薪酬的主体，薪酬激励制度与薪酬制度逐步变成了同义语。

　　伴随着上市公司薪酬激励制度的实践，高管薪酬不断攀升，个别天价薪酬现象引发了争议，以股票期权为主的薪酬激励模式受到了广泛的质疑，上市公司转而采用限制性股票计划，但并不能改变薪酬制度已经异化的基本事实。一直以来，上市公司高管薪酬激励制度的设计被普遍认为是减少代理成本，促进代理问题解决的关键路径。但是，当薪酬制度受到客观因素的影响，如股市整体上扬、利率变化等情形时，高管常能获得"意外之财"；当巨额薪酬系高管自定，或是个别人通过财务数据作假、扭曲或隐瞒披露的信息、恶意利用行权规则等途径获取高薪，损害企业、股东以及利益相关者的权益时，与企业业绩脱钩的薪酬收入印证了上市公司薪酬制度的异化。以股票期权为首的股权激励制度在高管薪酬制度异化的过程中起到了决定性的作用，基于此，股票期权可以视为高管薪酬制度的紊乱之因，加之响应我国《上市公司股权激励管理办法》（2016）的正式施行，股权激励在本书中单列一章。薪酬激励制度本为解决代理问题而生，却又成为代理问题的一部分，围绕着薪酬合理化的目标、公司治理的理论和实践进行了大量的研究。从法学研究的角度来看，促进上市公司高管薪酬合理化的法律实践主要发生在公司法领域，体现为薪酬决定、薪酬信息披露、司法介入等多方面的努力。

对上市公司高管薪酬进行法律规制的努力中，形成了两条基本脉络。一条是美国式的做法。美国一直是上市公司高管薪酬法律规制实践的排头兵。其解决薪酬代理问题的基本思路为，在单层制的公司治理结构中，以独立董事制度为保证，增强薪酬委员会的独立性，将其设定为高管薪酬计划的制定者，以独立性和程序公正为手段，借助周密的薪酬信息披露规则保障薪酬的合理化；就薪酬合理性而言，美国司法实践形成了三大标准，进而推动了商事判断原则的形成。现今，法院通常拒绝对薪酬的合理性进行实质性的审查。相比较而言，税法与会计规则更乐于以税收杠杆对过高的薪酬进行调节，尽管效果常常事与愿违，但表明了政府对天价薪酬的干预态度。另一条脉络是德国式的努力，德国强调薪酬决定者有薪酬合理性的注意义务。监事在薪酬决定中需遵循"合适性要求"，董事职务、公司状况、业绩与通常性薪酬水平等因素是决定高管薪酬时需要综合考虑的因素，如此能在一定程度上实现对高管薪酬的事前遏制。尽管这样的标准仍然缺乏客观性，但为法院进行薪酬合理性的审查提供了可供讨论的标准，而德国法院也更乐意对高管薪酬的合理性展开审查，加之相关政策也没有对股权激励给予优惠措施，所以，德国上市公司高管薪酬问题没有美国那样突出。

我国的上市公司高管薪酬同样出现了比较严重的异化。2006年，我国证券监督管理委员会（以下简称"证监会"）在推出《上市公司股权激励管理办法（试行）》之前，已经有中国平安保险（集团）股份有限公司（以下简称"中国平安"）等公司采用虚拟股票激励方式推出了股权激励方案，形成了我国第一波上市公司高管天价薪酬的冲击，恰逢世界金融危机的爆发，频现的巨额薪酬形成了对传统分配方式的巨大挑战，引发了民众的热议。尽管如此，如内蒙古伊利实业集团股份有限公司（以下简称"伊利股份"）等借股权分置改革的推行，掀起了继目标管理（MBO）改革之后的又一波造富运动。我国的上市公司高管薪酬制度尽管饱受诟病，但并不能因此而停止改革的步伐。2016年，试行10余年的《上市公司股权激励管理办法》正式推出，对股权激励有了更为全面、完整的制度规范，对完善我国上市公司高管薪酬激励制度也有了更加迫切的要求。

《中华人民共和国公司法》确立的治理结构是以双层制为框架，以英美国家推崇的以独立性为特点的制度设计为手段，试图通过独立董事、专门委员会、委托征集投票等制度来实现上市公司高管薪酬问题的解决。但是，独立性的实现是极为困难的，在我国的实现难度则更高。我国的资本等市场不够成熟，国有企业的改革正蹚入深水区，在转型经济以及独特的制度环境背景下，上市公司股权的结构、公司的治理结构，以及外部监管环境等都具有独特性，既难以照搬德国对薪酬合理性的事前调控，也难以完全模仿美国唯程序正义的做法。笔者认为，借鉴日韩的股东大会与董事会共同决定模式，高管薪酬的总额和形式由股东大会决定，而董事会在总额内决定薪酬的具体形式与分配的具体实施计划；对现阶段的国有上市公司治理辅之行政力量，即履行出资人职责的主体应积极介入股东大会，以合法方式干预高管薪酬的形式及总额是当前解决高管薪酬合理性的有效办法。与此同时，进行薪酬的决定权、股权激励制度、薪酬信息披露制度以及对高管薪酬的司法介入，其中，薪酬信息披露制度应当是解决问题的关键。

全书分为8章：

第1章为"前言"，提出了上市公司高管薪酬法律规制的问题，指出，2016年《上市公司股权激励管理办法》正式施行，随着国家混合所有制改革的政策出台，上市公司高管薪酬必将在随后几年内又激发新一轮的高薪，对上市公司高管薪酬法律规制的现实需求已经引发。在导言部分还对研究意义、研究现状、研究方法、本书结构等进行了介绍。

第2章为"上市公司高管薪酬的逻辑、问题与法律规制"。该部分对上市公司高管与高管薪酬的概念进行界定，指出高管与公司之间应为雇佣或服务关系，以公司法律为主进行调整。该部分依据"人力资本""代理成本""经理人市场""管理层权力论"等对上市公司高管薪酬激励进行了合理性的逻辑解释。值得强调的是管理层权力理论，由基于经理人控制的观点出发，提出了管理层权力对于薪酬契约的缔结起着至关重要的作用。现有公司治理结构中董事的独立性不够，对管理层存在客观上的依赖，管理层借助股票期权等股权激励方式，获取高薪、扭曲薪酬结构，薪酬激励制度异化，甚至产生了负激励。

传统公平交易理论的前提为公平交易的假设。管理层权力论还提出公平假设与实践是脱节的，在引入股权薪酬激励之前，薪酬代理问题即已存在，但股票期权促成了天价薪酬的产生。高管薪酬激励制度的脱轨，天价薪酬现象的频现成为上市公司高管薪酬进行法律规制的动因。该章还对上市公司高管薪酬的规制进行了框架性的分析，对法律规制的正当性、公司法规制的效率优先、维护秩序、实现公平的价值取向，以及规制目标进行了分析。

第3章为"上市公司高管薪酬的决定权"。公司高管薪酬由公司（章程）决定。公司法对公司章程需要进行一定限度内的干预。该部分对英国、美国、德国、日本等国公司法对高管薪酬决定权的干预进行了介绍和论述。信奉股东自治、薪酬市场化的英美各国正面临着薪酬正当性危机的巨大考验，以决定独立性、程序正当性原则为指导，通过专门委员会制度、信息披露制度、税法与会计制度等来进行应对，避开对薪酬合理性进行实质审查的做法，其作用究竟如何，还有待实践的证明。在德国，监事会具有位阶上的优势，对董事薪酬具有实质上的决定权力。德国《管理层适当薪酬法案》规定了监事在薪酬确定中需结合董事职务、公司状况、业绩与通常薪酬水平等因素综合考虑，即应遵循"合适性要求"。薪酬决定者负有薪酬合理性注意义务，加上德国法院更为积极地对薪酬合理性进行实质性的审查的态度，有力地遏制了德国上市公司高管薪酬的总体水平和增长速度。

英美国家对高管薪酬决定权进行了有限度的变革，即创设股东薪酬话语权制度与增强薪酬委员会的独立性。基于高管薪酬决定为日常经营管理事务，应当为董事会行使的认识，英美进行了有限度的股东薪酬话语权的变革，即股东可对高管薪酬进行表决，但对董事会不具有约束力。对此，人们的看法不一，但股东的态度至少对董事会与经理层形成了一定的压力是客观事实。就薪酬委员会而言，独立的改造来自对其赋予更大的薪酬方案制订的权力，以及对独立董事的独立性进行多角度的约束，如禁止交叉任职、限制报酬的数额等，但效果是有限的。董事之间（包括独立董事）相互庇护的同时，对CEO有着多方面的依赖，难以改变。至于聘请薪酬顾问的做法，对独立性的促进也是有限的。

第4章为"上市公司高管薪酬信息披露制度"。信息披露通过其他制度的配合，能最大限度地促进各方信息上的对称，是上市公司高管薪酬问题解决的关键。

该部分对以美国为主的发达国家上市公司高管薪酬信息披露制度的变革进行了介绍、分析。美国证券市场对于信息的披露有着极为苛刻的要求，高管薪酬信息要求进行全面，甚至事无巨细的披露，这与其强调事后监督的原则密切相关。美国上市公司高管薪酬信息披露方法经历了由表格披露为主，到叙述性披露为主，再到表格披露为主的历史发展过程，最终在2006年形成了以表格披露为主、叙述性披露为辅的方式。美国SEC以促进各方对薪酬信息的全面了解为目标，围绕如何设计全面的、合理的披露制度进行了变革。

欧洲各国上市公司高管薪酬披露的要求从简单、无序发展为严格、规范。即便是在对高管薪酬信息一直讳莫如深的德国，也从对薪酬总额的披露过渡到对董事会每个成员的薪酬披露，并不断进步。2002年的《德国公司治理法典》在经历了四次修订后，于2006年最终形成了上市公司高管薪酬信息需进行系统性披露的规定。

第5章为"上市公司高管薪酬的司法介入"。司法介入是上市公司高管薪酬法律规制的最后一道防线，意义重大。该部分首先对董事责任的理论前提、信义义务、薪酬合理性注意义务进行了分析，论述司法介入高管薪酬问题的必要性。高管薪酬的司法介入有两条路径，高管薪酬方案制定内容的有效性或程序上存在瑕疵可触发决议瑕疵之诉；从高管薪酬方案对公司利益的侵害可触发股东代表之诉。后者是司法介入的核心路径。鉴于发达国家在理论和实践上多认为高管薪酬的合理性判断应交给市场，法官不能也没有能力来进行判断，至于公正性，更与民众的主观心态相关，股东派生诉讼在高管薪酬问题上的作用有限。

该部分还对美国高管薪酬正当性审查的三大标准，即浪费公司资产、违反注意义务、违反忠实义务（自我交易），以及商事判断原则进行了介绍和分析。对商事判断规则对司法介入形成的掣肘进行了剖析，厘清了司法介入作用的有限性。本书还对英国、德国等国的情况进行了介绍，最后对薪酬取回权进行了论述，指出其是司法介入的新的制度接口。

第6章为"上市公司股权激励制度"。股票期权激励形式的出现，彻底改变了上市公司的薪酬结构。股票期权一方面能带来"意外之财"，另一方面，其运行规则容易被利用，最终形成高薪甚至天价薪酬，引发了高管薪酬的正当性危机。股票期权的优势直到其成本费用化以后才逐步减低。上市公司股权激励与薪酬政策是密切相关的，薪酬政策决定了股权激励的基调，能摆正股权激励在薪酬结构和薪酬水平中的位置。在薪酬政策为管理层设计、控制的前提下，股权激励计划实施的最大问题为业绩反映失真，"无功受禄"的现象时有发生，内在运行机制容易被扭曲的股权激励，从而成为问题薪酬形成的关键，是各国上市公司薪酬制度规制的重点。

该部分还对美国和其他国家上市公司的股权激励制度进行了介绍和分析。美国对股权激励制度的完善，从公司法、税法、证券法、会计准则及上市规则等各方面均做出了要求。由于股权激励制度固有的问题难以通过外在制度的改革解决，对传统期权制度的改进是股权激励制度完善的关键。

第7章为"我国上市公司高管薪酬存在的问题及相关制度的完善"。该部分是全书的落脚点，主要观点为：采取股东大会与董事会共同决定高管薪酬的机制，即股东大会决定高管薪酬的总额，而董事会进行具体的分配。就决定权的干预手段而言，提出应立足实际，在国有上市公司推行行政化与市场化手段结合的薪酬决定机制，全面推进高管薪酬的市场化决定机制需待条件成就之时；就高管薪酬信息的披露而言，主张以美国模式为借鉴，全面、充分地披露高管薪酬信息；就司法介入而言，介绍了我国相应的制度基础，对三大标准、商事判断规则与薪酬合理性对我国的影响进行了分析。结合我国立法与诉讼实践，对股东代表诉讼存在的问题作了分析，提出了完善建议；对我国上市公司股权激励制度的沿革和发展作了介绍，对我国个别的股权激励制度的异化与问题薪酬的产生进行了分析，并提出制度异化、业绩考核指标不合理、薪酬与业绩关联度低、股权激励计划容易被操纵等是股权激励制度的内生性危机，为保证股权激励制度的积极作用，提出了针对具体问题的完善意见。

第8章为"结语"。结语进行了概况和总结，指出了上市公司高管薪酬问题产生的原因、解决的困难，对相关制度进行了评价。薪酬决定和信息披露制度是促进薪酬合理化的关键。薪酬决定是薪酬问题的起点，对高管薪酬水平的有效控制无疑为从源头上解决问题的努力。充分的信息披露对于解决代理问题的内源性矛盾——信息不对称具有关键性的作用。阳光是最好的防腐剂，信息披露制度的完善能有效地促进薪酬的合理化与高管薪酬问题的解决。

目录 CONTENTS

1 导论 001
   1.1 问题提出 001
   1.2 研究意义 005
   1.3 研究现状 007
   1.4 研究方法 027
   1.5 本书结构和创新 029

2 上市公司高管薪酬的逻辑、问题与法律规制 033
   2.1 高管与高管薪酬的界定 033
   2.2 上市公司高管薪酬的解释逻辑 048
   2.3 上市公司高管薪酬出现的问题与原因 059
   2.4 上市公司高管薪酬规制的理论分析 065

3 上市公司高管薪酬的决定权 074
   3.1 各国公司法对高管薪酬决定权的干预 076
   3.2 公司法对薪酬决定权干预的法理分析 085
   3.3 薪酬决定的改革方向 090

4 上市公司高管薪酬信息披露制度 101
   4.1 信息披露制度是薪酬问题解决的关键 102
   4.2 国外高管薪酬信息披露制度的变革 107

5 上市公司高管薪酬的司法介入 117
   5.1 信义义务、合理性注意义务与司法介入的必要性 118

  5.2 股东诉讼——薪酬问题司法介入的路径 128

6 上市公司股权激励制度 143
  6.1 上市公司股权激励与高管薪酬政策 144
  6.2 上市公司股权激励制度的沿革及发展 149

7 我国上市公司高管薪酬存在的问题及相关制度的完善 156
  7.1 薪酬制度、公司治理与薪酬问题 156
  7.2 上市公司高管薪酬的决定权 164
  7.3 上市公司高管薪酬信息披露制度 178
  7.4 上市公司高管薪酬的司法介入 190
  7.5 上市公司股权激励制度 203

8 结语 221

致谢 225

参考文献 227

1 导论

1.1 问题提出

上市公司高管薪酬数额不断攀升,高管薪酬问题愈演愈烈,成为全球性公司治理难题。我国自改革开放、股票市场重建以来,上市公司高管薪酬问题不断凸显,高管中长期激励薪酬收入持续、大幅上升,也出现了高薪甚至巨额薪酬的现象。2006年,我国《上市公司股权激励管理办法(试行)》推出,在股权激励薪酬形式的作用下,上市公司高管的薪酬增速快、涨幅大、绝对值高。上市公司高管薪酬迅速、稳定地上升,而企业业绩的上升却远不如高管薪酬的增速,表现出了典型的高薪低效,即有学者提出的逆向激励现象[1]。《上市公司股权激励管理办法(试行)》的推出,让敢于尝鲜的第一波上市公司领略到了股权激励的魅力。2007年,中国平安董事长马明哲期权兑现金额达到4100万元人民币,薪酬总收入6616.1万元人民币,引发了极大关注和争议。面对2008年金融危机和民众对上市公司高管巨额薪酬的热议,中华人民共和国(以下简称"财政部")迅速反应,推出了中国版的限薪令❶。

高管薪酬问题并不能阻止改革的步伐。中国证券监督管理委员会2016年第6次主席办公会议审议通过了《上市公司股权激励管理办法》,自2016年8月13日起施行。股权激励历经10余年的试行后,正式成为我国上市公司高管薪酬形式的组成部分。无疑,正式规定更加完善,但存在不足,如行权期限的下限仍然是1年,以与年终奖一致的期限作为股权激励期限范围的下限,并非严格意义上的长期激励。这样的规定给予了上市公司更宽泛的选择,以短期行

---

❶ 2009年1月13日,财政部出台《金融类国有及国有控股企业负责人薪酬管理办法(征求意见稿)》,规定国有金融企业负责人最高年薪为280万元人民币。

为实现个人利益的行为仍将继续存在。随着我国经济的发展和股权激励制度的推行，上市公司高管天价薪酬现象不断出现。中国上市公司高管年薪中的高者已经稳定地达到千万元人民币级别❶。高管薪酬问题已经表现得尤为突出，如何规制上市公司高管高薪，促进上市公司高管薪酬的合理化，减少代理成本仍然是问题的核心。

股权激励形式的薪酬是现代企业薪酬制度的创新。当高管薪酬结构中激励形式的薪酬成为主要部分后，薪酬制度与薪酬激励制度被视为同义语使用。上市公司高管薪酬形式的不断增加，反映着市场的客观变化，体现了高管薪酬制度理论和实践的不断探索与进步。但是，本来作为解决代理问题的上市公司高管薪酬制度设计逐步偏离了轨道，近20年来出现的天价薪酬现象，表明了激励和约束的天平已经失衡，使得人们对上市公司高管薪酬制度本身产生了质疑，也许不是个别苹果本身，而是装苹果的桶出了问题[2]。世界范围内的高管薪酬问题引发了各国政府、学者及公众的广泛关注，在21世纪初不到十年的发展历程中就经历了两次高峰❷。法律对上市公司高管薪酬问题的研究集中在如何完善高管薪酬法律制度，以公平交易实现"合理化"的薪酬。至于政府和

---

❶ 在我国上市公司中，高管年薪达到百万人民币级别已经是较为普遍的现象。千万级别的年薪在金融类等上市公司中也较为常见，2008年，深发展董事长法兰克·纽曼的年薪为1598万元人民币；中国平安首席金融业务执行官理查德·杰克逊为1584万元人民币；中国银行信贷风险总监詹伟坚的年薪为1181万元人民币；民生银行董事长董文标的年薪为1136万元人民币。根据巨潮资讯网各家公司公布的年报而得，参考网址为：http：//www.cninfo.com.cn/cninfo-new/index。

❷ 2001年，安然、世通等丑闻暴露了美国公司治理中的重大缺陷，并掀起了全球对上市公司高管薪酬合理性的热议。2008年，世界金融危机爆发，华尔街高管自发高薪的行为被奥巴马怒斥无耻，而此时中国上市公司的股权激励计划已经试行了几年，纷纷开始行权，也出现了天价薪酬，引发了各界热议。例如，2007年中国平安年报显示，该公司有3名董事及高管税前薪酬超过4000万元人民币，董事长兼CEO马明哲税前报酬为4616.1万元人民币，另有2000万元人民币奖金捐赠给中国宋庆龄基金会，总计达到6616.1万元人民币，其收入相比上一年暴增395%。根据2008年中国平安官网发表的《中国平安长期激励计划首次支付》新闻稿称，平安公司高层薪酬暴涨的原因即在于期权计划的首次支付，在马明哲的薪酬构成中，期权收入占总收入的60%以上。参见网址：http：//www.pingan.com/about/cn/news_73130.jsp 访问于2016年11月18日。

民众对高管薪酬问题的关注则集中在监督和约束，即"限薪"上❶。

在中国，随着经济体制改革和国有企业改革的深入，高管薪酬已经成为顶层设计中的一部分。2013年年初，我国国务院颁布的《关于深化收入分配制度改革的若干意见》指出："加强国有企业的高管薪酬管理，建立与企业领导人分类管理相适应、选任方式相匹配的企业高管人员差异化薪酬分配制度。"2015年年初，《中央管理企业主要负责人薪酬制度改革方案》实施，对不合理的偏高、过高收入进行调整。各种政策的密集出台，为国有企业高管薪酬管理提出了顶层设计的原则和要求。国有上市公司作为上市公司的主体，基于所有权性质（国有资产保护）与国情民意的考虑，在打破"大锅饭"，推行差异化薪酬的同时，大量上市公司纷纷推出股权激励计划❷，与限薪的要求相互交织，形成了当前国有上市公司高管薪酬制度中的主旋律。

高管薪酬制度的设计，从根本上来看是利益分配过程中各方利益主体，包括股东与高管、股东与股东等主体之间利益冲突与协调的过程。中国及其他中东欧等转轨国家，尚有表现突出的代表全民利益的政府与国有上市公司高管之间的利益博弈。各上市公司，尤其是国有上市公司中如何合理地规范所有权与控制权之间的界限，保证股东利益的最大化，防止高管"无功受禄"，并在客观上惠及各方利益主体，成为理论界和实务界的热门话题。

在中国这样的新兴市场，公司治理法律制度尚未全面建立和完善，对上市公司高管薪酬规制从不同的角度进行不断地思考和探索，这对于保障社会公平、促进国民共同富裕与和谐社会的建设更具意义。需要指出的是，我国上市

---

❶ 2009年1月13日，在全球金融危机的背景下，中国版的限薪令——《金融类国有及国有控股企业负责人薪酬管理办法（征求意见稿）》（财政部）发布。中国的限薪运动与世界同步的根本原因在于中国上市公司的高管薪酬问题的"国际化"：高管薪酬结构中激励薪酬占比剧增，自定薪酬与业绩偏离幅度大，薪酬总额增长速度快，社会不公加剧，民众反应强烈。

❷ 上海荣正投资咨询有限公司发布的《中国企业价值报告（2017）》显示，自2011年起，上市公司股权激励计划单年公告量均在100家以上，其中，2015年共计146家，公告数最多。就新上市的公司采取股权激励方面，2014年IPO重启以来，共有573家新上市公司。剔除2016年12月31日前未满20个交易日的45家公司，528家上市公司中就有117家实施了股权激励计划，占比22.16%。其中，22家上市公司在上市100天内即公告首期股权激励计划，可见，股权激励已经逐渐趋于常态化。

公司的主体是国有上市公司，在现阶段应关注国有上市公司的财富的全民所有性质，并为如何在实践中不被高管攫取创设法律保障机制。21世纪初的国有企业MBO改制已经证明了这种掠夺财富行为的存在，2016年《上市公司股权激励管理办法》的正式出台，确立了股权激励为上市公司的高管薪酬激励制度正式的组成部分，全面推行股权激励"名正言顺"，但这是一把"双刃剑"，上市公司高管薪酬问题的解决获得了新的机遇，也面临着新的挑战。

股权激励的薪酬形式有两大典型特点：高激励性与长期性，有助于以丰厚回报和长期激励为特点的高管薪酬制度的形成。上市公司股权激励制度的积极作用是毋庸置疑的，但是，偏离了轨道的制度不能牵引各方走向利益的一致或平衡，反而被高管利用，使得高管薪酬逆势提升，高管薪酬制度面临失灵压力的考验，薪酬设定程序本身就被认为是代理权问题的主要表现，为解决代理问题而设计的高管薪酬制度本身也成为代理问题的一部分❶[3]。如何保障公司、股东，甚至社会相关主体的利益显得极为重要。对我国上市公司高管薪酬问题的大范围爆发必须严阵以待、加深研究、完善制度，维护高管薪酬制度的积极作用。

高管薪酬问题在上市公司和非上市公司中都是存在的，但在上市公司中偏离治理平衡的状态与非上市公司大不相同。在非上市公司，即封闭型公司中，终极意义上的股东控制权更容易实现，股东与高管间就薪酬而展开的博弈能更大程度地体现市场公平交易原则。而在上市公司中，所有权与控制权因股权分散而逐步分离，最终控制权为管理层或管理层与少数股东占有，高管与股东或中小股东的利益分歧不断扩大，高管薪酬问题更难以解决。在股权极度分散的股票市场中，上市公司的公众性极为彻底，高管薪酬问题甚至成为与社会公众利益相关而非少数主体之间的问题。总而言之，上市公司的公众性将亿万投资者的利益与公司利益联系起来，它的高管薪酬问题受到最为广泛的关注。

综上，作为全球经济的重要一极，我国上市公司高管薪酬规制的重要性不

---

❶ 对于不合理的上市公司高管薪酬而言，由于与高管提供的服务之间没有合理的对价关系，已经构成了公司新的代理成本。

言而喻。一方面，要有与全球融合的上市公司高管薪酬制度提供合理的高额薪酬，为上市公司招揽、留住各种顶级人才提供制度支持；通过激励手段促进公司业绩与高管利益之间目标函数的一致性，充分发挥高管的主观能动性，在其为企业创造财富的同时满足物质需求和精神追求，实现平衡和共赢。另一方面，基于我国所有权的性质及所有者缺位的国情，我国国有上市公司既要遵守市场经济法律制度的要求，又要受到适应其特征的、行政化规制手段的约束。对于以民企上市公司为主的非国有上市公司，针对控股股东存在的现实，应当受到保护中小股东利益制度的约束。

当前，我国国企改革已经步入深水区，随着上市公司股权激励制度的正式施行，在胜利完成改革任务的同时，对上市公司高管薪酬制度扬长避短，促进个人价值的实现和企业业绩的进步，增加财富，推动社会进步和民众富裕是各界共同的任务。而对上市公司高管薪酬的规制法律涉及众多，笔者主要从公司法的角度进行探析，避免陷入泛而不深的窠臼。

1.2 研究意义

公司治理通常包括三个方面的内容：控制权的分配、外部市场竞争、薪酬激励机制的安排。传统公司治理模式是以控制权的分配、外部市场的竞争为主来进行构建，对高管薪酬激励机制在公司治理中的作用重视程度不够。

薪酬激励机制通过制度设计将以高管为主的公司有关人员的个人利益与企业的长远利益紧密结合，从而促使激励对象为了公司和股东的价值最大化而勤奋工作，是薪酬制度的灵魂所在。所谓有关人员，主要包括高级管理人员及普通职员[1]。普通职员的薪酬激励主要与管理学意义上的公司治理相联系，而高级管理人员主要与公司法意义上的公司治理相联系。换句话说，从公司法的角

---

[1] 例如，我国证监会于2016年颁布的《上市公司股权激励管理办法》第2条规定，本办法所称股权激励是指上市公司以本公司股票为标的，对其董事、高级管理人员及其他员工进行的长期性激励。第8条明确其他员工为"核心技术人员或者核心业务人员，以及公司认为应当激励的对公司经营业绩和未来发展有直接影响的其他员工"。

度来看，薪酬激励法律制度是针对高级管理人员的制度设计。

自20世纪50年代起，以股票期权为核心的股权激励制度逐步盛行，伴随着全球经济的繁荣和股市的不断推高，高管薪酬也不断上升。在股权激励制度的作用下，全球高管高薪甚至巨薪成为普遍现象。经济上行时期的高管高薪并未引起全面的关注，而当经济下行时仍然享受着高薪的高管们招致了更多的争议。自21世纪初以来，世界各地反对高管高薪的声音此起彼伏。2004年，卢西恩·伯切克、杰西·弗里德两位美国教授联名发表了《无功受禄——审视美国高管薪酬制度》(*PAY WITHOUT PERFORMANCE—The Unfulfilled Promise of Executive Compensation*)，引发了学界对美国高管薪酬制度的批评，也引发了不同的声音。例如，美国艾拉·T.凯及斯蒂文·范·普腾认为：关于高管薪酬的种种"神话"，其实是误解。针对这些"误解"，他们描述了上市公司高管薪酬的现实，即高管薪酬制度在美国为企业界广泛采用。薪酬制度的成功运用，对美国经济的增长有着不可低估的作用，也促进了美国模式的公司治理的形成，并为各界所重视。高管薪酬与公司业绩有着密切的联系，它随着股价和公司业绩波动。在股权激励的作用下，上市公司高管卓越的工作成效为股东带来了数以万亿的财富，创造了大量的工作岗位，为众多的公司员工及其家属带来了丰厚的收益。高薪反映的是企业界对精英管理人才的强烈需求，是市场需求的表现。艾拉·T.凯和斯蒂文·范·普腾认为：在美国，许多薪酬实践都鼓励并最终导致股东创造价值与生产率增长，而不是以股东和其他员工的利益为代价，让高管致富[4]。无疑，"无功受禄"的观点占据了主导地位。

在中国，高管薪酬问题同样引发了热议和关注，国有企业高管薪酬设计成为国企改革和经济体制改革中顶层设计的重要部分。我国的公司治理实践与德国和日本相近，强调两会制度，并从形式上建立起了股东会、董事会和监事会相互制衡的治理结构。理论上，由于多数情况下国有上市公司中的国有股股东占控股地位，股东大会系大股东控制，董事会成员中的多数由国有股股东提出候选人，并经股东大会选任，自然代表着大股东的利益，而董事常常兼任着经理。于是，股东会、董事与经理倾向于结成共同利益体，至于监事会则难以有所作为。可见,"三会"成员关系密切,未能形成有效的制约机制。所以,如果仅考虑国有股股东利益,这样的治理环境在理论上对国有股股东的利益能够实现最强保障。在实践中,由于某些所有者缺位、监管者不力,一些国有上市公司高管薪酬激励机制反而成为利益相关者分享全民财产的"制度保障"。对于非国有上市公司,经营权与所有权分离的表现与传统形式一致,所有者如果没有直接参与公司的经营管理,其利益也存在着被高管侵蚀的现象,且随着股权分散程度的不断提高会日益严重。当前非国有上市公司(主要指民营上市公司)仍然主要为家族控制,高管恣意而为的情形并不普遍,反而是控股股东以薪酬激励为由侵蚀公司和中小股东的利益,这种公司治理问题更为常见。

为使得上市公司高管薪酬制度在公司治理中的作用得以正确发挥,2016年《上市公司股权激励管理办法》出台,股权激励机制在上市公司对效率、公平、公正的价值追求上的作用被寄予厚望。相应地,对其可能产生的副作用也存在深深的担忧,不仅涉及其可能沦为高管自利的工具,还存在着对国企私有化倾向的顾虑。通过研究,寻找解决问题之道,意义重大。本书通过研究上市公司高管薪酬现状及其形式与构成、分析高管薪酬决策、股东话语权、信息披露、司法介入以及股权激励等法律规定方面存在的不足,提出完善的建议,有着很强的理论意义和实践价值。以高管薪酬的激励作用作为逻辑原点和终点,充分借鉴美国、德国等在上市公司高管薪酬制度上的有效做法,以我国的国有上市公司高管薪酬现状为主体,以民营上市公司为补充,通过对高管薪酬制度的研究,分析存在的缺陷和完善路径,为上市公司高管薪酬制度的健康发展并发挥积极作用提供些许帮助,其研究意义是客观存在的。

1.3 研究现状

自20世纪30年代以来,"高管薪酬"逐步成为现代公司治理中最受关注的研究领域。1932年,伯利和米恩斯出版了《现代公司与私人财产》,基于所有权与经营权分离的前提，从经济学的视角对委托人与代理人之间的利益矛盾做出了经典分析，奠定了现代公司治理研究的理论基础。20世纪70年代，以迈克尔·C.詹森和威廉·H.麦克林为主的经济学家开拓和发展了代理理论，在随后各个学科领域中的研究都是以代理理论为基础来开展的，代理理论被称为薪酬决定的"官方故事"。

代理理论强调代理成本的客观存在，认为促进委托人与代理人的目标利益一致是制度设计的灵魂。以代理理论为基础理论的各个学科研究均认可高管薪酬与企业业绩的正相关性。但是，学者们在研究中逐步发现：为何在公司绩效表现差强人意时，公司高管仍然可以获得高薪呢？答案可能是好运。Bertrand和Mullainathan在2001年发现，公司高管可以从好运气中获得收益。Garvey和Milbourn在2003年进一步质疑高管不会因坏运气受到惩罚。Frydman和Saks在2008年对高管薪酬与绩效关系的历史趋势进行了探索，发现结果与代理人理论的预测并不相符[5]。郎咸平则指出："美国现在普遍的大众持股公司的现象，在当时并没有出现。Rrochester在1936年、Lundberg在1946年也提出了类似质疑。"《现代公司与私人财产》认为"资本家与劳工之间的紧张关系转换为了股东与职业经理人之间的关系"，他们把矛盾进行了转移[6]。

不论两位先驱在当时所采集的样本中是否已经出现了大众持股的事实，无论其目的是转移劳资矛盾，还是给美国大众持股的政策导向提供理论前提，其起到的作用是无与伦比的。不能以此否定两权分离的研究对于代理理论等理论形成的基础作用，现代公司治理是在其基础上形成的，公司激励机制研究成为公司治理的重要组成部分。

我们通常认为，高管薪酬最早可以追溯到Taussings和Baker的研究[7]，而现代高管薪酬制度的研究则起源于迈克尔·C.詹森和威廉·H.麦克林以代理理论为基础进行的相关研究。他们在《公司理论：经理行为、代理成本和所有权结构》一文中，将代理关系定义为一种合同，并认为如果合同当事人都是效用的最大化者，代理人并不是总根据委托人的最大利益而为。现代企业制度中，股东和经理人之间的关系是一种委托—代理关系。他们认为，现代企业的所有权与控制权的分离形成了经理人既不享有剩余索取权，但也无须担负企业经营后果风险的局面；股东和经理人之间的目标函数是不一致的，为避免经理人损坏股东和企业的利益，股东以承担激励和监控的成本为手段来限制经理人的越轨行为。一般来说，由于信息不对称、环境不确定以及契约不完备，股东不可能以零成本来保证经理人会做出从股东的观点来看是最优的决策，为了减少双方之间的利益分歧，促进经理人对股东利益最大化的追求，需要设计将二者利益紧密联系在一起的合约，通过有效的契约设计将经理报酬与股东财富紧密地结合起来，激励经理人实施促进股东利益最大化的行为，从而达到避免高管决策时偏离股东利益的目标[8]。此后，对高管薪酬问题的研究成果日渐丰硕，并从主要集中于经济学、管理学等领域的研究开始发展为各个学科领域均普遍关注。

鉴于美英市场的有效性，通过上市公司年报等途径可以获知众多的信息，高管薪酬领域有着丰富的研究对象，学者们研究成果丰硕，而美国在全球经济中的领跑地位也使得美国学者对高管薪酬的研究一直居于主导地位。德国和日本的公司上市意愿较低、证券市场不如美国和英国活跃、股东（银行）对公司管理的监控作用大，高管薪酬较美国和英国低很多，相关信息的获取困难，针对其的研究也相对较少。

在中国，高管薪酬问题一般被认为属于经济学、管理学等学科的研究领域，引发了很多的讨论，相关译作和国内研究文献都不少。相关研究主要是把高管薪酬视为公司激励的一种手段或者人力资源管理的一部分来进行研究，注重对高管薪酬制度的具体设计，如报酬的成分、报酬数额的计算和确定、报酬与公司绩效联系实证分析等方面开展研究。2008年金融危机爆发之前，法学界对高管薪酬的研究基本处于起步阶段，有少数学者做了一些研究，掀开了我国法学界对高管薪酬问题研究的序幕，朱羿锟教授等人的论述较多，并持续关注到现在。早期研究对高管薪酬法律规制的必要性和可行性存在着反对的声音，如香港大学的郁光华教授，他对法律规制的必要性和可行性基本持反对立场。通过对美国信息披露制度与税法对高管薪酬不同的干预作用和效果的分析，认为应当通过市场机制促进企业增强高管报酬和企业业绩的相关性[9]。遗憾的是，各家上市公司纷纷借着股权激励制度的试行，积极地推出了股权激励计划，尤其是国有上市公司借着当时股权分置改革形成的股价落差将行权价定格在低位，于是在短暂的1年限期后兑现，上市公司高管们攫取了丰厚的收益。不巧的是赶上了2008年的金融危机，引发了广泛的关注，人性的自利和市场机制的博弈在高管薪酬制度缺陷的作用下，形成了一定的负面影响，也说明了法律规制的重要性。2008年之后，高管薪酬才被我国法律界学者广泛关注，并呈方兴未艾之态势，且大多数人支持应当对上市公司高管薪酬进行法律规制。

1.3.1 高管薪酬合理性研究

对高管薪酬合理性的研究，可以分为两种基本的态度。一种为主流的，即对高管薪酬制度本身的正当性并无怀疑，但对高管高薪的合理性提出了质疑，主张应当对上市公司高管薪酬制度进行完善，促进高管薪酬的合理化，以确保制度的公平和效率。美国学者卢西恩·伯切克与杰西·弗雷德剖析了高管"无功受禄"的症状和成因，指出期权等长期激励措施与高管业绩的关联度较高，是确保高管维护公司和股东利益，促进公司维持长期健康发展的薪酬机制。但也存在着严重不足，即高管在行权和售股方面有很大的自由度，使得高管可以通过其影响力导致期权方案偏离公平交易。这会导致，即便公司业绩糟糕透顶，期权方案仍然使得高管收入颇丰，应当对高管薪酬制度加以改造[10]。

另一种态度肯定了高管薪酬的合理性。美国学者艾拉·T.凯及斯蒂文·范·普腾在《企业高管薪酬》一书中，肯定了高管薪酬制度受到美国企业界的推崇和广泛采用，作为一种薪酬制度，无疑获得了成功，既刺激了美国经济的高速增长，又促成了美国公司治理模式的形成，并为各界推崇。高管薪酬是建立在公司业绩的基础上的，二者存在着密切的、正向的关联性。高管的高效工作为社会、员工，以及股东带来了财富[11]。凯文·墨菲对伯切克和弗雷德批评高管薪酬制度的理论基础——管理层权力观也做出了批评，指出，从根本上说，管理层权力观不但在理论层面存在问题，而且对高管薪酬实践的解释也过分单纯化了[12]。本特·霍姆斯特罗姆、史蒂文·卡普兰认为，美国公司治理实践在过去20年间已经取得了巨大的进步，首席执行官的薪酬反映了股票市场的高速发展，具有合理性[13]。约翰·E.科尔维尼·R.格威等也肯定了美国高管薪酬制度取得的成功[14]。美国学者克拉克认为，高管薪酬的确定属于一种关联交易，内含了公司利益冲突。对高管薪酬合理性的标准持形式合理性标准，即薪酬合同只需要获得董事会批准，而且，如果不存在董事相互间的冲突，或者恶意、欺诈的充分证据，就应当是公平的，或者合理的[15]。

1.3.2 高管薪酬法律规制研究

1.3.2.1 国外上市公司高管薪酬法律规制的研究现状

（1）高管薪酬的决定

在美国，高管薪酬主要是指经理阶层的报酬，即CEO及其他在公司中掌有高阶管理权力的各种类型的执行官们的报酬。美国法学界主要对谁来决定高管的薪酬问题开展研究，这种研究趋势的背景是，按照美国各州公司法的规定，高管薪酬应当由董事会决定。但是，由于绝大部分大型公司的CEO兼任了董事会主席，控制了董事会，公司经理阶层的薪酬实为自行定价，而非公平协商的结果。相当多的文献分析了这种实践与法律规定的脱节，并且讨论如何规制。如卢西恩·伯切克与杰西·弗雷德提出了影响广泛的管理层权力理论，认为高管薪酬的设计并不是一种可以解决代理问题的主要方式；恰好相反，扭曲的薪酬设定程序本身就是代理问题的主要表现。高管通过管理层权力获取高薪酬，CEO常常凌驾于董事会之上，董事对高管薪酬进行谈判丧失了足够的动力，或者干脆对薪酬方案不进行监督，董事会代表股东与经理人员进行薪酬契约的谈判，实际上，一种有着多个层次的代理关系，完全可能会导致管理者运用其在公司中的权力去干预、影响其所在公司的董事会，从而偏离最优契约内容，使得经理薪酬的决策权成为权力寻租的一种途径，最终导致"按绩效付酬"的经理薪酬计划蜕变为"无绩效付酬"的游戏。二位学者在做出分析后，还提出了"增强透明度、董事会责任感、让董事依赖股东""按业绩支付报酬、加强奖金计划和业绩之间的联系"等解决之策[16]。

对高管薪酬决定权的相关分析，还有学者从股东对高管薪酬的话语权的方向开展积极的研究，例如，Randall S.Thomas 与 Kenneth J.Martin 两位学者，他们较为完整、详尽地对股东的提案对高管薪酬水平形成的影响，进行了客观的分析。他们指出，将股东在高管薪酬问题上的提案作为监督高管高薪的一种重要手段，是具有可行性的[17]。Stephen M.Bainbridge 指出，股东薪酬话语权的介入是有效的。但是，对美国而言，在引入股东的薪酬话语权制度之时，《多德-弗兰克法案》❶并没有完全地满足一些基本的前提条件，也就是，畸高的上市公司高管薪酬水平、联邦立法介入的必要性以及有效性。因此，在实践中，股东的薪酬话语权制度会面临众多的、现实的问题[18]。Andrew Lund 也对该法案中的股东薪酬话语权制度的实施所可能产生的问题进行了相关的分析。该学者提出，解决相关问题的有效方法是：应当把对高管薪酬的咨询性质的投票进行时间点上的改变，即由现在的事后表决，改变为事前表决[19]。

当然，也存在反对的观点，反对者认为，没有理由能相信加强股东在薪酬问题上的控制度能给公司治理带来重大的好处。在法律应否介入高管薪酬规制的问题上，Brain R.Cheffins 与 Randall S.Thomas 两位学者就美国上市公司的股东在高管薪酬的决定过程中，能产生什么样的作用进行了深入的研究。他们发现，在美国，提高股东在高管薪酬的决策过程中的参与度，没有产生类似于英国那样的负面效应。当然，尽管如此，两位学者仍然认为单纯地去扩大所谓股东的薪酬话语权，并不能从实质上解决上市公司所面临的高管薪酬的问题[20]。Randall S.Thomas，Nathan Knutt 则认为，法律不应当介入高管薪酬问题，市场具有自我调节的能力，能够自动地对高管的薪酬进行调整，高管薪酬遵从市场规律，由市场决定，法律不应当干预[21]。

---

❶ 美国于2010年7月21日产生了《多德-弗兰克华尔街改革和消费者保护法案》（Dodd-Frank Wall Street Reform and Consumer Protection Act），该法案被认为是"大萧条"以来最全面、最严厉的金融改革法案，对上市公司高管薪酬制度做出了一些关键性的改进。该法案常常简称为《多德-弗兰克法案》。

（2）高管薪酬信息披露

有学者对高管薪酬的信息披露制度进行了研究。K.Murphy提出，高管薪酬信息披露制度的作用在于：降低了股东等获得信息的成本；激发了机构投资者以积极的态度参与公司治理、赢得良好的声誉的愿望；为股东监督董事会、薪酬委员会采用更有效的薪酬政策提供了便利；强化了薪酬委员会对所制定的薪酬政策的合理性的说明义务和法律责任[22]。Jeffrey N Gordon指出，薪酬信息披露制度在薪酬问题上的重要性。例如，有的信息披露于公司的代理报告中，有的则在公司的年度报告注脚之中，现金报酬与股票相关的报酬在一个表格，而退休计划却在另一个表格，至于对经理人员的贷款又被放到了别的地方，其结果是人们难以了解真相[23]。Sandeep Gopalan则比较了薪酬信息的披露制度与股东薪酬的话语权制度在美国、英国等各国高管薪酬的监管体系中，所具有的不同的作用[24]。

（3）薪酬追回权

有的学者对 Claw Back Rules（即对高管薪酬的追回规则/制度）进行了研究。例如Jesse M. Fried与Nitzan Shilon两位学者就分析了薪酬追回制度的理论，以及薪酬追回制度的现实依据。两位学者认为，《多德-弗兰克法案》中有关薪酬追回制度的规定，的确在客观上有助于大部分的上市公司改善其高管薪酬的相关安排。与此同时，他们还指出了未来薪酬追回制度改革的方向[25]。Sang-Ⅱ Moon则指出，为了建立合理的高管薪酬制度，美国采用了美国证券交易委员会披露规则和《萨班斯-奥克斯利法案》❶取回条款规定，然而，这些监管方法若要有效地调解薪酬问题仍有其固有的局限性，应该采取更根本的改革措施，如改革董事制度和采用股东薪酬话语权制度。

（4）高管薪酬司法介入

有的学者对高管薪酬的司法审查进行了研究。Randall S. Thomas基于美国公

---

❶ 2002年7月26日，美国国会以绝对多数通过了关于会计和公司治理一揽子改革的《萨班斯-奥克斯利公司治理法案》（Sarbanes-Oxley Act，中文简称《萨班斯法案》）。《萨班斯法案》的第一句话是："遵守证券法律以提高公司披露的准确性和可靠性，从而保护投资者及其他目的。"这句话较好地阐述了《萨班斯法案》的基本目标。

司高管薪酬诉讼（1912—2000）的124个样本进行了研究，股东质疑高管薪酬提起的诉讼主要是作为公司内部监督失灵的补充救济手段而存在、启动的。而且，有关薪酬的正当性审查的三大标准已然形成[26]。有的学者提出了涉及高管薪酬问题的两类诉由，即"浪费财产""违反了以善意的、适当的注意方式行动的义务"❶。有的学者认为，法律在高管薪酬问题上的作用是有限的，且其作用方式也表现出特定化的特征。法律不应该，也不可能控制高管薪酬的形式和数目，正确的法律规制方向应该是保证上市公司高管薪酬"由一个相对公正的薪酬决定机构，依据一个构建好的报酬政策来决定，并且符合一个正式的程序"[27]。

（5）高管薪酬的比较法研究

对于上市公司高管薪酬问题，还有学者从比较法的角度开展了研究，他们对瑞士、澳大利亚、德国以及美国等国的上市公司高管薪酬问题展开了全面的探讨[28]。例如，Jennifer G.Hill，Charles M.Yablon，Kym Sheehan，Randall S.Thomas等学者针对不同时期的澳大利亚对上市公司高管薪酬进行监管的法律制度展开了研究。他们的研究主要涉及澳大利亚监管体系中的信息披露、薪酬顾问、薪酬决定的程序等相关制度[29]。Brain R.Cheffins则对德国上市公司高管薪酬规制的相关法律制度进行了研究。该学者指出，在德国，上市公司高管薪酬的问题有着产生新的治理模式的可能[30]，这主要是鉴于德国高管薪酬决定制度来说的。Rashid Bahar比较详细地对瑞士上市公司高管薪酬监管框架进行了相关分析，指出了其中存在的问题，并认为将信息披露措施作为不当薪酬的救济手段是不妥当的，应当由上市公司的股东对高管的薪酬进行投票，即主张股东对薪酬的话语权方为规制薪酬问题的有效措施[31]。Janice Key McClendon对"安然事件"之后的美国国会、SEC以及自律性组织对于上市公司高管薪酬进行监管的改革措施进行了分析之后，认为那些改革举措并没有能够改变薪酬决定的程序，并且也不能对高管以私利为目的而操纵公司短期业绩的行为产生足

---

❶ 当然，这是以没有"自我交易"和无利益相关董事在符合正常程序下所做的薪酬安排之假定为前提。参见John Murrey. Executive Compensation in Publicly Held Corporations: Is the Doctrine of Waste Still Applicable? [J]. bepress Legal Series, 2005: 726. http://law.bepress.com/cgi/viewcontent.cgi?article=3557&context=expresso.

够的威慑作用。因此,对美国上市公司的高管薪酬的监管制度有必要采取更进一步的变革措施[32]。Simone M.Sepe 则对《多德-弗兰克法案》进行了分析,集中在有关上市公司高管薪酬的监管部分。对于改善美国公司组织结构上的无效率而言,该学者认为相关监管制度确有成效。不过,该法案有关高管薪酬监管的规定,并不能实现最终的高管薪酬的安排,有必要进一步对相关规定进行修改与完善,以实现最优的薪酬安排[33]。

Jennifer G.Hill 对 2007 年世界金融危机之后的国家,主要是美国、英国与澳大利亚在上市公司高管薪酬监管上做出的不同反应进行了分析,对危机发生前的高管薪酬监管制度,以及危机发生后,各国采取的改革措施进行了研究。基于此,他预测了未来全球各国在高管薪酬监管制度上进行改革的发展趋势[34]。Guido A.Ferrarini,Niamh Moloney,Maria Cristina Ungureanu 等学者对欧盟国家内的不同高管薪酬制度进行了比较性研究。一方面,他们认为欧盟主导的公司治理的改革应当谨慎而为;另一方面,对信息披露制度在高管薪酬问题上的作用做出了积极的肯定,还主张应当从执法层面进一步强化上市公司高管薪酬的信息披露制度[35]。

Brian R.Cheffins 与 Randall S.Thomas 两位学者提出了,上市公司高管薪酬的全球化倾向——趋同美国模式,即各国高管薪酬的实践正在逐步趋同于美国上市公司高管薪酬的模式。两位学者不仅讨论了上市公司高管薪酬的监管制度、自律规则以及国家文化等因素在全球化形成过程中的作用,还指出了各国的监管者在促进这种全球化时,可能遇到的各种障碍。但是,他们没有对高管薪酬规制的全球化的利弊进行分析[36]。

1.3.2.2 中国上市公司高管薪酬法律规制的研究现状

在我国,高管薪酬问题一般被认为属于经济学、管理学等学科的研究领域。经济学界、管理学界对高管薪酬有很多的讨论,相关译作和国内研究文献都不少。他们主要是把高管薪酬视为公司激励的一种手段或者人力资源管理的一部分来进行研究,注重对高管薪酬制度的具体设计。如报酬数额的计算和确定、报酬的成分、报酬与公司绩效联系实证分析等方面开展研究。2008 年金融危机爆发之前，法学界只有少数学者对高管薪酬做了初步的研究[1]，掀起了我国法学界对高管薪酬问题研究的序幕，朱羿锟教授等学者的论述较多，并持续关注到现在。2008年之后，高管薪酬才被我国法律界学者广泛关注，并呈方兴未艾之态势。

(1) 高管薪酬规制的基本理解

香港大学的郁光华教授的《从代理理论看高管报酬的规范》一文对法律规制的必要性和可行性基本持反对立场。郁光华教授运用的研究方法为法经济学方法，对美国的上市公司高管薪酬信息的披露制度，以及税法对薪酬产生的不同干预的作用、效果进行了细致的分析。郁教授认为应当通过市场机制促进企业增强高管报酬和企业业绩的相关性，因此，相比较而言，高管薪酬的信息披露制度是更为有效且符合市场经济规律的方法[37]。遗憾的是，一些上市公司借着我国2006年上市公司股权激励的试行，纷纷推出股权激励计划，尤其是一些国有上市公司借着当时股权分置改革形成的股价落差将行权价定格在低位，在短暂的1年限期后兑现，上市公司高管们攫取了丰厚的收益。由于赶上了2008年的金融危机，更加受到人们关注。人性的自利和市场机制的博弈在薪酬制度缺陷的作用下，形成了巨大的、负面的影响，也说明了法律规制的重要性。

其他观点大多赞成对上市公司高管薪酬进行法律规制。吴国基教授从公司法的角度出发，对上市公司的高管薪酬规制进行了分析，指出了上市公司所有权与控制权分离、上市公司高管薪酬决定问题存在关联交易要求规制高管薪

---

[1] 从法学上进行深入研究并较早对高管报酬法律问题有所涉及的是：张开平.英美公司董事法律制度研究[M].法律出版社，1998：282-291；张荣建.国有股份公司经营者薪酬的法律规制[J].山东理工大学学报（社会科学版），2004（3）：24-26；黄国崇、李博明.上市公司CEO薪酬法律问题浅析[J].商场现代化，2006（15）：220-221；郁光华.从代理理论看对高管报酬的规范[J].现代法学，2005（2）：181-187；吴国基.上市公司：高管薪酬的公司法规制[J].经营与管理，2004（6）：11-13；吴国基.中国上市公司高管薪酬的公司法规制[J].湖南农业大学学报（社会科学版），2004（2）：79-82；朱羿锟.经营者薪酬：正当性危机与程序控制[J].法学论坛，2004（6）：5-10；周云帆、朱羿锟.经营者薪酬的信息披露机制微探[J].南方经济，2005（4）：18；朱羿锟.经营者自定薪酬的控制机制探索[J].河北法学，2006（1）：34.

酬,并列举了我国高管薪酬存在的问题:我国高管薪酬与业绩相关性不高甚至无关的现象普遍存在,高管薪酬的信息披露不够全面、透明与具体。他将公司法对高管薪酬进行规制的立法模式区分为了两种,即程序性控制与实质性控制,我国公司法采用程序控制立法模式,但这种模式不仅事前要求公司治理结构良好规范,而且事后还要有责任追究机制(即诉讼机制),需要改善我国公司治理结构,增强股东大会和董事会的约束职能,引入司法力量对高管薪酬的控制。他建议改善我国上市公司的治理结构,就公司控制权分配、外部市场竞争以及激励机制安排进行完善,还探讨了司法介入的途径以及借助股东派生诉讼进行救济的可能与困难[38]。

傅穹教授等指出,高管薪酬制度既是促进资本市场辉煌的动力,也是全球性金融危机的重要诱因。在全球金融危机的背景下,"正面我赢,反面你输"的单向高管利益保护的扭曲薪酬机制面临着反思和完善[39]。

朱羿锟教授认为,经营者自定高薪引发了正当性的危机。对于高管薪酬的规制,关键不在于对薪酬数量和形式的控制,而是在于如何在程序上实现有力的控制。因为程序实质,就是非人情化的管理与决定。相关制度的设置目的就是限制恣意的、专断的和过度的裁量。他还提出,程序性的公正的基本要素应当包括:以公司价值的最大化为目标,具有公平性、独立性,并实现程序透明,体现股东监督的薪酬程序规范以制约自定高薪的行为,使其具有公信力[40]。朱教授还认为高管薪酬失控根源在于高管的角色所形成的利益关系。面对高管的利益欲望,公司治理在高管薪酬上设立的防线不堪一击。在坚持程序公正是控制高管自定薪酬的关键的前提下,他认为避免高管自定薪酬要从以下方面着手:一是完善高管信息披露制度,提高薪酬决策程序等的透明度,以便于股东和公众的监督;二是构建高管的薪酬决策中的对利益冲突隔离的机制;三是激活公司股东对高管薪酬的监督机制[41]。

罗培新教授以美国经验为切入点,指出上市公司高管薪酬的核心问题不在于薪酬的高低,而在于高管薪酬与公司业绩之间的关联度低下,而且缺乏有效的程序来制衡董事会在薪酬问题上的恣意而为。再者,过高的薪酬吸引着大量人才涌入商学院，而未能进入其他社会价值更高的行业，减损了社会福利。然而，市场理论、最优契约理论、管理层权力论等均无法全面地解释上市公司高管薪酬之高的原因。实际上，公司的自我拉抬偏差、商业经营判断规则对薪酬安排的庇护、法院因无力对高管薪酬的合理性进行事后判断而不愿介入相关纷争、立法者谋求政治资本最大化的机会主义心理，以及有关高管薪酬的市场公平交易与公司法"信任型"的特征，都使得上市公司高管薪酬的制约力量被一定程度地弱化了。由于诸多制约因素的存在以及不确定性的影响，要求以确定性、规范性为特征的法律在高管薪酬问题的各个方面做出应对，其限度甚为明显[42]。

有学者考察了欧美主要国家上市公司董事薪酬制度最新的发展变迁后指出，2008年金融危机对其薪酬治理的立法理念产生了较大影响，从此前仅强调董事薪酬应符合公平正义的立法理念，向兼重公司经营的风险调控和可持续发展转变。在金融危机爆发后，立法者意识到除薪酬制定机关的独立性无法得以有效保障外，董事和股东基于公司运营而产生的时间及风险偏好差异，更是危机的重要成因之一。因此，欧美主要国家通过立法、在强化薪酬制定机关的独立性、赋予股东相关表决权的同时，将风险调控作为薪酬制度的核心，以确保公司的可持续发展。考虑到我国上市公司的股权结构较为集中，现行制度应在保障中小股东和机构投资者的投票权、强化董事业绩和薪酬之间的关联性、明确界定司法审查标准以及确保薪酬方案应有利于公司的可持续性发展等几方面的加强及完善[43]。

（2）高管薪酬的具体制度

国内不少学者的论述是就上市公司的高管薪酬进行法律规制的各项具体制度展开的。朱羿锟教授介绍了经营者薪酬信息披露制度在西方各国增强公司经营者薪酬正当性中的重要性。建议通过提高薪酬的透明度，以便于使任何关心，或者质疑高管薪酬正当性的人都能直接或间接地对其进行监督。为了强化上市公司对高管薪酬的披露力度，各国都在信息披露的法律规制手段上"软硬兼施"，既有立法机关、证券监管部门颁行的制定法（Hard Law），也有如同公司治理准的软法（Soft Law）[44]。

有学者针对美国上市公司高管薪酬追回制度和股东的薪酬建议权（话语权）制度分别做了专题性讨论，前者对高管薪酬追回制度的理论学说、法律规定、司法实践进行了介绍和分析，为合理地解释和谨慎地完善我国薪酬追回制度，以及可能出现的诉讼提供借鉴[45]；后者阐述美国《多德-弗兰克法案》赋予的上市公司股东对高管薪酬的建议权，即股东有权在股东会年会上对上一年度支付给高管的薪酬进行建议性质的投票，目的在于控制高管薪酬的绝对数量，增强薪酬与公司绩效之间的联系。美国学者们提出了改变薪酬建议权事后性，让股东选择适用以规定薪酬建议权仅适用于大型公司等改进建议[46]。也有学者将"Say on Pay"制度翻译为"股东咨询性投票制度"，从经济学代理理论切入，对原有薪酬制度机制难以有效抑制管理层薪酬过高的原因加以探讨，详细介绍了欧盟等国相关法律条文，强调在进行该制度的移植时，应充分考虑到我国上市公司目前"一股独大"的国情，其建议将股东投票的结果进行统计分析，并加以公布，如可以按照股东的类型，例如控股股东、机关投资股东或中小股东等类型分别加以统计、公布他们的投票结果。这种方式可以确保机构投资者和中心股东能够有效地表达自身对高管薪酬计划的态度。此外，还应要求持股较多的股东公开表明态度。鉴于我国上市公司股权结构的特点，可以规定持股达到某一比例的股东有义务公开表决结果[47]，其设计原则仍然是以信息披露为指导的，只不过将披露的内容扩展到了股东表决上。

有学者在检讨分析传统高管薪酬规制方法的基础上，提出借鉴中国台湾地区肥猫条款模式❶，探讨对上市公司高管薪酬进行规制的新方法，以期对金融危机背景下的我国上市公司高管薪酬规制制度的完善有所裨益[48]。也有学者探讨了金融危机背景下肥猫条款和公司社会责任的关系，提出了公司"肥猫"负有对公司雇员、对公司债权人、对消费者的社会责任，因而有必要对高薪董事进行处理与限制：一是建立董事薪酬公开机制，二是建立金融危机等特殊时期

---

❶ 2009年年初，中国台湾地区"公司法"增设了"肥猫条款"，即公司有第156条第七项的情形者，专案核定的主管机关应要求参与政府专案纾困方案的公司提出自救计划，并可以限制其发给经理人报酬或其他必要的处置或限制；其办法由主管机关定之，同时，董事准用前述规定。

董事薪酬限制机制，进行政府的积极干预[49]。

（3）高管薪酬的行政干预

黄再胜教授指出，企业高管薪酬安排的负外部性、企业薪酬治理机制的扭曲是政府对企业高管薪酬进行规制的两大动因，其将政府规制分为公平偏好型和效率改进型[50]。黄教授还指出，社会公众、企业职工对企业初次收入分配公平与否的关注，以及因此而引发的社会压力，是现实中政府对企业高管薪酬进行规制行动的社会成因[51]。傅穹教授等认为，在薪酬形式从现金薪酬向股权激励薪酬过渡，股权薪酬与企业业绩脱钩，薪酬公平交易面临质疑之际，以行政手段对薪酬进行限制只是一种具有临时性的激进的措施而已。应当以程序的合理化、信息的公开化为基础促进公司治理的完善，那才是解决上市公司高管薪酬问题的方向[52]。

（4）高管薪酬的司法介入

官欣荣教授等从美、英、澳法律制度比较研究的角度对高管薪酬的司法介入进行了论述，考察了美国上市公司高管薪酬正当性审查的三大标准——浪费公司财产、违反忠实义务（自我交易）、违反注意义务，指出其与推崇市场自治的司法理念、商事判断规则的问责机制、较为发达的股东诉讼文化共同构成了美国"中级—宽容型"的上市公司高管薪酬司法审查模式，与英国的"低级-放任型"模式、澳大利亚的"高级-管制型"模式有所不同。这些国外模式的优秀基因为我国淡去行政规制过度化的路径依赖，确立一种混合型的司法审查模式，提供了有益的借鉴[53]。李荣教授等则提出，在公司治理结构失衡的情况下，如果股东穷尽公司内部的所有救济方式依然无法解决高管薪酬问题时，法院有必要介入，并进行薪酬合理性的审查，但只能作为补充辅助手段[54]。朱羿锟教授认为，鉴于高管薪酬合理性边界存在模糊性，把握高管薪酬的合理性，需要把握好以企业利益的最大化为目的，借助高管薪酬水平、标准，以及高管薪酬结构的合理性来确定相应的参照系[55]，以辅助对高管薪酬合理性的判断。赵康生等对管理层持股、所有权性质与公司诉讼风险之间的关系进行了探讨。他们以2007—2014年的中国非金融类上市公司为样本，从实证与理论两重角度，分析了高管（管理层）持股对公司所面临的诉讼风险的影响。他们的分析结果表明：①高管持股的比例越高，公司涉诉可能性就偏低，涉诉频率、严重性也相应越低；②上市公司的所有权结构对高管持股与公司诉讼风险的关系有着一定的调节作用。与国有控股上市公司相对而言，民营控股上市公司的高管的持股比例越高，公司诉讼的风险就越低。该研究结论在我国上市公司推进股权激励计划的背景下有现实意义，为民营企业实施管理层股权激励机制，促进管理层与股东利益趋于一致，降低公司诉讼风险提供了经验证据[56]。

（5）对德日薪酬制度的认识

除了以英美国家高管薪酬规制实践为研究对象外，丁勇教授对德国高管薪酬进行了研究并指出，英美国家的高管薪酬制度难以真正嵌入作为大陆法系成文立法国家的我国法律体系及发挥公司二元治理结构的内在优势，并通过德国在高管薪酬规制方面的立法介绍，对我国上市公司高管薪酬的决定机制、责任、诉讼机制的完善做了剖析[57]。李荣教授等指出，针对高管薪酬失控问题，德国在借鉴和接受欧美有益规制措施的基础上，围绕监事会运转效率、公司运营透明度进行了改革，在董事薪酬个别披露、薪酬决定权人享有的薪酬调整权、薪酬合理性注意义务、不当薪酬支付损害义务以及薪酬取回权等方面进行了卓有成效的探索，为我国构建和完善高管薪酬规制制度提供了有益借鉴[58]。刘昌黎教授则以日本上市公司的高管薪酬水平为研究对象，认为日本高管薪酬的水平与普通职工工资水平的差距不大（未与国际看齐）的原因，在于日本特有的社会意识、传统的经营思想、日本式企业制度、主流经济和民主化改革以及法人所有制没有照搬美国职务工资、董事报酬规程和高管激励机制、政府控制特殊法人CEO年薪、外资企业少以及社会舆论制约等[59]。

（6）对董事行为的分析

上市公司高管薪酬问题的彻底解决具有相当的难度，因为人性自利本性在挑战上市公司高管薪酬制度时常常处于上风。朱羿锟教授指出：在上市公司高管薪酬的决定过程中，董事与董事之间是可能基于互惠、群体思维等考虑，以及单纯的接触效应、框定效应下的生物的本能，出现无意识的"董董相护"现象，笔者非常赞同这个观点，这实际上是人性使然。朱教授指出，高管"寻租"如愿以偿，应对董事问责，理性回路下的注意路径对情感回路下的"董董相护"不能有效地制约，这实际上放纵了高管薪酬问题的滋长。以诚信路径予以涵摄，则可以不枉不纵[60]。2014年，朱羿锟教授在其专著《高管薪酬：激励与控制》中从内生决策的微观视角与外部引导监督机制的宏观视角出发，较为系统地探讨了企业的高管薪酬包容性的增长机制、薪酬决策的正当性程序机制、薪酬的信息披露机制、薪酬的董事问责机制、薪酬的税收调节机制、薪酬的政府监管机制[61]，是当前较为全面的就上市公司高管薪酬制度进行论述的一部力作。

（7）国有上市公司高管薪酬

在众多的论述中，对国有上市公司高管薪酬制度的研究很少，相关的国企高管薪酬研究稍多，但也很有限。常浩娟副教授在其2005年的硕士论文中指出，我国国有上市公司高管薪酬制度不健全、欠完善，导致了高管经营行为的异化和其他问题。她对2002—2003年的部分国有上市公司数据样本进行了提取，对上市公司的高管持股、薪酬状况等按行业与地区的不同，进行了统计和分析；采取了相关方法以揭示高管薪酬与企业的规模、业绩、国有股与高管股的占比等因素间的关系和相关度，还结合薪酬激励理论对她的研究结果加以分析和总结，提出了上市公司应当加强对其高管的长期薪酬激励、在职消费的规范，以及加强高管保障性收益的对策，从而完善我国国有上市公司高管薪酬制度[62]。另有学者指出，公用企业高管薪酬按市场标准确定过高，但低于市场标准又难以起到激励和约束平衡的效果。将高管薪酬与企业业绩挂钩，同时引入市场机制，协商聘任公用企业的高管是可行的方法。同时，通过增强公司薪酬信息公开与薪酬股东决策权的结合，以"程序合理化与信息公开化"为基础，完善公司治理是解决高管薪酬的方向[63]。赵艳杰提出了类似的观点，只是将公用企业放宽到了全体国有上市公司的范围而已[64]。

值得一提的是，对于如何从法律上约束履行出资人职责的主体，是一个重要的课题。蒋科教授在2016年提出了构建国家出资人代表考评机制的设想。他认为当前的制度设计混淆了公法与私法间考评的界限,并为国有股权推荐并选任的董事及监事,对国务院国有资产监督管理委员会(以下简称"国资委")负有着公法上特定的国资经营与监督职责,还负有私法上的忠实与勤勉义务,因此对其考评当分别从公法和私法上区别构建。应当区分国资委对其履行公职的考评和公司对其履行董事、监事职责的考评,并注重公私法上考评机制的协调构建,以达成国家目标与公司目标的统一,实现考评机制应有的功能[65],这对国有上市公司高管薪酬制度是有力的补充。

有学者运用正当程序和权利结构理论对国有企业经营者薪酬规制问题做了探讨[66],对国有上市公司同样具有借鉴意义。前者指出,管理者薪酬,不仅在于给什么,而且还在于如何给,此即国有企业经营者薪酬的实体与程序规制两个方面。由于缺乏自治性与适应性,实体规制面临诸多困境甚至"失灵"。为此,转换视角,引入和完善正当的薪酬程序规制非常必要,亦即基于正当程序原理完善程序规制立法以及救济与责任机制,保障程序规制得以实施。后者指出,以行政权规定国企经营者薪酬的数量、幅度并予以审批,违反了公司法且弊端众多。对此问题的规制应脱离以行政权制约权利的思路,回归公司法的基本权利结构(即股东会、董事会和监事会三权分立结构),通过强化中小股东、独立董事的权利等措施,真正达到三权的分开、制约与均衡。当然,笔者认为,如此看法在理论上虽然是周全的,但难以在当前得以实现。

1.3.3 高管薪酬激励研究——以股权激励为中心

代理理论产生后,相关研究集中在目标函数不完全一致、信息不对称的背景下,委托方与代理方如何磋商并签订最优契约以激励代理方。当信息不对称时,委托人不能了然代理人的行为,更不能强制代理人选择委托人希望的行动,只有建立满足激励有着不同利益诉求的代理人且兼容约束的薪酬合同而非强制合同才是正解。霍姆斯特姆建立模型证明了以公司业绩为基础的经理报酬契约的设计可以实现对经理层的激励,达到符合股东利益行动的目的[67]。霍姆斯特姆与梯若尔拓展了传统道德风险的分析框架，指出了能在二级市场上进行股票交易的公司，经理人的报酬可与股价相挂钩[68]。自此，以代理理论为基础，以中长期激励方式为对象的高管薪酬激励机制研究成为经济学、会计学及管理学等学科进行高管薪酬激励研究时的重点之一，而这其中又以股票期权激励方式为中心❶。

詹森和墨菲、叶里麦克、布莱恩、王和莉莱的三项研究分别针对美国上市公司1974—1997年三个时间段的股票期权形式的薪酬与公司业绩的敏感度进行了研究。他指出，该期间公司高管的薪酬形式经历了以现金薪酬激励形式为主，逐步地过渡到了以股票期权薪酬激励形式为主导的局面❷。股票期权激励方式自20世纪80年代未被普遍使用发展到90年代被广为使用。自世纪之交的上市公司高管巨薪引发了广泛的强烈反映后，以股票期权为主的薪酬模式受到了广泛的质疑，高管薪酬激励形式对限制性股票的采用出现了明显的上升趋势。在21世纪初，限制性股票成为上市公司高管薪酬激励计划中的主要形式[69]，但股票期权激励形式仍然是上市公司高管薪酬方案中的重要组成部分，仍然是相关研究的重点内容。

对于股权激励计划，学者大多认同其在高管薪酬与企业业绩之间的关联性，有证据证明，至少在一定的所有权水平范围之内，股权持有数量较多的高管更加倾向于创造更多的股东价值[70]。但是，学者们也发现，标准500强企业中，大量采用期权作为高管薪酬方式的公司股价表现逊于指数[71]，换句话说，如果以"指数化"调整期权的行权价，就会减少不义之财的获取。针对指数化在降低上市公司的高管在获得非业绩性的收入上的作用，学者们展开了相关研

---

❶ 自20世纪50年代美国市场推行股票期权激励（Stock Option Motivation）以来，现在已经成为全球发达市场纷纷采用的经理人长期激励机制。同时，作为一种选择权和高管能对公司投资方向，甚至公司业绩的一定程度把控原因，股票期权的滥觞也正是高管高薪和限薪运动的重要缘由。

❷ 这些研究大多是从经济学、管理学、会计学以及组织行为学等角度开展的，设计到建立模型，采集数据运用各种公式进行计算和分析，作者对其中道理仅有极为粗浅的认知。但是，虽与法律没有直接的联系，相关研究又构成了高管薪酬（法律）激励制度的重要理论基础。在此，作者仅是将各学者的研究结果加以陈述而已，借以明确股票期权在高管薪酬制度设计中的重要性。相关研究可参见朱敏.中国上市公司高管股票期权激烈有效性研究[M].西南财经大学出版社，2014；38-44.

究。有学者通过实例分析,指出了结合指数后的股票期权同样能给上市公司高管带来收益,能起到激励的效用[72]。"最常见的降低意外之财的方式是将(股票期权的)行权价格指数化,即让其随本行业或者更为广泛的市场变化而升降,以此隔离这种波动对一个公司股价的影响。与特定行业的平均业绩挂钩的期权不仅能剔除广泛的市场影响,还能剔除与公司所在行业有关的影响[73]。"当然,也有学者认为期权指数化不能完全排除市场或行业效应的分析[74]。

卢西恩·伯切克和杰西·弗里德在《无功受禄——审视美国高管薪酬制度》一书中对美国的股票期权制度进行了详细的论述。其核心内容之一即"薪酬和业绩脱钩"的激励制度助长了无功受禄现象的形成,应当进行相关制度的改革以促进问题的解决。他们认为,传统期权中存在意外之财。因为上市公司高管的非股权薪酬与公司业绩的联系微弱,"股东和薪酬决定者愈发依赖于股权薪酬来加强高管收入和公司业绩之间的联系",但股权激励的实际结果是高管们"获得了严重偏离公平交易的期权利益"。其缘由主要是期权计划的设计"细节之处有猫腻",应当改进期权计划的设计要求,减少高管获得意外之才的可能。在传统期权计划中,期权行权价通常均设定为平价期权,溢价期权极少被采用、重新定价与后门重新定价、再次授予期权、提前变现的自由以及安排出售时间的自由等都成为高管自利行为的有力工具。为了解决期权激励计划中的缺陷,以指数化期权为改革目标,"减少股权薪酬计划中的意外之财""对股权激励的表现进行限制和监督""审查与业绩无关的薪酬""股东批准股权薪酬计划"等手段综合采用,改进股权激励计划,增强薪酬与业绩的联系,减少意外之财。他们对股权激励制度的作用是认同的,唯有要进行缺陷的完善以保证薪酬与业绩的一致性,以保证高管们值得所获得的每一分报酬[75]。

我国,2016年《上市公司股权激励管理办法》正式出台,围绕新规的具体内容,学者们展开了新一轮对股权激励的讨论。正式办法从激励对象中排除了独立董事,但有学者认为将独立董事纳入股权激励对象范围内,是顶层设计应予以考虑实施的问题[76]。在相关研究中,不少文献是以实证研究为方法,对我国上市公司中的股权激励的施行进行实证分析，探析其中存在的问题，如有学者以创业板的上市公司为研究对象，对股权激励的典型形式，即限制性股票与股票期权进行了对比分析[77]；也有以特定公司实施的股权激励计划为分析对象进行效果分析研究的❶。这其中，对国有上市公司股权激励的研究仍然是人们关注的重点❷。

有学者指出，我国法学界对于股权激励的负面效应的研究相对较少，并提出了可以盈余管理为切入点，对股权激励负面效应进行研究，利于进一步理解和完善股权激励制度，为抑制股权激励的实施过程中的负面效应提供了参考[78]。李爱华教授等人指出，自2006年上市公司股权激励实施以来，带来了公司治理模式和薪酬制度改革新的生机，但是，股权激励计划在行权价格制定、考核指标设定、内部监管及外部监督等方面都存在问题，应当进行改进[79]。

2013年11月，中共十八届三中全会通过了《中共中央关于全面深化改革若干重大问题的决定》，提出发展混合所有制的经济形式的指导方针。实施混合所有制改革最重要的环节之一即推行员工持股。社会主义市场经济中的高管无疑也是员工的重要组成部分，可以说，2016年《上市公司股权激励管理办法》的正式出台，在相当程度上是为了配合混合所有制改革的进行，为满足包括高管在内的员工持股的需要而推出的。随着混合所有制的改造的推进，对国有企业，包括国有上市公司的股权激励计划的学科考查、研究又将掀起新的热潮。官欣荣教授等提出，混合所有制改革的顶层设计为国有企业实施员工持股计划提供了基础，但员工持股计划在实施过程中仍面临诸多问题。官教授等提出，应当根据企业类别实行差异化管理，限定员工持股的参与人员为企业中层以下员工，依据激励最大化，以及激励长期化的原则限定员工持股的最高比例

---

❶ 例如孙慧倩等以富安娜股权激励诉讼案件，王永德等以泸州老窖股权激励，冀国文以上海家化实例进行了分析。参见孙慧倩、王烨、韩静.股权激励如何能够留住人才？——基于富安娜的案例[J].财会通讯，2017（11）；王永德、耿晓媛、姜琼.泸州老窖股权激励的实施效果分析[J].知识经济，2017：95；冀国文.我国国有控股上市公司股权激励问题的研究——以上海家化为例[J].时代金融，2017（3）.

❷ 对国有上市公司股权激励关注的经济学、会计学等文章较多，但法学类的仍然较少。

以及最低持股期限等[80]，可见，他们认为混合所有制改革中的股权激励对象应当是中层以下员工，不包括高层员工，即高管人员。能如此甚好，否则这一轮改革红利又将多为高管包揽。

十余年来推行的股权激励，为公司股票期权激励的争讼提供了基础。大多数观点认为，股票期权激励薪酬是高管的劳动所得，如有争议，应当按照劳动关系进行解决。有学者认为，基于股票期权激励的非对价性，法律关系的独立性，相关争议应当按普通合同纠纷加以处理，但是，有关高管服务期、违约金条款以及劳动关系解除或终止合法性的争议导致员工丧失行权资格时，应当属于劳动争议。根据裁判文书的分析，目前我国公司股票期权激励实施及其争议在处理中问题较多，应从程序和实体上均进行完善[81]。

有学者对较为小众的债权激励进行了探讨，在该部分一并简单介绍。我国在央企、部分省属国企以及银行、非银金融机构等引入了债权激励制度，它与美国为解决股权激励弊端而实行债权激励不同，我国的债权激励更多的是为了解决由于政治激励导致的高管短视问题。他们认为，债权激励在我国可能发挥政治激励的替代作用，因此可适当扩大债权激励的适用范围。债权激励存在一揽子计划、可转换股票、或有资本、延期支付等多种模式，我国可引入或有资本作为补充。完善我国债权激励立法可从加强信息披露、明确清偿顺序、禁止"软着陆"变现条款、明确追索扣回条款、增加锁定期间要求等方面入手[82]。

1.4 研究方法

（1）多学科分析方法

立足于对上市公司高管薪酬以公司法律为主的规制进行较为系统的研究。众所周知，高管薪酬问题涉及经济学、管理学、社会学、会计学和法学等众多领域。其中，法学的研究较其他学科而言，起步较晚，取得的成就较其他学科少。对本主题进行研究，需要从经济学、管理学等理论中去寻根溯源。作者试图运用相关学科已经取得的成果，对上市公司高管薪酬展开以公司法律规制为主的研究，以使得从法学角度出发的研究不仅局限于现象层面，还能建立在对公司治理高管薪酬制度本身的综合认识之上。

（2）比较研究法

虽然本书研究的落脚点为我国的上市公司高管薪酬是以公司法为主规制的，但需要对其他典型国家的高管薪酬制度理论和实践进行学习，进而以各国的成功经验指导我国高管薪酬的公司法律制度建设。如此，需要使用比较研究的方法。公司法（包括证券法）的地方性色彩和政治文化元素相对淡化，比较研究方法能有效地吸取其他市场积累的经验。当然，我国的政治、经济、社会制度、文化传统等与其他国家存在着非常大的差距，不能囫囵吞枣，盲目移植。

（3）历史分析法

历史发展是动态的过程，我国国家任务因时代不同而变化，公司治理模式因国家任务的变迁、国家角色定位的不同而演变，高管薪酬法律制度的选择亦遵循着一定的内在逻辑。我国国有企业改革和市场经济建设，以及政治、经济体制的变革深入，高管薪酬激励模式也不断变化，促进了高管薪酬制度的进步。对高管薪酬的法律规制研究，需要分析它的过去和当下，并尝试揭示它的未来。当对国内高管薪酬制度及其规制进行分析时，作者不仅对历史进行了梳理，还对当下的经济基础、制度环境、文化因素等有所触及，提出国有上市公司薪酬决定行政化有其合理性，对其效果给予了肯定。当然，行政化手段并非长久之计，最终的解决办法势必需要与市场结合，依法而为。

（4）法律经济分析法

法律经济分析法通过经济学的理论和方法对法律问题进行研究，最典型的莫过于对成本—收益分析法的运用。高管薪酬从根本上说是一个市场自由交易问题，它从属于公司活动，共同促成了商事活动的兴盛。高管薪酬问题研究在两个方面与法律经济分析法存在着天然的联系。一方面，高管薪酬制度的出现是为了解决现代企业所有权与控制权分离产生的代理问题。但是高管自定薪酬形成了新的代理问题，高管薪酬制度的作用发挥需要以成本—收益分析法为基础来展开。另一方面,高管薪酬制度是公司治理活动中的一个重要组成内容。公司治理是现代企业制度背景下形成的,它以制衡作为公司活动中的重要手段,以提高效率,实现股东收益最大化并兼顾利害相关者的利益为目标。

从根本上来看,高管薪酬的确定是否为有效市场中公平交易的结果至为关键。为了促进公平交易的达成,高管薪酬制度的建设和高管薪酬的法律规制均需在一定限度和平衡中推进,即既能依法遏制高管薪酬的不合理性,又能最大限度地让市场做决定而减少法律的干预程度,这是以法律经济分析方法对高管薪酬的公司法规制进行研究所应聚焦的重点和难点。

由于研究内容与经济学、管理学、心理学等领域的研究具有一定的交叉性,其中不少理论、方法的论述均为鹦鹉学舌,系对经济学等学科理论的转述,尽管殚精竭虑,但仍然捉襟见肘,有不足之处,需要不断夯实和改进。

1.5 本书结构和创新

1.5.1 本书结构

上市公司高管薪酬制度的目标是为了减少代理成本,促进代理问题的解决。实现目标的手段应当是合理化的薪酬。当薪酬制度异化时,上市公司高管薪酬本身又成为法律规制的重点。实现薪酬合理化的法律手段主要是公司法律,本书的主体部分对公司法律对上市公司高管薪酬进行规制的薪酬决定、薪酬信息披露制度、薪酬问题司法介入、股权激励制度逐一加以分析,最后指出我国上市公司高管薪酬各项制度中的问题,提出了改进建议。

本书将上市公司股权激励制度单独列为一章进行论述。股权激励在第2章"高管薪酬"中被提及,但是,随着股票期权激励形式的出现,上市公司的传统薪酬结构被彻底改变,股权激励作为最重要的中长期薪酬激励形式,是各国上市公司薪酬制度规制的重点。我国的《上市公司股权激励管理办法》在经过10年的试水后,于2016年8月13日正式施行,这是我国针对上市公司高管薪酬形式的仅有的一部专门管理办法，凸显了股权激励的重要性。股权激励在薪酬结构中的地位极其重要，股权激励计划与薪酬结构的合理性、薪酬水平高低直接关联，构建股权激励制度是上市公司高管薪酬激励制度的核心内容。上市公司的高管人员在股票期权等薪酬激励形式的作用下，薪酬收入具有不确定性和高额性。股权激励的内在运行规则容易被利用，导致股权激励制度的扭曲。这也正是问题薪酬形成的关键，各国均对上市公司股权激励进行了积极的规制。鉴于股权激励的重要性、复杂性与激励机制的特殊性等特征，较少的篇幅不能满足论述的需要，也无法与我国《上市公司股权激励管理办法》相呼应。所以本书单独使用了一章的篇幅对其进行论述，不仅为了强调其重要性，也是客观的需求所致。

1.5.2 创新之处

首先，本书在对现阶段我国国企进行分析的基础上，指出了在上市公司高管薪酬决定机制中恰当地运用行政化的薪酬决定手段是必要的，也是当下上市公司高管薪酬问题解决的必要手段。不少研究对以行政化的手段介入上市公司高管薪酬决定是持否定态度的，提出以培育有效的资本市场、经理人市场、完善上市公司高管薪酬的各项制度等，为上市公司高管薪酬决定的市场化创造条件，通过市场来实现最优薪酬契约的设计等建议。笔者认为，市场的培养、上市公司高管薪酬各项制度的完善并非一日之功，尤其是对于我国而言，需要长期的过程才能实现。

我国的上市公司的股权普遍较为集中，控制权结构主要体现为股东控制型和政府控制型两种。在政府控制型的上市公司中，国有股股东即大股东。行政干预通过国有股股东对公司治理的各个方面均有触及，在高管薪酬激励决定的博弈过程中也是重要的一极。如此形成了"行政型治理"与"经济型治理"两种治理环境并存，行政型正向经济型正转化的过程之中[83]。笔者认为，行政干预在现阶段的客观存在驱使我们去正视它，应当尽量发挥行政力量在国有上市公司高管高薪问题上的规制作用，而不应当固守行政力量应淡出市场的观点。

否定观点认为行政力量没有能力给上市公司高管定价，但面临国家股东的目标函数多元化的"综合利益"最大化，而非"利润最大化"的要求，行政干预是不可避免的。多年来国有上市公司的高管薪酬一直为行政力量左右的现实说明不论"价"定得是否科学、是否符合市场规律，但行政力量一直在定价，我们不能无视现实，空谈理想。当然，从发展的观点来看，行政手段最终应退出高管薪酬的决定过程，国家行政力量对上市公司高管薪酬的干预只会在特殊的情况下发生。

其次，本书通过对上市公司高管薪酬的各项制度进行研究，指出上市公司高管薪酬决定权、高管薪酬的司法介入以及上市公司股权激励制度均存在内生性的缺陷难以改变，只有上市公司高管薪酬信息披露制度能在薪酬问题的解决上起到决定性的作用。应当在坚持完善各项制度，坚持制度间配合的基础上，给予上市公司高管薪酬信息披露制度最大限度的重视，以独立的高管薪酬信息披露制度建立为目标，将高管薪酬相关信息最大程度的暴露在阳光下，接受社会全体成员的监督，这才是解决上市公司高管薪酬问题最关键的方法。

上市公司高管薪酬信息披露制度同样具有自身的缺陷，但可以假设的是，如果能最大限度地公布上市公司高管薪酬的各种信息，例如，给所有形式的薪酬标准货币价值，给所有来源的薪酬总额标注货币价值，将上市公司支付的第三方服务机构与薪酬相关业务及其他业务的费用等信息均予披露。尤其对国有上市公司，对各种没有纳入薪酬范围的在职消费开支也全部进行公布。将高管的行为置于相关主体和广大民众的监督之下，无疑能使其受到最为有力的约束，在保持高管行为与公司利益的一致性上起到其他制度无法起到的作用。

再次，本书提出了建立"独立董事库"制度的建议。独立董事本身也面临代理问题，独立董事也缺乏时间与对称的信息，甚至相应的薪酬决定知识和能力，管理层仍然控制着上市公司的各项权力。在我国，独立董事的作用极其有限，其"花瓶"性质并无根本性的改变。笔者建议，可以建立独立董事库制度，改进制度以保证独立董事的独立性。独立董事库应当由国务院国有资产监督管理委员会牵头，联合工商联、各种协会、科研机构以及高等院校等部门和机构，成立全国性的独立董事库及其分库。要求国有上市公司按照独立董事库的规制在其中选择独立董事，并建议民营上市公司在独立董事库中按照规则选任独立董事。建立独立董事库能最大限度地保障独立董事的独立性，建立独立董事发挥作用，承担责任的基础。

最后，本书对上市公司股权激励制度进行了一定程度的论述。自2007年金融危机以来，发达国家对上市公司高管薪酬的研究掀起了又一轮热潮，我国的相关研究也自金融危机前后开始，呈现出了欣欣向荣的景象。相关的研究没有对股权激励问题进行一定程度上较为全面的论述与分析，原因估计有二，一方面，该主题极为庞大，完全可以独立成篇，甚至形成一篇内容深厚的专著；另一方面，我国的股权激励办法在2016年才正式出台，澄清了人们的疑虑，更加坚实地奠定了实证研究的基础。股票期权激励形式彻底改变了上市公司的传统薪酬结构，是现代企业高管薪酬不可或缺的组成形式，股权激励作为最重要的中长期薪酬激励形式，已是各国上市公司薪酬制度规制的重点。股权激励在薪酬结构中的地位极其重要，股权激励运行规则容易被利用，导致股权激励制度扭曲，这是现代企业问题薪酬形成的关键。基于此，即便力有所逮，也尝试对股权激励制度进行了有限的研究和分析。本书在第6章对上市公司股权激励制度进行了概要的介绍和分析，在第7章就我国2016年颁布的《上市公司股权激励管理办法》中的股票期权与限制性股票进行了较为全面的分析，通过对其内在运行规则的剖析，指出了规制高管控制行权、重新定价等行为的路径所在。此外还通过对股票期权与限制性股票进行了对比，指出了在民众及政府压力下，上市公司薪酬激励形式由股票期权向限制性股票的过渡并非自我约束行为，而是自我保护行为，并能继续延续原来的高薪。借鉴国外学者观点，应对股票期权进行指数化等改造，以过滤掉意外之财后适用、采用业绩股票等股权激励行为的观点应当得到肯定，这才是更好的选择。

2 上市公司高管薪酬的逻辑、问题与法律规制

2.1 高管与高管薪酬的界定

2.1.1 高管

美国和英国的公司治理中的高管通常是指公司的CEO，德国、日本和我国的高管还包括董事和监事。现代公司管理极其复杂，仅靠CEO、董事和监事是不能完成的。换句话说，不少管理权力需要分割出去。因此，财务负责人、技术负责人等主体也会掌握不少关键性的权力，常被纳入高管的范围。在我国的国有上市公司中，党组织的负责人，如党委书记、纪委书记等也属于高管。

2.1.1.1 高管的界定

高管概念应当源自管理学，是现代企业制度中的一个响亮的名词，但是，迄今未能有较为统一的界定。

在西方管理学的文献中，公司高管一般指CEO（总经理），因为国外上市公司的股权通常相对分散，尤其是在美国。上市公司的总经理在公司决策中起着无可替代的作用。再则，由于各种公司信息的可获得性与丰富性，一部分学者径直将公司CEO作为公司高管的代表进行研究。另一种做法则是将总经理等高级经理人员、董事和监事的组合作为研究对象[84]。Kato和Long则认为董事长才是公司高管，因为董事长比总经理具有更大的权力[85]❶。高管是一个充满弹性的概念，形形色色的"高管"无所不在。汉姆布瑞克（Hambrick）和曼森（Mason）在管理学顶级期刊《管理学会评论》（*Academy of Management Review*，AMR）发表的文章中，索性将高管笼统定义为"所有的

---

❶ 这也比较符合我国的实际情况，我国公司的董事长通常为章程记载的法定代表人，对外代表公司，是公司中享有最高权力的高管。

高级管理人员"[86]。

从公司法律的角度来看，各国的法律规定也是多种多样的。美国《标准公司法》（Model Business Corporation Act）规定：公司的高管是指由公司章程细则规定的高级职员或者董事会依照公司章程细则任命的高级职员[87]。在德国，企业高管主要是指企业的监事，董事[88]。在加拿大，《安大略省公司法》规定，董事会主席与副主席，总裁与副总裁，以及财务总监、助理总监、董事会秘书、助理秘书、总经理等人员均为高管，这或许是最宽松的规定了。

《中华人民共和国公司法》第216条第1款规定的高级管理人员，"是指公司的经理、副经理、财务负责人，上市公司董事会秘书和公司章程规定的其他人员"❶。如此界定公司的高管人员，应是受了美英立法的影响。

对高管"多姿多彩"的界定反映着不同的社会历史、所有制结构、资本市场、企业文化、法律文化等背景下的不同公司治理模式对高管有着不同的划定。

在美国，为适应公司权力逐步从股东滑向董事会的状况，各州纷纷修订自己的公司法，以特拉华州1899年对公司法的修订最为典型。该法第四章第24节第1条规定：根据本法所组成的每个公司的业务、事务，除在本法或公司证书中另有规定的之外，都由董事会管理或在董事会的指导下进行管理[89]。在以董事会为中心的公司治理结构形成后不久，美国工业经济进入高速发展时期，随着资本市场的重振，上市公司逐渐成为美国经济中的中坚力量，两权分离也成为普遍现象。伴随着上市公司股权不断分散的过程，更高效率的经营需求以

---

❶ 我国对高管范围的划定也没有一个统一的标准：《企业会计准则——关联方关系及其交易的披露》（财会字[1997]21号）中，"本准则定义的说明"之"9"规定，对企业的财务和经营政策起决定性的作用的人员为关键管理人员，即为有权力并负责进行计划、指挥和控制企业活动的人员。并以列举方式进行了界定：例如，董事、总经理、总会计师、财务总监、主管各项事务的副总经理，以及行使类似政策职能的人员。《上市公司高级管理人员培训工作指引》（证监公司字[2005]147号）第三条规定：本指引适用于中国证监会组织实施的上市公司高级管理人员的岗位培训。培训对象包括：上市公司董事长、董事、监事、独立董事、总经理、财务总监、董事会秘书。2005年修订的《中华人民共和国公司法》第216条明确，其高级管理人员用语的含义是指公司的经理、副经理、财务负责人，上市公司董事会秘书和公司章程规定的其他人员。

经营管理权高度集中为前提，担任CEO的高管常常又兼任着董事长，CEO逐步取代了公司的董事会，在经营决策活动中起着关键性的作用，以董事会为公司权力中心的治理结构逐步改变。

董事会在面临公司庞大的业务量与决策事项时，董事们的与会时间、收集信息能力等均受到局限，如何尽职尽责，做出符合市场变化的、有效的判断和决策显得异常困难。常常依赖于专职管理人员提供的书面材料进行判断的行为只能在形式上勉强符合董事注意义务的要求。最为重要的是，在董事的选举与任命方面，董事人选由公司高级职员或由其关系主体构成的提名委员会提出，在股东不参与投票或通过投票的情况下委托劝诱机制投票的情况下所产生的选举结果自然不出意外，即由提名委员会选定的人选当任。董事们与管理层之间的关系与其说是对抗的，监督型的，不如说是愉快合作的伙伴而已[90]。如今在美国的上市公司中，实际掌权的为CEO，尤其是在规模大的公司中，由于管理层级众多，CEO已经成为公司权力的实际掌握者。因此，以美国为代表的企业高管主要指以CEO为首的高级经理层。

德国模式强调监事会、董事会的权力，两会成员常被视为高管[91]。日本虽与德国并称德日模式，但在高管的具体构成上与德国是有区别的，在日本公司中，经理也属于高管人员。

德国公司的治理结构被称为"双层委员会结构"，即监事会与董事会分权制约的治理结构。监事会由股东和职工选任外部人士（银行代表）参与构成，有相当比例的职工监事，负责董事的任命和解雇，对日常经营工作的监督和依章程规定的重大事项，如年度报告的批准，以及某些特定类型的交易必须事先得到监事会的批准。当然，日常经营管理则是严格地由董事会行使的权利。监事的报酬由股东大会决定，通常很低。董事会负责公司的日常经营管理，与美国上市公司相比，管理人员的报酬较低。从对公司拥有决策权的角度来看，德国上市公司中的监事和董事都应当属于高管的范围，但从薪酬待遇的角度来看，监事的报酬是较低的，因而上市公司高管薪酬规制主要针对的是董事的薪酬规制。

日本公司治理的实践在受到德国影响的同时，有着自己的特点，可称其为"二元单层制"[92]。所谓"二元单层制"，就是公司决策、监督的机构是董事会，而公司社长为首构成的常务会为任意决策机构；代表董事和经理系公司具体业务的执行主体；监事会与董事会共同监督公司业务执行情况。与其他国家相比，日本的上市公司董事会的规模多数非常庞大，代表董事们以社长为首，负有企业日常经营决策的具体工作，高管同代表董事共同构建着公司的管理层。鉴于董事会决策效率低下，许多大公司设置常委会，由社长、常务董事等董事构成。监事（由与公司存在关联的银行、其他公司产生）专司监察，有获取公司经营报告、检查公司运行和财务状况的权力。与美国上市公司CEO极为相像的是，日本公司的董事、监事的人事权为代表董事掌握，尤其是为兼任代表董事的社长所掌握。

随着市场环境的巨大变化，全球化的竞争要求经理人更多的付出以适应不断变化的商业考验，终身聘用制与年功序列制已经不能激发起经理人的斗志。日本的独立董事制度和专门委员会制度是在2002年的商法中明确，公司可以根据自身的需要在传统监事制度模式或独立董事制度模式之间进行选择[93]。该次修改还引入了执行官制度，也就是董事会有权聘任一名或多名执行官，以负责上市公司具体业务的执行，董事会则负责经营决策和监督，从而促进了董事会与经理层的职责分离。在推行报酬委员会制度的上市公司，高级经理人员成为高管中的主体和实权派。

通过分析可以看出，受到不同的社会传统、资本市场、企业文化、所有制结构等影响，各国上市公司形成了不同"风格"的公司治理模式，产生了各具特色的高管人员范围。但是，无论如何界定，高管人员应当在企业的生产经营管理活动中具有相当的决策权力，对企业的生存和发展起着至关重要的作用。

《中华人民共和国公司法》的制定受到英美和德日公司治理模式的双重影响，一方面，该法第216条第1款的规定仅将经理及财务负责人等列为高管，明显受到了英美立法的影响，忽略了董事在公司经营管理中的决策权；另一方面，在公司治理架构中设置了监事会，规定了监事享有诸多监督权力，监事似乎可以列为高管，但在实践中，我国公司中的监事如同独立董事一般，多数并无实权。

我国公司治理架构中的高管人员范围不清晰。事实上，我国上市公司中的高管人员除了经理等人员外，还应当包括掌握重大决策权力、影响公司生存和发展的董事会成员，尤其是董事长。从实践中来看，董事长是真正的"一把手"。在美国，董事长职位虚化，以CEO弥补，全美多数公司的董事长兼任着CEO。中国则不一样，大量国有上市公司的董事长是专职的，是公司的实权派。而监事即便能获取些许高薪，在企业经营管理中并无实权可言。我国的国有上市公司中，还存在一类特殊的高管，即党组织的高级负责人，例如，党委书记。虽然党委书记通常为董事长兼任，削弱了党委书记的"高管属性"，但仍然有例子可以说明党组织的高级负责人应当属于国有上市公司的高管人员，如专职纪委书记，不仅享有重要权力❶，也能享有高薪，当属高管无疑。另尚有高管除董事长和总经理外，包括党委书记与工会主席的观点[94]，笔者认为工会主席对上市公司的重大决策实际参与有限，不宜列为高管。

我国有关部门制定的条例、办法与实际情况紧密相连。例如《国有控股上市公司（境内）实施股权激励试行办法》规定，公司高级管理人员是指上市公司董事、高级管理人员以及对上市公司整体业绩和持续发展有直接影响的核心技术人员和管理骨干。可见，政策性文件更接地气。2016年的《上市公司股权激励管理办法》将独立董事移出了股权激励队伍，姑且不论目的应为保持他们的独立性，此调整与其的实际地位是相符合的。

我国公司法对高管的界定与现实存在一定差距，其中的缘由有很多。例如，长期以来我国的商事立法和实践均不发达，为适应改革开放和市场经济建设的需要而出台的《中华人民共和国公司法》系向西方借鉴而来，既受到英国、美国和法国董事会中心治理模式的影响，又有德国和日本双层委员会中心治理模式的影子。在向外借鉴的过程中，对现实因素的制约思考偏少，对立法

---

❶ 纪委书记作为党组织中的重要领导，参与企业的董事会会议、总经理办公会以及党委会会议，在干部任命，在企业三重一大的决策上均用有相应权力。

的前瞻性照顾过多，以至于在施行中与实践有着诸多需要磨合之处。

我国公司法既设置了董事会，又设置了监事会。但是，监事会在公司内部治理中的地位和作用远远不能达到立法者的预期。在德国和日本均可列为高管的监事在我国公司实践中却权力有限，只能起到修饰作用。就对公司高管的规定而言，在法条的表述上借鉴了英国和美国的实践经验，仅将经理人员、财务负责人等界定为公司高管人员。但是，在实践中，我国尚未出现美国和英国那样以CEO为首的经理人员对董事会具有相当的控制力的情形，我国上市公司的董事，尤其是董事长是最具有实权的，仅规定经理人员等为高管的做法与实际情况是不相符的。

根据对公司享有控制权、决策权，对公司的生存发展有着重大影响的要素进行判断，我国上市公司高管的范围应当包括董事（独立董事除外）与高级经理人员。此外，鉴于本书系对上市公司高管薪酬展开的相关研究，对高管的界定还注重其具有获得高薪的可能。

笔者认为，高管应当指向具有一定决策权力，对企业的存亡、发展起到关键作用的管理人员。其薪酬构成通常包含激励性的薪酬形式，所获得的薪酬主体部分与公司业绩相关，有获得高薪的可能。各国高管人员的构成虽有区别，但其整体范围一般应包括董事（独立董事除外）与高级经理人员[1]，在我国国有上市公司中还应当包括党组织的高级负责人。高管是公司的核心管理人员，作为把握全局的管理者，向公司和股东会负责，他们全权负责企业的总体战略，确定对企业发展有着重要影响的发展方向与经营方针，掌握了对企业重大

---

[1] 董事（董事长、执行董事）和经理（财务负责人、技术负责人）都符合高管高薪、重大权力的双重特征，都应被列为高管，但二者与公司之间的关系是不同的（董事与公司之间的关系，有信托说、代理说与特殊关系说。参见张开平.英美公司董事法律制度研究[M].法律出版社，1998.43-47.）。通常认为经理与公司之间的关系为雇佣关系或服务关系，但应排除劳动法的适用，如果将董事与经理人员并列为高管，在理论上显得不够周延。我国公司法仅将经理人员列为高管，又与实践不符，在处理该问题时，有的观点将高管界定为经理人员，通过类似"但书"的表达，又将董事纳入规制范围（参见施延博.上市公司高管薪酬监管法律制度研究[D].华东政法大学博士论文，2014.），如此在理论上是周延的，但过于拘泥，行文表达不够流畅。作者舍弃了理论的周延，更强调与实际情形的吻合，将董事也纳入了高管的范围。在后文的论述过程中，涉及理论分析时，主要是以公司与经理人员的关系为基础来进行的，特此说明。

事项的决策权，掌握诠释政策和人事决策的权力，对企业的生存和发展起到关键作用。需要指出的是，为顶层管理者提供直接支持的人在某一经营管理行为上也具有独立的决策权，如首席财务官或首席技术官等也应列入高管的范围。

上市公司高管通常还具有能获取高额薪酬的特点，其薪酬常常与企业业绩相关联，股权激励形式的薪酬占比不断提高，并成为薪酬总额中的主要组成部分，并直接催生了高管薪酬规制的现实需要。需指出，在上市公司中，有一类人员仅是因高薪而被纳入上市公司高管薪酬研讨的范围内而成为"高管"的。实际上，这类人员除了高薪上体现得与高管相似外，在控制权上的掌握是极为有限的，且并未脱离身份与经济上的从属性，例如并未获得经营管理相关授权的重要技术人员，他们会因为高薪而被纳入公司法薪酬信息披露规制的对象❶，但并非通常意义上的高管。

2.1.1.2 高管与普通职工的关系

在我国，高管与公司之间的关系是适用劳动法律，还是适用公司法律进行调整，未能形成统一的观点。有的观点主张高管同普通职工一样应当适用劳动法律进行调整[95]；有的主张适用《中华人民共和国公司法》进行调整[96]，还有的主张折中处理[97]。笔者认为，对高管与公司之间的关系应当适用公司法律来调整，而紊乱的直接起因在于我国《中华人民共和国公司法》《中华人民共和国劳动合同法》未将公司高管排除于劳动法律的调整范围之外❷。劳动法律对高管给予普通职工那样的高水平保护不符合实际，正如Paul Weiler指出："具有讽刺意味的是，法官所创设的为保护貌似弱势的雇员的法律，所产生的结果却是向高级雇员输送着市场中大多数的福利。[98]"

在现代公司制度的形成过程中，创造性劳动与普通劳动日渐分离，伴随着所有权与经营权的分离，高管逐渐成为一群特殊的，不仅享有决策权力且在一定程度上把控公司的劳动者，应当适用以公司法为主的法律来对其与公司之间

---

❶ 美国对除CEO之外的前五位高薪者均需要披露其薪酬信息。

❷ 劳动法对劳动者的定义没有明确的界定，故无法直观的判断高管是不是劳动者。但从立法者的立法逻辑上看不应把其排除在劳动者范围之外：《劳动合同法》第24条特别规定的高管的竞业限制义务通常是劳动合同的内容，由此可以推断其作为一个群体是被劳动法纳入到调整对象中的。

的关系进行规制。

(1) 高管与普通职员的区别与联系

上市公司高管具有两个基本特征，即决策权与获得高薪的可能。与就局部工作享有决策权的普通职工相比，他们对重大经营管理事项享有的决策权力，常常与公司的兴衰相联系，他们掌握着公司的命运。虽然从整体上来看，普通职工与企业的存亡发展也是息息相关的，但从个体上来看，普通职工对企业的存亡发展起不到关键性的作用。不少普通管理岗位是由普通职工担任的，他们也具有一定的决策权，但是是局部的、次要的，对公司的生存发展并不具有决定意义。

获得高薪的可能有两层含义，首先，上市公司高管的基本薪酬较普通职工的高出很多。这与高管的异质性劳动相关。顾名思义，高管的工作是富有创造性、复杂性的管理学意义上的劳动，集中体现为高管劳动的异质性，与普通职工的同质性劳动是不同的。其次，随着激励机制为各国认可，上市公司普遍设立股权激励方案，使得高管薪酬数额飞速增加。高管获取高薪需要满足业绩指标的要求，否则是不能获得激励薪酬的。普通职工也会因为个人的优异表现获得奖励，但在其工资收入中的占比并不高，且与公司业绩的关联度较低。因公司业绩上升而获得的奖励具有广泛性，针对全体职工发放，同时数额也是较低的。

从高管和普通职工与公司之间的关系来考量，能更深层的揭示高管与普通职工的不同。作为现代公司制度的核心课题——公司治理所需解决核心问题就是公司的所有权与经营权分离而导致的代理问题。公司高管是基于对经营权的获得而从一般劳动者中分离出来的特殊劳动者，其与雇主之间的关系是委托代理关系而非雇佣关系，高管从事的工作内容实际上是源于委任，是雇主的内部关系：董事会和高管经理人员的权力源于股东权力的分配。当然，高级经理人员与公司之间是为雇佣关系也为美国等国家立法认可，但是，多数情况下劳动法对高级经理人员的适用是被排除的。而且，经理人员的权力源于董事会的再授权也获得了普遍认可。普通职工则不同，其与公司之间存在的仅仅是劳动合同关系。基于这些不同，董事、经理人员需要对公司承担信义义务，并有着不同的责任体系要求，同时成为规制的对象，如其薪酬需要进行披露。普通职工则只需要承担劳动合同中的义务即可。作者认为，上市公司与其高管的特殊关系，其劳动的特殊属性、在公司中的地位等决定了他们与普通职工是不完全相同的。

我国劳动法、劳动合同法未将公司高管排除于劳动法律的调整范围之外是不恰当的，尤其对上市公司高管而言。我国劳动法律源自计划经济时代，以1995年和2008年开始施行的《中华人民共和国劳动法》和《中华人民共和国劳动合同法》为构成主体。在我国，相关法律调整劳动关系的哲学依据系"生产资料占有论"，也就是说，用人单位提供生产资料，劳动者做出劳动，劳动成果归用人单位，而劳动者则获得劳动报酬。所以，改革开放之初推行厂长经理负责制时，同样要求"厂长、经理应与聘用部门签订劳动合同。实行公司制企业的厂长（经理），以及相关经营管理人员，也需要根据我国的《公司法》中有关经理和经营管理人员的管理规定，与董事会签署劳动合同"❶。计划经济思想认为劳资对立，追求全社会一律平等，消灭"剥削"的观点在生产资料公有制为主体，多种性质的所有制（包括混合所有制）经济成分并存的经济已然形成的今天已经被抛弃，但当年在劳动法律中的影响尚未能修正。落后的影响集中在了"用人单位与劳动者"这一对概念上。如今，各国大多数使用Employer（雇主）与Employee（雇员）来描述双方为劳动法律关系的当事人。而雇主不仅仅可以由组织体的用人单位充任，自然人也可以成为雇主。例如，在日本其《劳动基准法》规定，雇主是包括企业主和企业经理人，以及代表企业与有关工人事宜进行处理的人[99]。而我国直至2007年通过的《劳动合同法》，其规定仍然沿袭着劳动法的基本精神。该法第2条规定"中华人民共和国境内的企业、个体经济组织、民办的非企业性质的单位等组织与劳动者建立劳动关系……"可见，用人单位/雇主只能由具有组织性的用人单位担任，高管人员是无法成为作为组织的用人单位的。自然，高管人员与用人单位之间只有劳动

---

❶ 参见原劳动部《关于全面实行劳动合同制的通知》（劳部发[1994]360号，1994年8月24日）

法律可以适用。

在我国,上市公司高管掌握公司营运、人事和财产等经营管理大权,"作为权利的享有者,当他们站在企业的对立面时,由于处于金字塔的顶端,企业常常难以对其进行任何形式的约束,因而非常容易产生道德风险"[100],常常在与企业的分歧中借助劳动法律的帮助占尽优势。"不仅造成劳动法的资源被滥用,助长了高管们发生不当得利行为的动机,更严重的是,如此损害了公司法原有的利益约束机制的效力,高管们在享有高薪和权力的同时,阻却了公司行使手投票的权利,从而使得治理制衡机制无法有效地发挥作用"[101]。正是如此,在当年轰动一时的"达娃之争"案中,宗庆后将争议的民商事关系以劳动关系提起29件诉讼,全部获得中国法院的支持,而在瑞典斯德哥尔摩仲裁庭却输掉了全部8项仲裁请求❶。

公司高管与普通职工的区别还在于是否具有"从属性"。普通职工与公司之间为劳动关系,其实质体现为"从属性"。高管与公司之间并不具有"从属性"。在德国,"雇员是指基于私人合同,身处人身从属的关系中,承担着为他人工作的义务的人","该准则的核心要素就是人身从属性"[102]。在英国,其劳动上诉法庭指出:"雇员被认为需要用劳动法律进行保护的原因在于,他们与雇主相较,处于从属的、依赖的地位[103]。不可替代的异质性劳动促成了高管人力资本化❷,这是高管"摆脱""从属性"的关键,现代企业中的高管与公司之间不再有从属性,"股东不能直接地向董事会发出指令,要求其采取任何的特定行动"[104]。

如今,现代企业中谁能拥有管理权力?其决定性因素已经不再是其拥有企业股份的多少,而是管理上的能力。企业管理者的来源、构成、能力等都在逐渐发生变化,以管理经营能力为专业特长的职业经理人随着市场经济的要求而

---

❶ 达能收到迟到的胜诉,无碍和解结局,http://money.163.com/09/1106/01/5ND94MJ70025 6O3.html 访问于2017年1月11日。

❷ 企业高层管理人员人力资本还具有自身独有的特征,表现在统领性、稀缺性、专有性、创新性、非程序性等方面。参见朱文蔚.我国上市公司高层管理人员人力资本定价研究[D].厦门大学,2009:38-42。

逐步形成，企业管理成为专业化的职业[105]。在上市公司中，公司被高管控制的力度常常大于封闭公司，尤其股权分离程度高的上市公司的高管，在与普通职工相分离的道路上渐行渐远。综上，国外上市公司高管与普通职工存在巨大的差异，将其视为劳动法意义上的弱势群体以劳动法加以保护是不妥的。

（2）高管与公司的关系应认定为雇佣或者服务关系，且不受劳动法调整

20世纪30年代，伯利和米恩斯指出，"管理者权利的增大对资本所有者的利益有损害的风险"[106]。公司法首要的目标是"试图构架一部'宪法'，以界定和限制公司的权力中枢，即董事会和高级经理的特权"[107]。基于国外上市公司高管与所有权者之间委托代理关系的基础认识，以及高管与普通职工的区别，应该将高管与公司的关系归属为雇佣关系，不受劳动法保护，依据雇佣合同和公司法的规范进行调整。

对于以CEO为代表的高级经理人员，不少国家的法律认定他们也属于公司的雇员（Employee）[108]。例如，即便在CEO享有至高权利的美国，以CEO为首的高级管理职员也被定义为——在公司的管理层级中高于其他雇员级别"公司雇员"[109]。在德国，高管职员（Executive Staff）也是雇员，一般用服务合同来确认其与公司的关系。但这并不意味着在法律适用上高管与普通职员一样，均按照劳动关系来对待，适用劳动法律来解决。各国在劳动法的"扶弱"宗旨中也植入了"除强"的考虑，对高管与公司间的关系采取了符合高管"强势"地位的调整措施，而非一味地向对弱势劳动者那样进行保护。如此安排是基于假设该类群体在利益等诸多方面和普通雇员是不同的；鉴于他们的职责是位于普通雇员的对立面。他们在事实上的重要性要远远超过人数较少的普通雇员的比例[110]，他们被视为单独的雇员类型，劳动法的制度并不适用于他们。

正是观察到上市公司CEO对公司的极大控制权，以及公司实际运行中恰好相反的事实：董事们在提名、薪酬待遇等方面均有赖于管理层。不仅如此，相当多的董事不能够，甚至于并不愿意耗用最基本的时间和精力去监督所在公司的经营活动或者为公司的成功而去承担起财务上的职责[111]。即便没有担任公司的代表人，但作为雇员的CEO已经不再是普通职工。美国对高管适用劳

动法采取了豁免的态度❶。中国台湾地区"公司法"第29条规定："公司可依章程规定经理人，其委任、解任及报酬"，在中国台湾地区，不论学说与实务，公司按照程序授权的经理人与公司之间的关系均被认定为"委任"[112]。

需要注意的是，不仅高管不能受到《劳动法》的保护，在董事和高级经理人员之外出现的一些掌握管理权的普通经理人员，他们虽然与公司间存在着劳动关系，但不少对普通职工的倾斜保护规定，如不受任意加班指令伤害的工时制等也不适用于他们。可以称其为非严格意义上的高管，即系基于劳动合同关系产生，享有一定的经营管理权限，与公司的关系的确以劳动法律为主要调整手段，但不少劳动制度并不能适用他们。各国劳动法均对该类人员在劳动法保护上有着排除适用的规定，我国可以进行效仿[113]。

公司法律调整高管与上市公司之间的关系有着自己的体系和传统，并非是当下才产生的、欠成熟且需反复推敲的新制度。例如，经理人员高管的聘任和解聘方式具有法定性。各国公司法律为了追求效率目标的实现，并不要求董事会聘任或解聘经理等高管人员必须提供正当理由。美国上市公司董事会可以在不具有理由时解除公司高管的职务[114]，此即公司法的无因解约制度。当然，为保证高级管理人员的权利，聘任合同中的离职补偿条款通常都约定了高额的补偿数额。

相比聘任或解聘经理人的机构和程序的法定性，一般雇员完全不同，通常劳动关系的建立以签订劳动合同为主要形式，但是，即便只存在事实劳动关系，解除劳动关系也需具备正当理由，履行法定程序。

综上，上市公司高管与公司的争议不应当适用劳动法，而应当适用公司法来进行判断。同理，当上市公司高管与公司发生薪酬等问题的争议时，应当适用公司法来进行审理。

---

❶ 2004年美国《公平劳动标准法》采用薪酬标准为主，职责为辅的方式对公司高管进行认定。若该雇员周薪高于455美元，并且监督两个以上雇员，工作权限涉及聘任、解除其他雇员；或者其从事工作为非体力劳动、非简单文职，而是直接涉及管理，具有自由裁量权与独立判断能力，即可认定排除适用劳动法。上述第一种标准适用于拥有足够人事任免权的执行主管。第二种标准适用于行政主管如财会总监、销售总监、法务总监等。此外，若雇员周薪高于455美元且总年薪大于10万美元，只要其职责为非体力劳动；且经常或定期履行上述人员职责中至少一项，则同样豁免适用劳动法。参见王云泽.公司高管劳动法制度保护的排除与适用[J].萍乡学院学报，2016（1）：37-41.

2.1.2 高管薪酬

高管薪酬即高管从公司所获取的各种形式的报酬和福利待遇等。上市公司高管薪酬应是一个组合概念，由基薪、绩效薪酬、中长期激励收益构成，具体表现为工资、奖金、中长期激励以及福利计划等物质性收益。精神性收益在各类企业中的确存在，确实是一种激励形式，但它不应属于薪酬激励的范围。不同薪酬概念的理解分歧的关键在于薪酬是否包括精神利益？有学者认为，作为一个集合概念，薪酬包括物质收益和精神收益[115]。从上市公司高管薪酬的公司法规制来看，高管薪酬为物质性的报酬。如日本学者根田正树指出："高管薪酬是指公司高管从公司领取的具有职务执行对价性质的金钱及其他经济性利益"。金钱性质的薪酬有工资薪金、退休金、死亡抚慰金；其他经济性利益包括公司股票、新股预约权（股票期权）、住宅租金补助等[116]。卢埃林等人认为上市公司高管薪酬应包括基本工资、奖金、股票期权、延迟性薪酬，以及虚拟股票等薪酬形式，不同薪酬形式的设计可以帮助高管规避风险行为、高管层投资短视等行为的减少[117]。

从公司法律角度出发界定上市公司高管薪酬需要将管理学意义上的薪酬和法律意义上的，即从公司法角度出发，需以技术化、规范化的法律制度设计来界定和规范的薪酬区分开。另外，还需要将普通职工薪酬与高管薪酬区别开来。普通职工薪酬与管理学意义上的公司治理相关，高管薪酬则是与公司法意义上的公司治理紧密联系，强调职务执行的对价与业绩之间的关联。高管薪酬与普通员工薪酬的差异很大，普通员工的薪酬以现金薪酬为主，高管薪酬则包括了多种非现金形式，且现金薪酬占比很低。薪酬激励法律制度系针对高管人员的制度设计，是薪酬激励相关机制的规范化。

对上市公司高管薪酬的界定，美国的做法非常成熟。在2006年，美国SEC对于上市公司高管薪酬的表现形式，即其外延做了全面的描述，包括现金、奖金、股票、期权、退休金以及其他薪酬。所谓其他薪酬，有如总计超过一万美元的津贴、税款补贴等[118]。

美国高管薪酬形式的重要特点之一即复杂，但这只是表象，美国SEC通过详尽列举了公司与高管之间基于服务产生的利益往来，最大限度地减少了公司与高管之间利益输送的途径❶。美国对上市公司高管薪酬的描述是围绕物质性收益来展开的，并形成了以股权激励为核心的薪酬激励制度。美国市场是股权激励制度滋生和成长的沃土，经过多年的发展，股权激励制度已经成为美国高管薪酬实践的基本样式。

笔者较为赞同我国银监会颁发的《商业银行稳健薪酬监管指引》（2010年2月21日）对薪酬形式和定义的界定。第2条规定："薪酬指商业银行为了获得员工的服务和贡献而给予的报酬，以及相关性的支出，包括基本薪酬、绩效薪酬、中长期激励以及福利性收入等项下的货币和非现金的各种权益性支出"。

基本薪酬指按期获得的、固定的现金收入，与企业业绩的关联度不大，用以实现生活保障。基本薪酬的高低与企业规模、同行业水平、岗位等相关，另与高管的年龄、性别、教育程度、能力以及经理人市场密切相关。绩效薪酬指对当期，通常是当年的业绩表现进行考核，并依约进行物质奖励。所谓当期，通常均以一个年度为上限，可以表现为年、半年或季度。绩效薪酬具有短期性，可称其为短期激励，与业绩具有关联度，可以以现金或股票等形式发放。中长期激励实际上也是一种绩效薪酬，期限为中期或长期，能够避免短期激励触发的短期行为。

中长期激励大多表现为以股票期权和限制性股票为主要表现形式的股权激励❷。根据代理理论的分析，由于委托代理双方的效用函数常常不相一致，代理人并不总是"尽心尽力"地为了委托人的利益而工作，甚至是为了牟取私利牺牲委托人的利益，代理人行为偏离委托人利益想情形成为委托代理关系中的

---

❶ 2006年7月26日，美国SEC决议通过对董事、高管薪酬，以及关联交易、董事独立性、其他公司治理事项的信息披露规则进行了大幅度的修正，修正后的规则有关高管薪酬的信息部分主要集中于Regulation S-K中Item 402中。402条中除了c是对薪酬概述表中应列明的内容进行规定之外，d、e、f、g、h等对六个表格和三类薪酬信息进行了披露的详见的要求，本书在第四章中有较为详细的介绍。

❷ 我国《上市公司股权激励管理办法》所指的股权激励仅为股票期权和限制性股票，实践中尚有其他形式的股权激励。

常态。为增加双方目标函数的一致性，一定程度激励措施的采取普遍被认为能提升双方利益的一致性，虽然增加了委托人的成本，但能为其带来更多的利益。以股权激励为主体的中长期激励既能实现对上市公司高管的激励，又能在一定程度上实现风险共担，无疑是最佳选择。

股权激励的作用在于将激励与约束有机地结合起来，它的引入改变了传统以现金为主的，即以基本薪酬与短期绩效薪酬为主体的上市公司高管薪酬结构。就基本薪酬而言，无论高管能否胜任其岗位的要求，只要在岗，基本薪酬都是固定发放的；短期绩效薪酬具有激励效用，但是，其短期性无法避免短期行为的发生，不利于公司的长期发展。不仅如此，短期激励是在公司的经营目标达成时，即予以支付，当公司的经营目标不能达成时，高管不能获得可能的收益，但原有的财产不会受损。换句话说，短期激励不具有将公司的经营业绩风险与高管收入相连接的功能。中长期激励性质的股权激励则不一样，一方面，高管会因经营目标的达成而获得奖励，另一方面，当高管欲就股票期权行权或出售限制性股票时，如果公司的业绩欠佳，高管就可能无法获得预期收益，甚至遭受损失。21世纪，初美国安然会计丑闻引发的民众愤怒主要指向安然高管在公司股价骤跌前悄然抛售了持有的股票，高管通过内部消息提前抛售股票，不仅没有与公司共同承受风险，还获取了利益，违背了股权激励计划设计的初衷。

福利性收入通常指高管获得的直接经济补贴，如各种津贴、退休金等物质性收益。需要注意的是，不少福利计划是隐形的，通常不受信息披露要求的约束，常常得到上市公司高管的青睐。[1]另外，在职消费不属于福利性收入，因为它并不以个人支配为目的，当然，借在职消费为名实施的个人消费行为不为讨论的对象。但是，在职消费也应当纳入信息披露的范围，尤其是国有上市公司高管时常发生过度的在职消费，纳入披露对象有助于遏制此类行为的发生。

---

[1] 根据国家统计局出台的《关于工资总额组成的规定》，保险费、住房公积金、在职消费、退休保障金和转移性收入等隐性福利并没有被纳入工资总额，这一政策上的漏洞在实践中被大多数上市公司所利用，高管因此可以获得更多的隐性福利。参见文综瑜、刚成军.我国国有企业工资收入分配的现状[J].经济研究参考，2008（60）：30.

综上所述，高管薪酬应是一个组合概念，有薪酬包（Compensation Package）的含义，它与普通职员薪酬有重叠，但有着更多的不同，是劳动资本化的体现，由基本薪酬、绩效薪酬、中长期激励与福利性收入构成。精神性收益是客观存在的，确实是一种激励形式，但它不应属于薪酬激励的范围。基本薪酬提供了稳定的，有竞争力的待遇，留住了高级管理人才；绩效薪酬刺激了短期表现和行动，并有利于长期价值创造的推动；长期激励方式将高管与企业的长期收益联系起来，股东价值最大化得到保障。退休金、补充性高管退休计划和递延薪酬计划等促进了长期人才挽留、公司各层级的亲密关系和长期资金积累。

2.2 上市公司高管薪酬的解释逻辑

马克思主义认为，人类社会的基本矛盾表现为生产力与生产关系之间的矛盾，矛盾因素的相互作用促成了矛盾运动，是人类社会从低级形态发展到高级形态的基本动力。在资本主义社会，生产是以雇佣劳动为基础的社会化生产，体现着生产社会化与生产资料私人占有之间的冲突。为解决生产力的进步与生产资料私有制之间的矛盾，社会主义制度建立了生产资料的公有制。但是，由于在进入共产主义社会以前，劳动者的主观自觉程度有限，劳动者需要"各尽所能，按劳分配"，正所谓"不劳动者不得食"。高管薪酬与普通职工薪酬一样，都具有其政治经济学、社会学意义上的合理性，是满足人生存、发展的必须要求。

从满足生存、发展的角度来看，高管薪酬与普通职工薪酬在性质上具有一致性，薪酬绝对额上的巨大差异也能从其工作性质上的不同找到原由：不同岗位的工作，性质和内容的不同是毋庸置疑的。高管的工作以创造性与决策性的管理工作为主，普通职工的工作多以体力性、重复性的非管理工作为主。当然，不少普通职工的劳动也具有脑力性和创造性，但由于其不具有决策性与管理性，从事这类工作的员工仍然是普通职工，即通俗意义上的白领。高管与公司的生存和发展有着密切的联系，而普通职工的工作内容本身虽与企业密切相关，但终究难以决定企业的生存和发展。基于工作的性质与内容不同，高管的薪酬待遇通常与普通职工差异非常大。而中长期薪酬激励计划仅针对高管是高管与普通职工之间的薪酬不仅存在差异，而且时而会达到民众瞠目结舌的程度的原因。

如今，将高管薪酬与企业业绩挂钩是各国对高管进行考核的最主要的做法。高管的薪酬不仅取决于其付出，更取决于企业能取得的业绩。人们没有能力对创造性的、主观性的脑力劳动进行客观评价，于是尝试在业绩与高管努力之间建立联系，即对企业业绩上升与高管付出之间进行分析，试图论证二者之间具有正相关性。这也是为何高管薪酬的经济学与管理学等学科的研究大多从高管薪酬收益与公司业绩相关度的验证作为基础的原因。尽管相关研究并非一致认为二者间具有正相关性，但多数人认为业绩的上升与高管的努力相关，当然，应当建立科学的评价体系，尤其在对激励计划考核时如何剔除市场、行业、国家政策等因素的影响，以避免高管获得意外之财是上市公司高管薪酬问题中的重点问题之一。

该部分以人力资本理论、职业经理人市场理论、代理理论与管理层权力理论等在高管薪酬问题上的认识为指导，对上市公司高管薪酬的合理性与薪酬问题等进行了解释的尝试。

2.2.1 人力资本的逻辑

20世纪50年代，以西奥多·舒尔茨为首，最早对人力资本理论开始了研究。经济学家在研究经济增长的原因时，发现了除物质资本、劳动力对经济的增长具有关键的作用外，有的增长现象无法以物质资本等因素进行全面解释。最终学者们把无法解释的因素归结为人力资本。西奥多·舒尔茨于1961年发表了《为人力资本投资》一文，第一次提出"人力资本"的概念。他发现自然资源不能被解释为经济增长的全部原因，在经济增长时，存在着自然资源以外的因素，即人力资源在发挥着作用。人力资本与一般劳动力并不相同，因为并非所有的劳动都能带来高额的超过其劳动投入价值的价值。

马克思也提出过人力资本是一种资本的看法。西奥多·舒尔茨提出，只要是能使人力资本增值的活动，都可以视为对人力资本的投资，也就是对生产者进行教育、职业培训以及保健等方面的支出，以及在接受教育时的机会成本的总和，最终表现为储存在人身上的、各种生产知识、劳动、管理技能，以及健康素质的存量总和。简单地看，高级（脑力）劳动者所具备的知识技能和健康状态即为人力资本。所以，人力资本也被称为"非物质资本""智力资本"，它是劳动者所具备的知识、技能，以及健康的状态。

西奥多·舒尔茨还认为，人力资本同物质资本一样，是一种稀缺资源，是社会经济增长的内生变量，还是社会进步的决定性的因素。同物质资本相比，人力资本更加能够推动社会的经济增长，对企业的收益贡献程度也较物质资本更高[119]。在人类迈入知识经济时代，人力资本的重要性显得尤为突出。

人力资本最大特点在于，与人身具有不可分离的特点，天然只能属于个人，在自然形态上的不可分离性使得其可以随所有者共进退，而不像物质资本一样不能轻易退出，对人力资本只能采取激励的手段，而不可能进行压榨。人力资本与人的不可分离性在法律上表现为不可执行性，故而人力资本的所有者为了逃避风险，可以选择逃离企业。人力资本还具有难以监督的特点：对属于个人的人力资本实施监督是很难，甚至不可能的。因为人力资本所有者主观能动性的发挥完全受控于自我，"道德风险"和"逆向选择"问题的发生不可避免。

人力资本的特殊性与高管劳动的异质性相联系着。人力资本通常为高管所具有，高管的劳动具有异质性正是以人力资本为基础的，随着"潜在高管"不断进行着人力资本的投资，各种知识、技能不断增加，其提供的劳动异质性程度也不断提高，人力资本终得以形成。人力资本与异质性劳动可谓高管的两大基本要素，可以理解为高管的一体两面。异质性劳动与普通职工的同质性劳动是不同的。朱敏认为企业家与企业高层管理人员的劳动均属创新性的劳动，是企业产生价值的增量，具有资本特征，应通过股权或股权激励促使管理者的劳动得以实现资本化❶，并通过参与价值增量的分配，同时负担创新性劳动的失败而带来的风险，从而体现公平。正是通过劳动资本化持股后所带来的风险压力，促使创新劳动者更加努力和谨慎地从事创新性劳动，从而抑制风险，增加价值的增量和利润[120]。

周其仁认为现代企业最佳所有权制度的安排是分配与人力资本所有者部分企业产权，如此企业就成为人力资本与非人力资本的共同合约组织体，他们对企业所有权均享有一定的分享比例[121]。人力资本的所有者可以以劳动者和所有者的双重身份来参与企业分配。

为了激发人力资本价值的发挥和经济效益的创造，满足人力资本的利益需求，赋予其剩余价值索取权，且将这种制度的安排长期化，即建立高管薪酬制度具有必要性的。人力资本理论为企业管理者基于人力资本的所有权而分享剩余索取权、参与企业利润的分配提供了理论依据。

上市公司在长期的发展过程中，对人力资本的激励与约束形成了诸多有效的薪酬机制。例如，享有人力资本的经理人员通过在本公司积累专业知识，到同一行业的其他公司任职时，能牟取更高的薪酬，即"公司以一定成本为代价提供了公司所属行业的部分人力资本"，而经理却获得了收益。为了解决该矛盾，"通过薪酬的延期支付，配合对经理人员一旦离职，则不予支付未付延期薪酬的约束，能够解决这一问题"[122]。股权激励所带来的是剩余索取权和剩余控制权之间的平衡和稳定，让高管（人力资本所有者）自己在一定程度上自我监督，为企业创造更丰富的价值。

高管薪酬的法律制度设计和有效运转，是劳动资本化与人力资本的价值最大化的法律保障。现代企业是人力资本与非人力资本之间的合约，作为稀缺性的高管人员，其能力能够给企业带来倍增效应，这部分具有高能力的管

---

❶ "在人类社会的实践中，劳动（包括创新劳动和重复劳动）者根据自己的生理及心理需求，存在要求将自己的劳动努力与本企业的发展和效益相联系获取企业产权，参与本企业剩余价值的分配的倾向。劳动者自己目前的劳动与相关的远期劳动效益结合的紧密程度决定了劳动者劳动时的努力程度。这就是劳动努力资本化现象，又由于劳动努力与劳动不可分割，所以又称为劳动资本化。"参见朱敏.劳动资本化及其激励效应[J].经济学家，2001（2）：127.

理者应当获得高额的报酬，甚至是合理的超额报酬，从而体现稀缺性人力资本的价值[123]。

高级管理人员在现代公司经营管理上积累的知识、经验与能力构成了人力资本，有助于实现公司利润最大化的终极目标。应当通过合理薪酬安排，吸引并留住高级管理人员，尽管薪酬并不是起作用的唯一因素，但无疑其作用是极为重要的。

2.2.2 经理人市场的逻辑

随着所有权与控制权的不断分离，经理人市场也逐步成为一个特有的市场主体，CEO和高管分别成为他们中佼佼者的代名词和标签。

钱德勒首次对经理人的产生和发展过程进行了全面的研究。实践证明，企业经理会变得越来越职业化，现代企业的组织形式和自由与垄断资本主义时代又出钱又出力的企业家完全不同，现代企业制度的企业家式（家族式）资本主义被经理式资本主义所取代，企业组织形式的这种演进不仅仅表现为管理创新的结果，同时也是劳动分工的必然性产物。

现代企业的专业管理活动使得职业经理从普通职工中异化出来，他们在企业中的作用不断增强，从而导致了企业治理机制的转变，并使自己在市场资源中具有了独立性，职业化的经理逐渐形成为一个新的阶层，作为人力资本的代表与物质资本进行着利益的博弈。

经理人市场的形成对经理人能形成有效的约束《国富论》描述到："这种股份公司的董事们，经营的是他人的钱，而不是自己的钱，不能奢望他们像私人合伙的合伙人那样，兢兢业业地去管理企业……所以，在这种公司的经营管理中，一定时常出现或多或少的疏忽和浪费行为。"[124]形成市场才能形成竞争。职业经理市场的竞争才使得经理人的德能勤绩具有可比性。竞争对经理人具有自我约束和监督的效用，能够有力地减少环境不确定性的影响，从而降低对企业经营进行监督与绩效考核所需的要素的投入。

经理人市场的形成，构建了市场竞争压力，对经理人的行为具有约束作用，使得经理人受到努力工作的激励。泰腾郎、马丁和帕克的共同研究发现，企业业绩与市场的竞争程度呈正相关性，市场的竞争越激烈，管理者改善企业绩效的努力程度就会越高。坎普兰通过大量实证得出结论，来自破产企业的管理者在未来找到工作的概率要比一般的企业家减少1/3[125]。可见，市场竞争是有效激励的根源，激烈竞争能增加管理者发生道德风险行为的成本，而努力的工作将成为经理人的最佳选择，因而对管理者实现激励相容的成本就会越低。

职业经理人市场是劳动市场的重要组成部分，是经理人和公司进行服务交换的市场，经理人提供专业服务，而公司付出薪酬。早期经理人薪酬的主要组成部分为固定性的基本工资，"如果高级经理人员从公司获取的酬劳是固定的，那么，他们就有动机去投资有些实际上可能会降低公司的价值的项目……为了控制高级经理人员规避风险的行为，薪酬计划的制定必须包含提升波动性的正向激励的条款。[126]"

Lazear和Rosen认为，如果，有着充满竞争性的一个劳动力市场，劳动者之间相互展开竞争，具有更高生产率的劳动者自然能得到更高的产出，通过扩大劳动者之间收入的差距，促进使劳动者增加工作的努力程度，可用劳动者的边际成本与边际收益相等来作为收入差距设计的基本原则[127]。不过，高管具有的能力和主观努力的程度都不可以观测，怎样衡量高管能力的水平和努力的程度呢？只能通过高管的显性特征进行间接性的评判，如高学历、工作经历、特殊技能、社会关系等均是高能力的信号。公司在与高管达成聘任的一致意见后，需要以高管今后的表现来排除实际能力与描述不符，甚至是滥竽充数的南郭先生。假定企业的业绩表现是高管努力的结果，以企业业绩作为高管业绩的参考指标，从而判断高管薪酬的合理性就是可行的。实际上，即便企业的业绩还受到诸如宏观经济环境、行业竞争程度等因素的影响，以企业业绩作为高管工作成果的判断标准一直被认为是最为有效的方式。当然，对于如何评估和剔除非高管自身因素带来的薪酬收入也一直受到关注。

以企业业绩与高管薪酬的关联度为中心，围绕其进行制度设计系上市公司高管薪酬制度的核心，自激励薪酬在高管收入中占主导部分以来，高管薪酬激励制度成了高管薪酬制度的同义语。合理的薪酬契约应当对高管人力资本的价值进行补偿，依据高管的能力水平和实际业绩设置的薪酬契约才能有助于激发高管努力工作[128]。

2.2.3　代理成本的逻辑

古典企业中的所有者，在对企业进行经营管理的过程中，在知识与能力等方面渐渐不能满足需要，因此，职业化的、具备管理才能的管理人代为管理企业逐步成为主流。1932年，伯利和米恩斯从经济学的视角出发，对现代企业的所有权和经营权发生分离后的委托人与代理人间的矛盾做出了精辟的分析，为代理理论的产生打下了基础。在詹森和麦克林《企业理论：管理者行为、代理成本与所有权结构》一文中对代理问题展开了详细的研究，并提出代理成本的概念，形成了代理理论。该理论认为委托人追求的是自身财富最大化，代理人则追求个人的收入、闲暇时间，在职消费的最大化，双方的效用函数常常是不一致的，代理人不一定完全为委托人的利益服务，甚至会发生牺牲委托人的利益为代价来牟取私利的行为。他们将代理人拥有企业完全产权时的企业价值与不拥有完全产权时的企业价值之间存在的差定义为"代理成本"，还将代理成本分为了委托人监督成本、代理人担保成本和剩余损失三部分。

尽管委托人可以通过对代理人施以适当的激励，以及通过负担制约代理人越轨活动的成本，从而减小利益偏差的程度。但是，要确保代理人始终如一地按照委托人的利益来做出最优化选择，通常是不可能的，对于二者间的利益只能在一定程度上实现统一。

需要指出的是，所有权与控制权的分离并非代理问题产生的充分必要条件。代理问题的形成还受到信息的不对称性、环境不确定性、契约不完全性的影响，当发生不可预见和控制的市场变化时，双方对变化的应对均缺乏预见能力。

市场信息瞬息万变、企业内部状况随时也在改变，企业的内部和外部环境，尤其是外部环境具有不确定性。环境不确定性带来了两个问题。首先，尤如"将在外,军令有所不受",企业决策只能由高管根据环境相机决定;其次,决策的对错难以判断。契约的不完全性则意味着契约双方受到信息不对称、人的有限理性、交易成本的影响,不可能将各方面对一切可能的情形下应具有的权利、义务和责任全面、具体的加以表述。

信息的对称与否对代理问题的产生具有决定意义。在代理关系中,如果双方掌握的信息对称,通常就不会发生代理问题。信息不对称最终破坏了二者间的平衡,控制权与所有权的分离在信息不对称的影响下,从可能变成了现实,代理人利用信息等的优势地位侵占委托人的利益便具有了现实性。

"建立一种机制,以充分发挥高管层的积极性,使其分享剩余的索取权确定化、法理化是使股份公司长远发展和制度稳定的措施。"[129]高管薪酬激励制度的构建,最主要的路径选择无非激励和监督。激励与监督均会产生成本,成本最小化和利益最大化是制度构建的关键。通过激励与监督并举的薪酬制度设计建立委托人利益与代理人利益的共生环境,最佳路径即将高管薪酬与企业业绩挂钩,当高管可以获得一定比例的剩余收益时,作为有限理性经济人的高管为了自身利益的最大化,自然会加倍努力,公司业绩便得以提高。

再则,环境的不确定性具有客观性,不随人的意志改变。完全契约在现实中也是鲜见的。唯有信息存在着共享的可能,建立强制信息披露制度,将高管的行为置于股东,甚至公众的监督视线,是从外解决薪酬问题,即监督的方法。而将高管薪酬与企业业绩挂钩,增进代理关系双方目标函数的一致性,可谓从内解决,即激励的方法。无论如何,都是为了实现公司活动参与主体的成本最小化和利益的最大化。对于成本最小化,利益最大化存在着两个基本的、不同的观察角度:一是从市场或经济学的角度,另一是从法律的角度。

市场角度的成本最小化、利益最大化是指如何设计一种机制,能够以最小的成本促使高管最大限度地发挥其主观能动性,创造出最大化的企业价值,满足股东投资的终极目的。纯粹从经济学的角度来看,成本最小化、利益最大化的机制并不一定注重于企业价值的绝对值,其更在乎的是如何实现企业收益于所有者和高管人员之间的最优分配,为实现该结果,共同承担经营的风险是必要条件。以制度促使高管在追求自身利益的同时做出符合所有者利益的行为选择，实现双方之间的激励与监督的对立统一成为经济学的目标。

从法律的角度来看，成本最小化、利益最大化的本质是一个权力制衡的过程，即优化公司治理结构促成高管与所有者利益的一致性，实现激励与制约的平衡。法律制度通常并不以追求更高的社会经济收益为己任，而是以代理关系双方的制约与平衡为核心目的。

代理理论对高管薪酬制度的合理性与必要性进行了解释。发达国家薪酬激励制度的构建与发展，的确对其现代公司治理理论和实践的推动，对社会经济的促进起到了积极的作用。但是，随着公司业绩与高管薪酬逐步脱钩、运气薪酬、天价薪酬等现象与代理理论预测相背离，人们发现依靠构建高管薪酬与公司业绩一致性的高管薪酬制度还是不能有效地解决代理问题，巨额的高管薪酬甚至成为新的代理成本，为解决代理问题而生的薪酬制度反而成为代理问题的一部分。人们围绕解决新的代理问题进行了积极的思索，但代理理论的基本认识仍然是基础。

2.2.4 管理层权力的逻辑

高管对自身薪酬的干预和影响已经成为社会各界对高管薪酬问题的批评焦点[130]。卢西恩·伯切克教授与杰西·弗里德教授提出了"管理层权力理论"，逐步引起了学术界的关注。

管理层权力理论认为，就薪酬合同的签订而言，管理层的权力起到的作用是至关重要的。现代公司治理的结构存在着缺陷，例如董事（包括独立董事）对股东缺乏联系，而对于管理层又过于依赖。受到管理层权力的影响，董事会附和他们。管理层权力的存在使得董事对高管薪酬谈判丧失了足够的动力，或者干脆对高管薪酬不进行监督，不少情况下，高管们甚至自定薪酬。于是，高管薪酬大大超越了董事忠于股东利益、与高管保持应有距离时所形成的薪酬数额。该现象的结果不仅仅表现为高管享有巨额薪酬，更重要的是，薪酬结构已被扭曲，高管薪酬与公司业绩之间的敏感性下降，薪酬的激励功能已经不能完全发挥，甚至产生了负激励，进而最终损害股东们的利益。

管理层权力理论认为，高管薪酬的设计并不是一项可以解决代理权问题的主要救济方式，相反，薪酬设定程序本身就是代理权问题的主要表现。为了解决代理权问题，将高管薪酬设定程序拉回正轨是前提。管理层权力理论的重要支撑在于：现有公司治理结构中的董事会仅是名义上独立与高管，但有着众多的因素影响他们对高管薪酬进行严格的监督。首先，董事往往是CEO挑选的。为了追求连任和报酬等，董事常常会站在CEO一边。其次，董事与CEO在工作上有紧密联系，容易产生友谊，面对对股东利益保护的需求，"袍泽之情"常常会支持高管薪酬的增加。少数"离群"董事处境艰难。独立董事与董事一样，在企业经营管理上的信息掌握自然不如管理层，信息的不对称使得他们难以发表意见；再则，以独立董事为主组成的提名委员会和薪酬委员会也很难实现实质上的"独立"。独立董事在薪酬的专业知识上的缺乏，使得他们只能依靠薪酬顾问来进行薪酬方案的设计。而薪酬顾问的报酬高低会受到管理层的极大影响，更有与公司存在其他业务联系的情形使得薪酬顾问未必能站在"公平"的立场进行薪酬设计。总之，管理者权力越大，对薪酬决策的影响力越大。

享有管理层权力的高管会主导有利于自己的薪酬计划的设计，如对股权激励具体形式的选择、在股价下跌时对股票期权重新定价或后门重新定价（Backdoor Repricing）❶，再如乐于采用传统期权享受其中常有的意外之财等。为了引发"公愤"，高管们十分注意掩盖高管薪酬的水平与业绩的敏感性。

卢西恩·伯切克与杰西·弗里德认为，美国上市公司高管薪酬的问题归根结底是公司治理机制存在着问题，并非几个苹果，而是整个装苹果的桶烂掉了。在高管薪酬方案的决定过程中，董事会与高管进行的并非公平的交易，传统观念中的关于公平交易的假设实际上并不存在。董事受到管理层权力的左右，以及其他社会文化和心理因素的影响，在于高管进行薪酬谈判时，很难做

---

❶ 指当股价下跌至行权价以下时，高管持有的股票期权不能获利，此时高管要么主导期权的重新定价；要么通过发行行权价较低的新期权，即"后门重新定价"。

到公平，总有一定程度的偏向性。

管理层权力理论的产生，引发了学术界对高管薪酬问题的新一轮热议。在相关的论述中，自然也存在着其他的看法。Ira T. Kay 虽然也认同，管理层权力对高管薪酬的确已经产生了重大影响。但是，他并不认可管理层权力理论所主张的如今的公司治理基础、高管薪酬的模式已经被打破了的观点[131]。Stephen M. Bainbridge 则认为，管理层权力论的观点是完全的经理主义（Managerialist）的❶。尽管该理论对上市公司高管薪酬的研究的确做出了相当重要的贡献，但是，对高管控制薪酬决定的程序的观点过于夸张，且也没有在相关分析中提出具有说服力的实例来验证该理论所倡导的公司治理改革的建议[132]。Jeffrey N Gordon 认为：强化股东的福利并非理解高管薪酬问题，抑或是提供救济的具有实效的一个手段；该理论认为，其所列举的许多高管薪酬中的实践是证明管理层权力的"有力的证据"。实际上，这些实践本身仍然有待更多客观的评价；加强高管薪酬的公司治理，最佳救济方式并非为草率地增加股东的权力，而应当是通过一系列的制度安排，以促进薪酬委员会的独立性[133]。

管理层权力，是所有权与控制权分离必然产生的现象，关键在于高管掌握的管理层权力是否已经形成了对平衡的破坏。就上市公司高管薪酬而言，如何对管理层权力进行制约、保持平衡，是研究的重点。一些中国上市公司也存在内部人控制的现象，其管理层享有的权利异常显著，但有着自己的成因和表现。这其中，国企国有股所有者缺位，民企控股股东的存在是最为重要的原因，而国有上市公司管理层的权利既受到行政力量的约束，又时常突破其控制是最突出的表现。

---

❶ 经理主义是近年来现代公司治理中出现的倾向，即由董事会中心主义向经理中心主义转变。1941年，美国学者詹姆斯·伯纳姆（James Burnham）在《经理革命：世界上正在发生的事情》一书中首次把管理者实际取得企业控制权的现象称为经理革命。公司经理对公司的控制权不断增强，甚至取股东而代之。尤其是在美国，上市公司的CEO高度集权，还常常兼任董事长，更是将经理中心主义推向极致。经理中心主义所引发的"经理革命"（Managerial Revolution）既对传统公司治理形成巨大冲击，又更进一步地扭曲了高管薪酬制度。

我国自改革开放以来，国企改革和各类公司的发展历程也是一个管理层权力形成的过程。国企改革的核心目的就是打破"大锅饭"，面向市场，走向全面竞争，手段即权力下放。承包制、厂长经理负责制、年薪制、股权激励与混合所有制改革等尝试均是权力的放收矛盾运动过程中的表现，随着国有企业自主经营权的不断扩大，高管经营权力、寻租能力也在不断地提高。

随着国企上市，在国有股所有者缺位的状况下，伴随着较低水平的公司治理，管理层的权力得到了极大的提高。

从根本上看，我国企业管理层权力非常大的原因在于高度集中的股权，国有股或者民企控股股东均"一股独大"，对公司的运营管理实施着强有力的控制。在民营上市公司，公司的管理层往往是民营企业主本身或者其直接代表，在所有权与控制权分离到相当程度以前，职业经理人是难以全面控制企业并享有有力的管理层权力的。

2.3 上市公司高管薪酬出现的问题与原因

2.3.1 高管薪酬失控与社会的质疑

据有关调研报告，1984—1994年的十年间，英国千余家知名上市公司高管薪酬的年增速达到了10.5%，公司员工同期工资收入的增速为3.1%，远低于高管薪酬的增速。但高管薪酬的增长与公司的业绩几乎没有相关性，民众纷纷要求对公司高管报酬的决定机制进行改革。十余年后的今天，人们惊讶地发现，同样的历史仍在重演[134]：2008年，全球金融危机爆发，政治家、工会、股民、媒体和各利害关系主体均在指责天价薪酬与不合理的高管薪酬制度是金融危机的"罪魁祸首"[135]。

上市公司高管薪酬的正当性危机已多次发生。以美国为例，历次上市公司高管薪酬正当性危机的爆发与经济形势低迷、财务丑闻等的发生相关。在企业、股票市场等均面临危机，广大投资者的投资面临"血本无归"的境地时，上市公司的高管们仍然获取巨额的薪酬，激发了民众的愤怒，朱羿锟教授将其总结为"激励风险社会化"[136]，深深地揭示了上市公司的问题薪酬存在着带来深刻的社会影响的可能所在。

在美国，上市公司的高管薪酬水平在各国位居前列。2007年，高盛CEO劳埃德·布兰克费恩的总收入为6850万美元，前财长罗伯特·鲁宾在供职花旗集团时薪酬为1.15亿美元[137]。美国国际集团（AIG）前CEO马丁·沙利文2008年从AIG辞职时，分手费为4700万美元。美林证券前CEO奥尼尔在2007年被迫辞职时，获得的期权和股票共值1.615亿美元。巨额奖金本身从激励创新的手段蜕化为金融从业人员相对固定的收入来源，从而演变为冒险文化[138]。

公司高管薪酬的高低本来由市场决定，单纯的高薪并未轻易引发人们的愤怒。但当金融危机爆发，上市公司市值下降，遭受巨额损失，投资者破产时，以华尔街金融企业高管为首的上市公司高管们的巨额高薪依旧发放，引发了"公愤"。2008年金融危机爆发后，为减轻危机影响，刺激经济发展，美国财政部通过问题资产救助计划，提供2000亿美元资金帮助，国会通过8190亿美元的经济刺激方案，以帮助金融机构渡过难关。但是，该年度华尔街金融机构总计派发花红184亿美元，金额为历史上第六高。美林银行、高盛集团以及摩根史丹利三大投行在2008年度，奖金支出总额高达130多亿美元，超出了公司薪酬支出总额的1/3。而亏损额达到277亿美元的花旗银行在2008年度奖金发放以100万美元以上为统计对象，涉及雇员为738人，即至少7.38亿美元！正所谓华尔街肥猫千亿花红自费，奥巴马总统连声怒斥可耻。正是次贷危机推手之一的AIG集团，因推出的信贷违约掉期的金融衍生品欠下银行金融机构巨额债务，得益于政府的1700亿美元救助免于破产后，却从救助资金中抽取了1.65亿美元向其金融产品部门的高管发放奖金和续聘津贴，单笔最高奖金高达640万美元。

尽管对于上市公司高管高薪有不少合理性的辩护，但当面对上市公司高管们不顾廉耻的自利行为，任何辩护都是无力的。"高管'薪事'不再只是企业的'私事'，亦是政府为保障分配公平而负有不可推卸的制度供给责任的'公事'。"[139]

我国上市公司高管薪酬问题伴随着国企改革而出现,薪酬危机第一次大范围的出现是在2008年。当中国卷入全球金融危机时,上市公司天价薪酬曝光于普通民众面前,举国哗然!高管对企业财产的攫取行为,薪酬仅仅是手段之一。在2008年薪酬正当性危机全面爆发之前,为了推动国企改革的深入,在股市重建后,国企于20世纪初展开了MBO改革,在股权激励计划的作用下,我国上市公司高管再次搭上了薪酬剧增的高速列车,并爆发了薪酬危机。

高薪与天价薪酬加剧了社会财富的两极分化,人们对公平正义发出了追问。2011年,苹果公司CEO蒂姆·库克以3.78亿美元的年薪,位居100家上市公司高管薪酬排行榜之首。按照《纽约时报》的分析,他一年的薪酬相当于富士康一个工人60919年的工资[140]。上市公司高管巨薪不仅被视为2008年金融危机的推手❶,也被认为是社会财富分配两极化的重要推手。

2.3.2 高管薪酬失控的原因

2008年,全球金融危机爆发,上市公司高管巨薪引发"公愤",华尔街高风险、高收益的激进薪酬模式成为众矢之的。我国上市公司高管的天价薪酬也频频曝光,被视为代理问题解决良方的上市公司高管薪酬制度受到了前所未有的质疑。为何高管薪酬的增长速度会远远高于普通职工与社会民众收入的增长速度?甚至出现了公司破产,高管却赚得盆满钵满的现象,经过多年实践形成的上市公司高管薪酬制度为何没能促进代理问题的解决,反而面临着高管薪酬失控,正当性危机频发的困境呢?

高管薪酬激励制度的创设正是为了纠正高管与股东之间的利益偏差,通过股权激励等制度安排,促进高管薪酬与公司的股价一致,即与股东的利益保持一致[141]以降低代理成本,促进代理问题的解决,实现所有者的利益最大化。高管薪酬制度对于公司治理的贡献在于一定程度上解决了代理问题,通

---

❶ Jeremy Ryan Delman指出,金融危机产生的原因之一就是金融机构高管的薪酬结构鼓励他们追求高风险的短期收益。参见Structuring Say on Pay: A Comparatvie Look at Global Variations Shareholder Voting on Executive Comensation, 2010 Colum. Bus. L.Rev., 2010: 583-584.

过制度本身的设计逻辑，以薪酬设计和决定、信息披露、税收制度以及股东诉讼等共同作用，形成系统化、强制性的规范体系，构成了既有激励，又有约束的制度体系。

高管薪酬激励制度功用的发挥需要满足两个基本条件。一是高管薪酬方案是公平交易的结果；二是高管在薪酬方案的执行过程中遵循公平交易的精神，遏制道德风险行为的发生，确保激励薪酬计划的正常实施。

2.3.2.1 公平交易理论——公平的假设与制度的扭曲

为保证公司与高管之间的交易公平，公司法从程序上做出了要求，"执行董事与高级职员的报酬通常是由非利害关系董事所批准，因而具有程序上的公正性"[142]。在上市公司，董事构成董事会代表股东与高管确定薪酬方案❶，"根据通行理论，董事会被假定为仅以公司、股东的利益为行为标准，董事们通过与高管进行公平议价，合理地确定高管薪酬。公司法对董事会的薪酬决定权之规定即以此为前提条件的。[143]"

卢西恩·伯切克与杰西·弗里德认为，金融经济学家关于高管薪酬的研究都是以"公平交易理论"为基础的，董事被假定在薪酬谈判中采取了独立于高管的立场，董事会被认为完全出于股东利益，与高管讨价还价。这种假设一直在相关研究中得以适用，甚至在2001年下半年，公司丑闻爆发后，金融经济学家们仍然在继续使用公平交易的模式来研究薪酬安排的问题[144]。而在卢西恩·伯切克与杰西·弗里德眼里，公平交易理论在高管薪酬的决定中已然失真，原本用来降低代理成本的有力工具，即上市公司高管薪酬制度本身，

---

❶ 至于董事的酬劳，在20世纪之前，英美法的一般规则是，除非章程有特别规定，董事履行其职务不得请求报酬。董事费按年或出席董事会会议的次数象征性地支付。自20世纪以来，董事与股东身份完全分离，董事职位实际上变成了"有给职"。从理论上看，董事薪酬应由股东集体来与之商定，但立法者做了更加灵活、适用的处理，《特拉华州普通公司法》1969年修订时，在第141条增加了（h）款，明确：除非公司设立章程或章程细则另有限制，董事会有权确定董事的报酬。对于此类关联交易，董事报酬必须对股东充分披露为强行法的基本要求。参见张开平.英美公司董事法律制度研究[M].法律出版社，1998：282-284.董事薪酬通常也是由薪酬委员会建议来决定的，但并非股东而系公司来承担，公司受到经理高管的控制，董事自然会给其必要的方便，更何况董事的酬劳常常受到兼任董事的经理，如CEO强有力的影响！

已经逐步演变成了新的典型的代理问题[145]。

在"公平交易理论"的影响下，对高管薪酬的法律规制侧重于薪酬的决定程序和薪酬信息充分披露两方面。实质性审查在法律规制中的作用有限，因为上市公司高管薪酬问题在本质上是商业判断。正如特拉华州最高法院的一份判决中说："高管薪酬的数额与结构在本质上实属商业经营的判断，这种判断理应得到法院的'高度尊重'。[146]"

公平交易理论认可高管存在自我利益满足的需要，因而适当的激励措施和董事监督是维持高管利益与股东利益一致的有效方法，这与代理理论是相一致的。以美国为代表，公司治理经过长期发展，对高管薪酬决定程序有了较为"成熟"的做法：董事会下设薪酬专门委员会，设计薪酬方案；薪酬委员会的全部或多半的成员应当为独立董事❶，委员会有权决定聘用薪酬顾问帮助设计薪酬方案的具体细节，薪酬方案设计完成，经董事会通过后实施；薪酬方案中的股权激励计划常需要股东大会的批准。看似完善的高管薪酬制定程序中，有一个假设：独立董事与薪酬委员会完全独立，董事会对高管薪酬计划的执行尽职尽责地进行监督，高管薪酬的决定程序和薪酬方案的实施完全印证了交易是公平的。

事实上，董事会为了股东的利益与经理高管进行公平的交易仅是假设而已。董事和经理高管有着千丝万缕的联系，其本身也领受着高薪，独立性是无法彻底保证的。各种妨碍公平交易的因素——高管对董事任命的影响力、高管回报公司董事的能力、导致董事偏向高管的社会和心理因素、董事时间和信息以及能力的不足等等[147]，最终都会导致公平交易的扭曲。

2.3.2.2 股票期权——上市公司高管薪酬紊乱之因

根据公平交易理论，高管值得公司支付给他们的每一分钱。的确，高管薪

---

❶各国对独立董事的独立性均有要求，并通过相关规定的辅助，以促进薪酬委员会的成员大部分甚至全部均由独立董事构成。如美国联邦税法自1994年起，开始惩罚没有独立薪酬委员会的上市公司：如果上市公司支付给每个高管超过100万美元的年薪，超额部分如果是由期权构成，或高管实现了完全由独立董事构成的薪酬委员会设定的业绩目标时，超额部分可以作为费用在税前扣除。我国证券交易所也对上市公司专门委员会的设立提出了具体意见。

酬的高低并非事情的关键，关键点是高管的收入应当与公司的业绩息息相关。在中长期股权激励形式出现以前，以年度奖金为主要薪酬激励模式，高管关注的是企业的短期利益，忽略了长期利益，为了改变这种状况，以股票期权为主的中长期股权激励形式出现。

美国从20世纪70年代开始，中长期激励薪酬逐渐占据高管薪酬的主导地位，以股票期权为代表的长期激励薪酬所占的比例不断扩大。到90年代，股票期权等长期薪酬的形式已经成为薪酬结构中最为典型的形式和组成部分。据统计，1993—2000年，在标准普尔500中各公司的CEO的薪酬包中，股票期权等长期薪酬形式所占的比重从41%提高到78%[148]。进入21世纪以后，期权薪酬的平均数额已经达到了现金薪酬的两倍，而期权薪酬在CEO的薪酬包中所占的比重也大致维持在2/3以上的水平[149]。根据著名咨询公司Towers Perrin的调查结论显示，2001年，美国上市公司的长期激励薪酬与现金薪酬之间的比率已经高达161%[150]。

21世纪初，安然等著名公司破产，充分暴露出了股权激励制度的双面性——上市公司在高管获得激励，尽心工作获得发展的同时，还受到高管利用制度漏洞，催生股市泡沫，损人利己行为的影响。但是，各国不断地提高高管薪酬与企业长期业绩之间的关联度，长期激励薪酬在上市公司高管薪酬中所占的比重不断稳步地提升。2011年，苹果、脸书2011年度占比分别高达98%、96%[151]。2011年，长期薪酬激励计划在美国的前300家大型上市公司的高管薪酬总额中占比达到60.2%，而奖金占比约为25%，基本薪酬和福利津贴的占比只为14.8%。大量的股票激励薪酬形式的适用，使得首席执行官们的实际能获得的薪酬对股价变化高度敏感，恶意影响股价变化的行为成为股权激励计划的恶因。

在我国，中国平安董事长兼CEO马明哲在2007年度获得了6616.1万元人民币的薪酬。根据2008年3月25日，中国平安官网发表《中国平安长期激励计划首次支付》的新闻稿，2007年度平安公司高层收入增加因为期权计划的首次支付。以该董事长兼CEO马明哲的个人薪酬为例：其基本薪酬税前为480

万元人民币，占比不足其2007年总收入的8%；奖金稍高，但占总收入不到30%。然而，期权占到总收入60%以上。根据2004年制定期权计划时，行权价以平安H股的发行价10.33元确定，2007年6月，中国平安的股价为52元人民币时行权，该价格相较2004年中国平安H股的上市价增长了400%以上，期权兑现金额达到4100多万元人民币，因此，其收入相比上一年暴增了395%。

以股票期权为主的股权激励制度在上市公司高管薪酬结构中所占的比例越来越大，金额越来越高，上市公司高管天价薪酬不断出现。据称，20世纪90年代，美国上市公司高级经理人员的平均薪酬是在职员工的411倍，上市公司高管薪酬已经偏离了其正常的轨道。

现代企业的管理日趋复杂和专业，为了有效管理和及时决策，越来越多的权力被让渡给的管理层，通过信息与权力的垄断，在追求自身效用最大化的驱动下，股权激励制度为高管攫取公司利益创造了条件，作为股权激励典型形式的股票期权起到了关键性的作用。

2.4 上市公司高管薪酬规制的理论分析

2.4.1 法律规制的动因

上市公司具有公众性，当高管薪酬直接关系到股东等相关主体与公司高管之间的利益分配与制衡，当失衡的高管薪酬演变为新的代理问题时，法律的规制便具有了正当性。高管薪酬在通过薪酬合约来实现的实践中存在着失灵的现象，需要借助公司法来进行强行性的辅助配置，公司法律面临着新形势下为上市公司提供恰当的薪酬制度安排的任务。

上市公司高管薪酬直接关系到股东、债权人、劳动者等相关主体与公司，公司与其高管间的利益分配与制衡，当高管薪酬失衡并演变为新的代理问题时，法律的介入具有了正当性，需要借助公司法来进行强行性的辅助配置，公司法律面临着新形势下为上市公司提供恰当的薪酬制度供给的任务。

伯利和米恩斯对代理问题有着深刻的论述,"公司财富的'所有者'仅仅剩下象征性的所有权。权力、责任以及实物——这些过去一直是所有权不可或缺的部分——则正在移转到手握控制权的一个独立集团。"[152]"所有者在企业中的地位,已降低为仅拥有系列的合法、实际的利益。我们称为控制者的集团,则居于对企业拥有法律和实际权力的地位。"[153]在上市公司中,代理问题的表现最为严重。为了解决代理问题,最佳的方法应当是在尊重市场规律的前提下促进委托人与代理人利益的一致性。为了实现这一目的,上市公司高管薪酬激励的形式不断变化,激励收入逐步成为高管收入的主要部分,系天价薪酬的主因。正是如此,高管薪酬激励制度自初始阶段以激励为主,到激励与约束相结合,并过渡到了约束的呼声和行动占据主导的现阶段。

上市公司高管薪酬制度演进过程中的失控,市场失灵被认为是核心原因。传统薪酬决策程序为股东大会决定董事薪酬,董事会决定其他高管薪酬。这一过程"近似市场交易关系",实际就是"通过市场机制的价值识别作用对董事、高管薪酬做出限制",[154]而在信息博弈的过程中处于平等地位,拥有完全的信息是决策正确的基本保障。无疑,这一过程中股东与董事和其他高管间的信息是不对等的。在存在控股股东的上市公司中,控股股东常常能在董事会中掌握实权,高管薪酬制度成为控股股东侵占中小股东利益的又一途径。在股权极为分散的资本市场中,众多中小股东更乐意"搭便车",缺乏积极参与公司决策的动力。如美国,上市公司已经为董事和CEO控制,陷入了"所有者缺失"的困境。市场机制已经不能应对高管薪酬的约束问题,需要法律机制更为强有力的介入,以修正市场失灵,辅助解决高管薪酬问题。

2007年,世界金融危机爆发。在中国上市公司高管薪酬问题"国际化"的背景下,中国的限薪运动也与世界同步发生。2009年1月13日,在全球金融危机的背景下,中国版限薪令——《金融类国有及国有控股企业负责人薪酬管理办法(征求意见稿)》(财政部)发布,国有金融企业负责人的最高年薪被限制为280万元人民币。

从根本上来看,高管薪酬制度的设计是一个利益分配过程中各方利益主体，包括股东与高管、股东与股东等主体之间利益冲突与谐调的过程。在我国以及其他中东欧等转轨国家，尚有表现突出的代表全民利益的政府与国有上市公司高管之间的利益博弈。上市公司公开发行股票的行为将亿万投资者的利益与公司利益联系起来，高管自定高薪将损害广大中小股东的利益，在市场失灵、公平正义呼声高涨的背景下，需要法律规制的介入。

2.4.2 公司法律规制的正当性

天价薪酬的频现，传统高管薪酬制度的合理性虽然未被各界的质疑摧毁，但强化法律对上市公司高管薪酬的规制已经是各国的共识。在我国，一方面股票市场持续发展，上市公司数量不断增加；另一方面上市公司股权的处于缓慢但持续分散的过程中。伴随着国有上市公司改革的深化，《上市公司股权激励管理办法》的正式出台，可以推论，高管自定薪酬、天价薪酬现象的发生将会越来越频繁。与此同时，我国国有上市公司高管薪酬规制的政策化，行政化倾向也促进了人们对上市公司高管薪酬法律规制的思考。对各种类型的公司，尤其是上市公司中如何合理地规范所有权与控制权之间的界限，保证股东利益的最大化，防止高管"无功受禄"，并于客观上惠及各方利益主体成为公司法律制度努力的方向。

现代公司治理理论是以经济学中的代理理论为基础建构的。代理理论认为，公司所有权同控制权分离产生了代理需求的基础。为了促进代理关系双方目标函数的一致性，逐步形成了以激励机制为关键组成部分的高管薪酬制度。通常认为高管薪酬制度能有效地解决薪酬决定中的效率问题，直到人们认识到高管薪酬制度本身也成为代理问题中的一部分。经济学所假设的市场主体通常所具有的"理性"没有促进资源在符合全体主体利益的假设下，全面地实现配置优化，股东与高管的利益并没有同步实现优化。

经济学给出了高管利益与股东利益偏离的原因，即人的有限理性、信息的不对称性、契约的不完备性以及个体行动的外部性等。高管同样具有有限理性的特征，为了自身利益的最大化，存在自利行为的可能，而契约的缔结不可能将各种情形尽数列举，加上对信息掌握的优势，促进了高管自利行为的实际发生。通过公司法律在薪酬决定机制的确立、薪酬信息的披露和薪酬结构的调整，以及司法介入等角度进行规制，对维护高管薪酬决定中的效率是必要的。

从价值交换的角度来看，高管薪酬是市场交换中高管获取的对价，实现了高管在社会中的价值，在满足高管的生存需要的同时，也反映了社会对高管劳动的认同。在市场经济中，价值交换的基础为市场，市场对资源配置的基础性作用能够促进价值交换的优化。但是，高管薪酬的分配不能任由市场自由配置，即不能仅以资源配置效益最大化为导向，从而抛开公平因素，纯粹以高管劳动的效率和价值来进行评价，需要站在社会公平的层面来考虑不同要素在分配过程中如何协调的问题。如果仅仅以高管创造的价值为衡量标准，那么，只要在高管所创造价值的范围内，分配再多的价值与高管也不为过。实际上，对高管所创造的价值进行分配，不仅要考虑资本（投资者）、效率等因素外，还必须考虑各社会公平问题。天价薪酬现象是对社会和谐秩序的违背，与社会基本伦理背道而驰，破坏了社会公平的秩序平衡，而维护社会秩序，保证社会的稳定和发展也是法律的作用范围。

高管薪酬分配在法律上具有两层含义，一方面高管获取薪酬是公司（股东）与高管之间对公司财产进行分配；另一方面也反映了社会财富的分配关系，需要考量公司治理中各利害关系主体的利益。就高管与公司之间的财富分配是否合理，通常是由市场决定的。就法律在其中的作用而言，关键在于对高管薪酬决定的程序正义加以保障，对薪酬信息的披露进行规制。当高管高薪、高管自定薪酬现象对股东利益形成广泛的侵害时，法律的介入能为市场失灵提供制度救济，促进良好秩序的回归。当高管天价薪酬甚至被认为是金融危机的重要诱因时，法律的积极介入，财富分配秩序的重新构建成为维护社会公平的重要工具。

2.4.3　公司法律规制的价值取向与目标

高管薪酬制度在产生之初是以服务于高管劳动报酬的取得为核心，但随即便游离了保障高管劳动报酬的目标，而成为解决代理问题的最为重要的制度设计。高管薪酬制度的价值取向转向以减少代理成本，解决代理问题的核心目标。公司法秉承了商法的基本理念，即效率、秩序和公平。追求效率，维护秩序与实现公平是上市公司高管薪酬公司法律规制的价值取向基础，并没有发生偏离。

2.4.3.1 效率优先

高效是市场经济的基本特征，提高效率是商法的首要理念。商法的效率目标即：降低市场交易成本，获取最大收益。公司法追求效率需要为市场主体提供经济生活中的各种规范，最大限度地优化权利义务的分配，促进各种资源的最优的、有效的配置，实现效率的最优，这也是公司法从制度层面配置市场资源职能的体现。公司法律对上市公司高管薪酬的规制就是以高管薪酬决定权的构建和完善为开端的，通过薪酬决定程序、信息披露以及司法介入等法律规制，以达到降低成本，提高效率的目的。

需要指出的是，效率优先并非效率至上的唯效率论。在对自由市场极度推崇的唯效率论群体中，市场机制的作用被夸大，"所有法律活动，包括一切立法、司法，以及整个的法律制度在事实上发挥着稀缺资源配置的作用。所以，法律活动都要以资源的有效配置和利用，即效率最大化为其目的"[155]。在唯效率论的指引下，秩序和公平目标不能得到正确对待，不利于其实现。

2.4.3.2 维护秩序

法律的作用之一是预期。可预期性需要良好的社会秩序，它能使行为主体对自己和他人的行为具有稳定的可预期性。秩序由于满足人类社会和生产活动的有规则性、连续性和稳定性的需要而成为基本的法律价值，其为安全、效率、平等、正义等法律价值的存在和实现提供保障[156]。

一方面，公司法的秩序理念通过制度设计实现市场主体从事商事交易时具有稳定可靠的安全感、预期效益的可满足感以及预期公平的可实现感，"维护社会经济秩序"的立法宗旨即是《公司法》的开篇宣言。就上市公司高管薪酬问题而言，高管高薪、高管自定薪酬的行为已经对市场秩序造成了不良影响，甚至被认为是2008年金融危机的起因之一。秩序的丧失对公司法律制度提出了挑战,如何加强高管薪酬法律制度建设,促进正常秩序的回归,实现高管薪酬制度的目标是维护秩序的要求。另一方面,上市公司高管薪酬法律制度的秩序维护作用还通过民众对高管薪酬问题的态度折射出来。公司法上的大多数制度与民众的意愿、公愤心理和情绪的联系从未像与高管薪酬法律制度这样紧密。高管巨薪所引发的金融危机(或者说高管巨薪在金融危机的背景下)引发了民众广泛的不满,再一次说明了类似美国税法的相关变革是在民意的作用下,为了维护公平,实现社会秩序的稳定而做出的努力。从民意的角度来讨论公司法律制度在上市公司高管薪酬问题上的作用,能从秩序维护的深处来分析问题,有助于问题的解决。尤其针对具有公众性的上市公司,作用更为明显,意义更为深刻。同时,在以社会主义公有制为经济基础的中国,民众对高管薪酬问题的态度对社会秩序的稳定具有关键性的作用。

实际上,就公司作为现代企业最为典型的形式,无疑是最重要的市场主体。公司活动早已超出了公司内部,表现出强烈的社会化倾向。公司的准公共性特质决定了公司法需要考虑社会公共利益。不仅如此,还有学者站在公私法相互融合的角度,认为拥有强大经济势力公司的大量出现并成为社会经济主体构成了私法公法化的一个重要原因[157]。进入20世纪后,上市公司逐步成为实力雄厚的跨国集团等财团的重要形式,又名为公众公司的它在薪酬问题上无疑更应受到来自"公法"角度的规制。对秩序的追求成为效率优先的必要补充和保障。

2.4.3.3 实现公平

公司法的价值取向除了效率之外,还应当提供基础性的、非经济性的某种目标,例如,应当"提供公平、促进社会理想的实现"[158]。上市公司高管薪酬制度是股东与高管之间进行财富分配的基本制度,这一制度作用的发挥是以公司为载体来实现的,自然与在客观上与公司存有利害关系的主体之间存在种种联系。在剖析上市公司高管薪酬制度的公司法规制价值取向时,公平的实现不仅仅存在于股东与高管之间,还需要对公司利害关系主体的权益保护进行评价。

市场经济条件下意思自治的契约精神并不一定在任何情形下都能贯彻始

终，保证各方市场主体的机会均等地在公平规则下实现公平的结果，任由市场来主导上市公司股东与高管之间的财富分配，必将导致人们之间分配差距悬殊，加剧贫富分化，进而对市场的健康运行、社会的稳定形成威胁。换句话说，当市场失去公平时，社会也会失去公平并将失去安定。高管薪酬决策设计社会分配的公正性和合理性，只有在公平机制的前提下才有认同感和满意度，薪酬的激励作用才能真正发挥出来[159]。

公平性与合理性是紧密相连的，但二者并非同一概念。上市公司高管薪酬的合理性是客观存在的，但难以衡量，只有从同区域、同行业的平均值做大致的衡量，同时容易形成棘轮效应。而公平性较合理性而言，其存在更宽的衡量期间，且带有主观色彩。公司法律制度对上市公司高管薪酬的规制更多强调的是程序正义的实现，而非实质正义，在程序正义实现的同时，公平得以实现。

2.4.3.4 上市公司高管薪酬的公司法规制目标

上市公司的高管薪酬制度价值目标是希望通过合理的薪酬计划给予高管恰当的激励，降低代理成本，促进代理问题的解决，这是上市公司高管薪酬制度设计的首要目标，也是公司法对上市公司高管薪酬进行规制的目标。

在该目标中，存在着两个对立统一的子目标，即恰当的激励（人才的吸引和保留）和代理问题的解决。一项科学、合理、有效的薪酬制度也是一项科学合理、有效的人才制度。吸引、保留人才与促进高管与公司目标函数的一致性，减少代理成本实为上市公司高管薪酬制度的一体两面。

上市公司除了以声誉，福利待遇吸引有才能的高管之外，还需结合公司的业绩对高管进行考核激励。公司法对上市公司高管薪酬的规制以法律手段保障高管薪酬制度激励目的的实现。高管薪酬成为新的代理问题后，其与传统代理问题的解决为公司法对上市公司高管薪酬规制的另一个子目标。

2.4.4 公司法律如何干预高管薪酬

法律的规制受到市场自行决定高管薪酬合理性的限制。高管薪酬的决定是商业性的行为，本应由市场自行决定其构成、数额等，法律只能以有限的方法对高管薪酬的合理性进行有限的约束。例如，法律试图构建本来为股东享有的薪酬决定权的回归路径，以使股东在薪酬决定权的分配中重掌些许权力，以约束高管自定高薪。另有上市公司信息披露制度努力将高管薪酬的制定、构成与数额等暴露于阳光下，以尽量减少腐败。还有《税法》和《中华人民共和国会计法》等作为对薪酬公愤的最直接响应，以税负工具追求公平的实现。司法介入是高管薪酬问题的最后一道防线，但在商事判断原则的作用下，法院既无能力也不能对高管薪酬的合理性进行判断，对于程序合法性的制约难以起到对问题薪酬的最终纠偏。由于高管声誉对高管的意义和作用重大，司法介入的威慑作用意义更大。上述方法中，抛开税法和会计法律手段，其他方法均为公司法的干预手段无疑。

当股票期权成为上市公司股权薪酬激励的核心形式，以长期激励薪酬形式为薪酬结构主体的现代上市公司高管薪酬激励制度形成以后，伴随着股市的持续上扬，上市公司高管天价薪酬和财务丑闻不断曝光，上市公司高管薪酬激励与目标产生渐行渐远，股票期权最终成为限薪运动的焦点。各国对以股票期权为主的股权激励进行了积极的规制。美国对上市公司股权激励的相应规制主要集中在税收和会计规则上，核心即期权费用化改革——美国财务会计准则委员会（FASB）要求，自2005年起，美国上市公司必须将股票期权报酬作为费用在财务报表中列支。此举直接导致了2005年后上市公司采用股票期权激励形式比例的不断降低和限制性股票的兴起。在我国，对上市公司股权激励采取了更为激进的管理措施，对高管薪酬结构和薪酬形式都进行了积极的规制，以期对高管薪酬的水平实现一定程度的限制。

法律在应对薪酬问题上无疑是具有非常重要的作用的，且是其他非法律手段的最终保障。众多具体的法律制度对薪酬问题能产生积极的、具体的规范作用。但是，必须注意到法律也有其局限性。在众多制度中，信息披露制度是最为重要的，该制度是高管薪酬法律制度中最为关键的构成。而其他制度均有缺陷或不能应对变化迅速的市场、不断创新的薪酬形式和高管们的人性撺掇。如股东并不一定有能力参与薪酬方案的制定与执行，其话语权的运用不当时反而会导致公司利益受损；再如美国税法规则在应对薪酬问题上起到了相关的作用也饱受诟病；至于会计规则则更令人眩晕，会计数据的作假则是各国都常发生的事实。就司法介入而言，在公司治理中，公力救济是少见的，且效果有限。司法介入高管薪酬问题体现为对薪酬的合法性和合理性的审查。合法性审查主要涉及薪酬决议的内容和程序是否符合法律、法规和章程，进而撤销薪酬决议或确认薪酬决议无效；合理性审查是审查高管薪酬是否合理，如不当，应认定无效，加以返还并追究董事义务的违反责任[160]。简单来看，合法性审查自然有存在的必要，但薪酬决议的内容和程序是否合法合规无疑是容易规避的。而合理性审查通常难以进行，因为按照商事判断规则，合理性审查的权力赋予法官或许比高管本人掌握更为危险。

综上所述，法律在应对高管薪酬问题上的努力，有着信息披露、薪酬决定、司法介入，以及对股权激励的管理。信息披露制度的作用无疑是最大的，将高管薪酬的决定、构成、兑现、数额等公之于众，让其透明于公众（股东），在舆论和股东介入干预的压力下，督促高管薪酬问题走入合理化的轨道。而股权激励的规制基于股权激励薪酬的主导地位，也是公司法律干预上市公司高管薪酬的关键，若对股权激励的干预有效，则薪酬问题的解决有望。

3 上市公司高管薪酬的决定权

经济学、金融学等学科对上市公司的高管薪酬决定的思考与法学不一样,它们更乐于揭示公司业绩与高管薪酬的相关性,以高管薪酬的构成、数额确定、股权激励计划的安排等为主要研究内容。从公司法的角度来看上市公司高管薪酬的决定、系从权力的分配与制约、决定程序的公正与公开、相关辅助制度的建立与完善等方面来进行的。

各国对薪酬决定的相关法律规定并不多,因为薪酬的形式、数额,以及薪酬的执行条件等均应属于商业判断的范畴,以法律来直接规范是不适宜的。法律更多的是从间接上进行规范的尝试,如2006年美国SEC的披露中要求提交薪酬委员会报告,以对确定过程的披露,这实际上是想弥补事后监督的缺陷而已。

各国对市场条件下公司自行决定高管薪酬没有原则上的分歧,更多考虑的是如何保持公司内部利益的冲突不偏离合理性的轨道,法律对于属于商业经营自由范围的高管薪酬决定问题做出了最低限度的干预,即就保证高管薪酬决定的正当性做了规定,包含决定权的分配及决定程序两个方面。其中决定权的分配,即由谁决定,对高管薪酬决定的正当性起着基础性的作用。而决定程序是保证决定权得以合法行使的关键,受到公司法律制度确定的议事规则等的全面约束。例如,上市公司股权激励管理办法对股权激励计划的制定、实施、变更、终止等做出了全面的规定。

高管薪酬决定权是对高管薪酬问题进行法律规制的基础。高管薪酬决定权体现公司治理中权力的分配,是游戏规则中的起点,法律规制需要与其呼应。对薪酬决定权的讨论是在代理问题出现后逐步展开的。薪酬决定以利益隔离为基本设计原则,董事薪酬交由股东大会决定,而经理薪酬可由董事会决定。但是,薪酬决定事宜作为公司经营管理事项之一,归属于公司经营机关,或者说至少公司经营机关可以提出薪酬方案，提交董事会决策。此时，经理利用信息、影响力，甚至提出薪酬议案等优势牟取私利便产生了可能。当董事会不仅可以决定经理薪酬，还可以决定董事薪酬时，牟取私利的可能性在演变为现实性时发展到极致，以至令人瞠目结舌的巨额薪酬层出不穷，薪酬记录被不断刷新。为了解决高管薪酬问题，各国法律对高管薪酬决定权的分配及决定程序进行了干预，以尽可能地防止高管影响薪酬的决策甚至自定薪酬的现象出现。

首先，公司法律需要对上市公司高管薪酬的决定权进行分配，其次，公司法律需要对决定机关的决定程序是否正当进行评判。正当性评判极为复杂，对于本应属于商业经营判断范围的高管薪酬问题来说，无论如何试图去评判程序的自治、中立、理性、平等参与、可操作和公开等价值是否实现，终究须以薪酬数额是否具备合理性为标准，而合理性正是需要企业自行解决的问题。这一根本矛盾决定了不少学者（以经济学家为众）乃至政府认为唯有市场方为解决之道。市场决定论的忠诚践行者——美国的高管薪酬不断攀升，勇立世界上市公司高管薪酬之巅，国家对高管薪酬的调控也常常是迫于公愤而已❶。与此同时，国家调控的实践也未见卓有成效的报道。对于矛盾的解决，法律只能回归本性，在商业经营判断规则之下的市场自由界限与法律调控范围之间寻找交集，并谋求对高管薪酬问题的干预，这也是众多学者反复提到的法律的有限介入。所谓有限介入即试图为决定程序的正当性—合理性—确定评判标准。决定程序是否具有正当性，公平性、竞争性和激励性则被引入，成为检验薪酬合理性的三个主要标准[161]，事实上，这些标准也是难以衡量和评价的。合理化的高管薪酬为某一个范围，并非一个点，只要在范围之内就应当是合理的。检验高管薪酬合理性的根本标准，在于高管薪酬激励目标是否以能促进企业价值最大化[162]。如上述的高管薪酬在分配、程序和信息公开等方面是否公开公平，将会形成公众不同的公平感受，并直接刺激政府和立法者做出反应，故而，薪酬公平感也应受到关注。

---

❶ 在美国，两次税收立法的背景均为民众对于高管巨薪的极度不满推动美国国会立法，起到的效果或许只是实现政府免责而已。税法的调整结果只是高管薪酬方案的不断"优化"和高管薪酬水平不断提升而已。

综上所述，公司法律对上市公司高管薪酬问题的规制常与市场自由相冲突。于是，上市公司高管薪酬决定权的相关法律研究定格为以决定权的分配与制约为核心，至于决定程序，除了股权激励等有特别的规则要求外，其他规则主要集中于公司法对公司行为相关规则的规定上。当然，我国的国有上市公司高管薪酬决定有所不同，这是由时代背景所决定的。

3.1 各国公司法对高管薪酬决定权的干预

高管薪酬的决定权是公司法律规制高管薪酬的起点，通过薪酬决定权分配模式表现出来，又有学者称其为上市公司高管薪酬决定权的配置模式，是上市公司高管薪酬的决定权制度相对稳定化了的表现形式[163]。高管薪酬决定权的分配生动地表现了公司治理中权力的分配与制衡，各大法系不再是区分不同公司治理传统的标准，相同法系中的各个国家和地区对决定权的分配也不尽一致，呈现出多种状态。但是，仅在形式上存在着差别，"各国的权力配置均反映着三权分立、三权制衡的思想"[164]，上市公司高管薪酬决定权的分配就是在董事会（薪酬委员会）和股东大会之间如何分配权力，相关主体如何介入的艺术。结合各国的具体情况而言，以股东大会、董事会（薪酬委员会），监事会之间的权力分配为中心，围绕着对高管权力进行限制，形成了各国不同的高管薪酬决定分配机制。

3.1.1 英国、美国公司法的干预

在20世纪之前，董事的职务履行是不能请求报酬的，董事会也并没有决定董事报酬的相关权力。当时的经营董事或董事会的主席、总裁也是公司的主要股东，其更为关心的是股份的收益，如章程有相关规定，董事身份也只能获得象征性的收入[165]。当现代公司的控制权与所有权逐步分离，董事与股东身份相分离，董事职位变成了有给职。英国在《示范公司章程》第82条规定，董事费是由股东会以普通决议的形式做出决定，如果决议规定相反的内容，董

事费用应当按天来计算。第84条规定董事会可以使用认为适当的方式来决定经营董事、高级职员的薪酬。在美国,《特拉华州普通公司法》第141条第h款规定,除非公司的章程或者其细则另外做出了限制性的规定,否则董事的薪酬由董事会决定。而《示范公司法》第8.11条对高管薪酬的规定完全一致。[166]

随着经济的发展,上市公司高管的薪酬不断增长,其增长速度和幅度远远超过了普通职工的平均水平。社会民众愈发不满,"如果,把公司的收益比为一块蛋糕,那么,是公司的仆人掌握着分蛋糕的刀子,而非主人!"在1994年,美国新泽西州的名为"约翰与约翰"的制药公司在召开股东会年会时,对股东发放的委托投票的劝诱材料中说道:公司的董事未来的年薪不应当超过美国总统年薪的两倍,即40万美元。因为不可能有哪家公司能在业务规模、复杂程度上与国家相比。美国总统的年薪为20万美元,部长、国会议员的年薪也仅大致为10万美元。公司高级职员只是雇员而非公司主人,每年领取着数以百万美元的年薪,还附加股票选择权和其他形式的报酬,明显为贪婪和权力的滥用。不仅如此,当企业盈利增加,他们的报酬上升;当企业的盈利下降,他们的报酬仍然上升。"公司董事会成了自我永久化的集团,他们自己任命自己,并决定自己的报酬。虽然他们并不拥有公司,但就像是把公司作为自己的财产一样。"[167]

股东对上市公司高管自定薪酬、自定高薪的担心是有现实基础的。一方面,董事会具有对董事和高级经理人员薪酬的决定权;而另一方面,不断出现的上市公司高管薪酬的危机印证了人们的担忧,在股权分散的市场中,上市公司也产生了所有者缺失的窘境。如果说董事及高管薪酬的确系经理人市场决定的,那么,经理人市场竞争的程度能够足以证实高管的薪酬水平具有正当性吗?如果经理人市场是有效的,为何经理们的薪酬水平与普通职工的差距达到了令人瞠目结舌的程度?致命的是,他们的薪酬收入增长速度超过了公司盈利的增长幅度。诚然,市场中存在着众多的公司高管值得他们所获得的每一分报酬,但不可否认的是,也有众多的高管在吞噬着公司和投资者的财富。

随着对上市公司高管薪酬问题认识的不断深入，英美国家也在一定程度上采取了以强行法对高管薪酬进行干预的做法，尽管力度仍然极其微弱，但起到了一定作用，且意义重大。英国工业联合会（CBI）在1995年专门调查委员会，对高管薪酬问题进行调查，提出了建议，规定在引入董事取得新发行的股票或认股权的计划之前，董事薪酬须由公司股东通过股东会决议予以批准。英国在2006年修订其《公司法》（The Companies Act of 2006）规定，董事报酬由股东大会决定，除非公司的章程另有规定。该法的第188节规定，董事长期服务合同应当经过股东大会会议议决；第217节等对协议中的董事离任补偿需由股东大会决议批准也进行了规定。进而，英国在2002年的《董事报酬报告书规则》中，要求英国设立的在英国或国外主要证券市场上市的企业高管薪酬需要交由股东进行劝告性的投票，股东表决没有法律上的约束力，董事会没有义务服从。

2010年，美国《多德-弗兰克法案》颁布，其第五章（Subtitle E）即责任与高管薪酬中明确规定了股东薪酬话语权条款：至少每三年要对高管薪酬安排召开一次股东大会对之予以表决[168]。随后，美国SEC增订《证券交易法》对股东薪酬话语权也进行了细节上的明确。澳大利亚在2004年通过了《公司法经济改革计划（审计改革和公司信息披露）法案》，在《公司法》（2001年）中增加制定了250R（2）部分，在该部分中授权所有的公司股东在年度一般会议上对薪酬报告表决的权力，但也没有约束力且只针对上一年度的薪酬实践进行投票。

股东薪酬话语权可谓英美国家对上市公司高管薪酬的决定所为的公司法干预举动中，最为典型的举动，引起了广泛的响应。股东在高管薪酬问题上的话语权对董事会是不具有约束力的，即股东的表决并不具有约束力。公司法在公司自治与法律干预的选择上，维持了对传统市场自由和公司自治的推崇。但是，股东薪酬话语权对上市公司高管薪酬并非没有影响。可以想象，董事会面对股东大会的质疑甚至否决性的表决，仍然恣意而为，将面临着信息公开带来的巨大压力。更何况还会面临股东提出质询议案和在董事换届时被更换的风险。如同足球比赛中的裁判的红牌处罚，董事会成员自然是有所忌惮的[169]。例如，美国SEC根据《多德-弗兰克法案》第951条的规定，增订《证券交易法》第14A条规定，要求在股东会或其他股东会议的公司委托声明书中，至少每三年股东可对高管薪酬内容，进行无拘束力的投票；至少每六年股东可进行无拘束性的投票决定；每1年、2年或每3年对支付高管薪酬内容进行咨询性投票[170]。澳大利亚授权生产力委员会提出如果有不低于25%的股东连续两年均对董事会的薪酬报告提出反对意见，全体董事必须在下一次股东大会上重新参与选任。

英美公司法对上市公司高管薪酬的规制主要强调的是对独立性与正当性的保证，确保决定机关与高管之间利益链接的隔离和决策程序的正当性是关键。尽管出现了高管自定高薪的现象，英美高管薪酬的传统决定机制是难以被否定的。英美公司法在基本理念上信奉股东自治，股东如何制衡公司管理层的权力无须法律进行强制性的规定。当然，立法者并非无视薪酬危机的频发，而只是更愿意将薪酬问题交与市场、股东来解决。对董事可能被诱使，从而不负责任的确定高级管理人员报酬的担心，使许多人认为，公司董事会应当把权力委派给全部或者主要由非业务执行董事组成的报酬委员会执行[171]。薪酬委员会（报酬委员会）的成员原来由公司中的非经营董事来担任，在独立性上的要求不断被加强后，以美国市场为首，形成了独立董事制度；以上市公司董事会下设专业委员会——薪酬委员会来决定高管的薪酬成为美国上市公司实现利益隔离，使领薪者与决定者分开，保证高管薪酬决定程序正当性的重要制度。"联邦税法"和SEC都支持让独立董事作为薪酬委员会的绝对成员，绝大多数美国上市公司内部设立了专门薪酬委员会决定高管薪酬。纽约证券交易所和纳斯达克证券交易所要求上市公司的执行董事薪酬应当由独立董事组成的薪酬委员会决定。通过借助独立董事的力量，结合市场供需双方的博弈，独立的做出恰当的商业抉择。股东要想对董事报酬提出异议，须证明该报酬属于无对价的赠送行为或构成对公司资产的浪费。

英美公司法为了保证上市公司高管薪酬决定的正当性与合理性，还借助于薪酬信息强制公开制度来保证董事在薪酬决定过程中最大限度地遵守信义义务的要求，做出合理的薪酬计划。美国《萨班斯-奥克斯利法案》提出了更高的要求，高管需对所披露的薪酬信息负责，如果披露薪酬信息随后被认定为非准确的，高管获得的薪酬将面临被追回的风险。除了公司法律制度的努力，税法与诉讼制度也在积极地配合上市公司高管薪酬问题的解决。

英美公司法的实践表明，随着高管薪酬产生了正当性危机，公司法传统中的股东大会对董事薪酬决定权无权干预的局面正在缓缓改变，在一些个别的薪酬事项上，如股票期权长期激励计划，股东大会已经几乎都享有了决定权[172]。如纽约证券交易所和纳斯达克证券交易所要求上市公司高管薪酬方案中的股票期权计划须经公司股东大会的批准。

从最终的权力来源观察，股东对高管薪酬的决定权是其本来就享有的权利。只是随着股东向董事会的授权传统的形成、商事外观主义的需要与控制权与所有权的分离，股东大会原初的董事薪酬决定权因效率决策的需求和股权分散的客观驱使，最终归入董事会。至于以CEO为首的经理阶层的薪酬决定属于公司日常经营事务的范围，则属于董事会原初的权力范围，股东无权干预。需要指出的是，控制权与所有权的分离、股权的不断分散形成了董事会一极独大的局面，董事及高级经理人员的薪酬决定权均为董事会把持，当CEO与董事长为同一人兼任时，上市公司高管薪酬决定的正当性受到了质疑，也许不是个别苹果本身，而是装苹果的桶出了问题[173]，英美传统公司治理理论正面临着新的挑战。

3.1.2 德国公司法的干预

在德国，公司治理推行双层制的治理结构。公司设立股东大会、监事会，以及董事会三个公司机关。股东大会负责选举监事，组成监事会，决定监事薪酬；监事会选任董事，组成董事会，决定董事薪酬。董事会依据法律及章程规定，负责执行公司具体业务；监事会负责监督董事会的业务执行，并在公司利益需要时参加股东大会会议。与我国平行的双层制中的董事与监事地位并列不同，德国的双层制公司治理模式最大特点是监事会系上位机关，位阶高、职权大，拥有任命董事、批准某些特别交易的实权，监事会对董事会具有相当程度的控制权。

德国公司治理中还有着一些重要特点。首先，从职工中选任的监事在监事会中享有实际权力。德国监事会由劳资代表共同组成，对公司共同治理在客观上对高管薪酬起着有力的约束作用。其次，德国资本市场与日本一样，以间接融资为主要的融资手段。银行等金融机构债权人通过向监事会派任监事来实现参与、主导公司治理的作用。这些特点都有力的制约着上市公司高管薪酬的上升进程。

德国的《股份公司法》第113条规定：在公司的章程中进行监事薪酬的规定，也可由股东大会决议进行决定。1993年，修订后的德国《股份公司法》第87条明确规定：监事会有权决定董事的薪酬，且对董事薪酬的总数做出相应规定；在薪酬计划决定以后，如果公司的经营状况恶化，维持原来确定的薪酬对于公司来说不公平时，监事会应当将董事薪酬降低至合适的额度，且给予董事的报酬总额必须在年度报告中予以说明[174]。《2005年公司治理准则修正案》第4.2.2条规定：监事会应当对董事薪酬体制进行讨论和定期研究。董事报酬由监事会在考虑其业绩的基础上综合决定。德国的相关法律规定，高管薪酬由固定薪酬与浮动薪酬两部分组成。自2008年金融危机后，德国就经济制度进行反思，认为导致金融危机的原因之一即浮动薪酬使得高管在治理公司时更注重公司的现有利益而不顾公司的长久发展[175]。2009年8月5日，《管理层适当薪酬法案》生效，新法对德国《股份公司法》第87条的修改并未动摇上市公司监事会对董事薪酬的制定和调整的权力。第87条第2项、第3项对上市公司董事薪酬作了特别规定：上市公司的薪酬结构应当定位于公司的持续发展。浮动薪酬的组成部分应当有数年的计算基础；对于特殊发展，监事会应当约定限制的可能性。可见，无论德国薪酬制度如何变革，监事会始终控制了董事薪酬的制定权、调整权。监事会决定董事薪酬的决定权配置（模式）还为荷兰[1]等国家采用。

  2009年的《管理层适当薪酬法案》出台，在《股份公司法》第87条第1款第1项中规定薪酬确定时的合适性要求：监事会在制定各个董事的总薪酬时，应将总薪酬与董事的任务、业绩，以及公司的状况之间以合适的关系来构建，而且，没有特殊的原因是不能超过通常薪酬水平的。德国公司法上的薪酬决定权主体的薪酬合理性注意义务与英美公司法上的薪酬取回权有相类似的功效，只不过德国公司法更为强调事前的监督而非事后的弥补。该规定明确了对高管薪酬进行合理性的实质性的审查标准，即董事职务、公司状况、业绩与薪酬水平的通常性。对于董事职务与公司状况标准而言易于确定，但业绩和通常性标准没有形成统一认识，无疑会造成司法介入过程中的困难[176]。但是，毕竟存在了法院审查高管薪酬合理性时可以去理解、适用的标准，进而给上市公司高管薪酬的决定者施加较大的压力，有利于维持高管薪酬的较低增长幅度。可见，德国上市公司董事受到更高程度的注意义务约束。

  德国法院也更愿意对商业决策进行审查，审查董事业务判断的质疑成分更浓，有学者称德国法院积极干预高管薪酬的做法显然是中央集权倾向的德国政治和经济理念症状的反映，是俾斯麦时代即已认可了政府管理经济事件的官僚遗风的产物[177]，更为严苛的法律体系形成了对上市公司高管薪酬问题各主体更大的压力，对德国上市公司高管薪酬增长速度的抑制效果是明显的。

  德国20世纪八九十年代才开启了上市公司高管股权激励的步伐。20世纪90年代末，通过对《股份公司法》的修改，股票期权激励得以实施。《管理层适当薪酬法案》规定：员工可以约定价格购买公司股票，但在公司授予股票期权之日起4年内不得行权。实践中，德国对于股票期权计划没有优惠政策，股权激励计也没有全面推行，大多数股权激励计划仅作为对支付干预措施的响应方法实施而已。德国上市公司高管薪酬问题没有英美那样突出。德国的董事会或监事会并不承担向股东大会提交董事的薪酬议案的法定义务，董事会或者监

---

[1] 在荷兰，2004年《公司治理准则》规定，监事成员超过4人的监事会应组建由监事组成的薪酬委员会，薪酬委员会必须评估经营者薪酬，包括股票期权、退职金、养老金和董事责任保险等，并向监事会提出建议。

事会均有权自行决定是否提交。但2009年的《管理层适当薪酬法案》规定了股东薪酬话语权投票的触发条件，即持有5%或是50万股股份的股东要求投票时，董事会需要配合完成。

3.1.3 日本、韩国公司法的干预

日本的公司治理结构也采用了双层制，但又有着自己的特点。就董事薪酬的决定来说，日本采取了高管薪酬由股东大会和董事会共同加以决定模式。所谓共同决定，是指股东大会决定董事薪酬的总额或最高限额，薪酬具体分配方案则由董事会决定。

《日本公司法》对上市公司高管薪酬确定了两个最基本的原则，一为董事薪酬的总额和分配标准，由股东大会决定；而董事具体的薪酬数额由董事会自行决定。如果公司章程另有规定，按照公司章程的规定决定董事薪酬。二是上市公司可以设置专门委员会，由报酬专门委员会来决定高管的薪酬，对上市公司高管薪酬的决定传统做出了新的规定，设置了改变的公司法基础，为股权激励计划的推行做了必要的准备。

1899年，德国人霍曼·娄埃斯勒（Hermann Roesler）在日本帮助日本制定了《日本商法》，该法第179条规定，按章程规定决定或股东大会决定董事薪酬。2001年，《日本商法》269条将董事薪酬区分为确定薪酬、不确定薪酬以及非金钱薪酬，并规定由章程规定或股东大会决定。该法将董事薪酬的决定权明确授予股东大会的理由在于避免董事会，或者董事代表在进行董事薪酬的决定时存有支付巨额薪酬，侵害股东的利益的可能[178]。就上市公司的董事薪酬来说，股东大会常常只决定董事的薪酬总额和分配标准即可，董事具体薪酬的数额由董事会自行分配，但董事会应当向股东公开各个董事薪酬的具体分配情况[179]。

2002年，《日本商法》进行修改，规定日本公司可以借鉴英美上市公司的做法，在公司内部增设报酬委员会来决定董事薪酬。对于没有设置报酬委员会的公司，应当按照2005年的《日本公司法》第361条规定：董事薪酬由公司章

程或股东大会决定。该条还规定，董事的薪酬、奖金以及作为执行职务报酬的其他收入等从股份公司所获得的财产上利益等事项，如章程没有具体规定的，由股东大会决定[180]。

长期以来，日本的上市公司对其公司高管人员的激励并不重视，主要原因系公司的特殊股东构成，即日本公司的股东主要为金融机构与实业法人，因而形成了股权与债权共同治理的公司治理模式。由于其股权的集中性特点，长期以来，公司对高管人员的激励并不重视。另外，日本上市公司受到其传统文化和企业文化的影响，公司高管薪酬水平与员工工资水平差距不大。和谐的人际关系、上下协调的决策制度形成了稳定的劳资关系。终身雇佣制、年功序列制带来的是努力工作与安分守己的融合，高管与员工的不同主要待遇体现在福利和职务消费上。表面上的平等在进入20世纪90年代以后，形成的是长期的低效率。

20世纪90年代，日本上市公司开始推出股权激励计划。著名的索尼公司以可转换债权的形式模拟股票期权，从而避开法律的限制，开创了日本上市公司推行股票期权激励形式的先河。1995年底，《特定新事业法》通过；1997年5月，对《日本公司法》进行了修改，为特定新事业企业、一般上市公司引入股票期权制度提供了基础性的制度依据。修改的公司法生效后仅一个月，就已有35家上市公司推出了股权激励计划。

日本政府还相应调整了《日本商法典》《日本证券法》的相关内容，为股票期权等激励方式完善了配套规定。在商法方面，2005年日本商法改革，正式引入新股预约权制度。公司实行新股预约权制度需要公司章程进行事先授权。《日本证券法》也规定了公司有信息披露和注册的义务。在引入股票期权激励制度的同时，日本社会各界均强调要从完善独立监事、股东派生诉讼制度、强化公司自律等方面，更进一步完善公司治理，以防止内幕交易。

韩国上市公司的董事薪酬同样采取了股东大会与董事会共同决定的模式。韩国《商法典》第388条规定：如果公司章程没有对董事薪酬的决定进行规定，则由股东大会决定。企业支付给董事的任何酬劳，不论其名称如何，工资、奖金、年薪，还是一次性支付的退休慰问金；也不论是定期或不定期的酬劳，均需要由章程规定或者股东大会的决议加以通过。同样，股东大会只负责制定董事成员薪酬的总额，董事间具体数额的分配由董事会自行完成。因为，商法的规定已经考虑到了对公司的财产保护，没有需求具体去规定每个董事成员的薪酬[181]。

日本和韩国公司法关于高管薪酬决定的制度规定可称为高管薪酬的股东大会与董事会共同决定模式。我国传统文化与公司治理结构与日韩具有相当的相似性，日韩推行的股东大会与董事会共同决定模式为我国解决上市公司高管薪酬问题提供了又一解决思路。

3.2 公司法对薪酬决定权干预的法理分析

现代股份公司最重要的特征是所有权与控制权分离，另有公司经营管理专业化与职业化的基本特点。美国著名学者钱德勒（Alfred D.Chandler Jr.）指出，现代公司就是由一组领受薪酬的中高层的管理人员所管理的多单位企业[182]。当各企业的规模、经营多样化发展到一定程度，经理人员持续职业化，企业的管理权就与它的所有权相分离[183]。从理论上看，上市公司股东通过对公司高管进行必要的授权交换经营管理专业化与职业化的效益，这种授权是自愿的。但在实践中，现代公司的管理异常复杂和专业，股东常常不得不将大部分的权力授权给公司高管行使，导致高管决策自由度过大，甚至恣意而为，形成了代理问题。代理问题的根本在于高管与公司（股东）的目标函数的不一致，为了解决代理问题，增进二者目标函数的一致性系不二法门，即在高管薪酬设计时，将中长期激励形式的薪酬纳入，增加高管薪酬与公司业绩的敏感度，从而实现公司业绩的上升和高管收入增加共赢的局面。但是，高管对公司的控制权极大，在股权极为分散的上市公司中甚至把控了公司的经营管理，基于信息优势等因素的影响，高管能做到在公司业绩与激励薪酬脱钩的状态下，个人收入仍然增加，为解决代理问题的上市公司高管薪酬本身成为问题的一部分。

为了维护自身利益，上市公司的股东自然可以采取行动，对高管行为展开各种监督活动。当然，监督的成本是高昂的。于是，为了维护市场整体效益，产生了公司法是否应当介入上市公司高管薪酬问题的讨论。传统的英美公司法理念中，股东会和董事会之间权力的分配，完全应由章程及其细则来决定的[184]。

股东会中心主义在20世纪初以来，逐步发生着变化，向董事会中心主义变化。周知，股东会是公司的权力机关，公司的执行机关为董事会。为了日常经营管理活动的开展，董事会常常获得股东会的授权而享有决策权，并且作为公司日常经营管理活动的代表，根据商事外观原则的要求，董事会应当具有更高的经营管理地位，对内管理公司日常事务，对外代表公司开展经营活动。传统代理说认为董事会完全受制于股东会和公司章程的观点逐步发生变化，因为一旦管理权被授予董事会形式，就只有董事会能够行使。股东会要改变权力配置的现状，只有通过修改公司章程才改变，或者在下一届董事的选举时拒绝选举那些令股东不满的董事[185]。在随后的发展过程中，章程规定成为公司股东与董事会之间权限划分的决定性力量。

美国公司法实践将英国公司章程作为董事会权力来源不同：如果公司章程对董事会的权力进行限制，这种限制能否对抗第三人呢？为了保护交易安全，在商事外观原则的要求下显然不能。于是乎，在对外经营活动的开展中，董事会的权力源自法律的规定或要求。只是在内部关系上，需要以公司章程作为股东会与董事会权力划分和责任承担的依据而已[186]。美国《公司法》的这一特点，对于公司治理有着深远的影响，经常被认为是理所当然的。然而，事实上，它与现代公众公司与生俱来的论断相去甚远，"增强股东干预的能力，有助于解决长期以来困扰着上市公司的代理问题，进而有助于公司治理的改善、增进股东的价值"[187]。

现代公司的规模不断扩大，千亿美元市值的上市公司也不断出现。巨型化的上市公司最重要的特点之一是股权的高度分散化，面对市场变化，高效率的决策只能由董事会与经理来做出。对于中小股东来说，一来受到有限责任的保护,二来"搭便车"或"用脚投票"的成本更低。如果说以投资为主的股票市场尚存在股东概念的话,在以投机为主的股票市场中,股民成为股东的代名词,股民的概念极为生动地解释了当前上市公司的治理困境。股民只关心股价的涨和跌,通过股票的买卖获得收益,并不关注公司的长远发展,缺乏参与公司治理的意愿,不像股东那样通过长期持有公司股票获得收益。在我国,炒股一词即是股民专享的术语,炒股炒成股东即是股民与股东不尽相同的最生动的诠释。

20世纪初,越权规则❶在英美公司法中渐渐受限,最终被废除。董事会成了公司日常经营管理业务的决策、执行机关。伴随着公司规模的日趋扩大和上市公司股权的不断分散,现代上市公司出现了新的特点:股东大会名存实亡,为少数股东控制;董事会为少数股东选任的少数董事控制。在美国,由于上市公司的股权极为分散,董事会也非少数股东控制,常为担任CEO的创始人股东自己控制,兼任董事长的CEO成为上市公司中最高位阶的高级管理人员,实际掌握了公司控制权,CEO成为公司经营管理活动中新的中心。CEO中心时代的新特点是股东董事大幅减少,独立董事成为董事会的主体。纽约交易所和纳斯达克交易所规定独立董事应为董事会董事的的半数以上,实际上,独立董事平均占董事会人数已经达到2/3左右。一些大型上市公司,如美国可口可乐公司,在15席董事席位中,独立董事占13席;通用汽车公司的董事与独立董事之比为10:13;微软公司为8:11,公司为担任董事长的CEO所控制。当创始人股东去世或失去对上市公司的控制权后,公司被高管实际控制。

在英美公司制定法上,高级经理人员作为公司中负责日常经营管理的一个特殊群体,并不是公司的必设机关。高级经理人员并不像董事在公司法上有特殊的地位,也不像一般的公司职员或雇员与公司之间仅是雇佣关系,高级经理

---

❶ 股东会与董事会之间的权力分配,由公司章程和章程细则决定和改变。董事会执行公司业务应完全依照公司章程的授权和股东会的决议,并不拥有独立于股东会的法定权力。股东会的权力不仅可以控制董事会,还可以对抗与公司交易的第三人,即董事超越公司章程所规定的公司目的范围的行为或交易对公司没有约束力。

人基于职务关系而被视为公司的代理人,并拥有一定的自主权,且对公司也承担有信义义务[188]。

英美上市公司董事会享有高管薪酬的决定权是英美公司机构构造为单层制下的必然选择。单层制公司治理理念强调股东自治,如何制约公司高管层的权力是公司的内务,股东出于个体利益的考虑自然会介入,并不需要法律强行规定。大陆法系国家公司机关的构造为双层制,形成了高管薪酬制定的分权实践。在德国,监事委员会有权制定董事的薪酬,而监事的报酬由股东、股东会决定。在日本又有所区别,日本上市公司中的法定代表人——社长对高管薪酬有着极大的影响力,尤其是在其兼任董事长时。

随着现代公司的发展,上市公司薪酬决定过程中出现了各种问题。在存在控股股东的上市公司中,大股东在董事会中掌握实权,巨额薪酬可以用来侵占中小股东的利益。而在股权极为分散的市场,如美国,上市公司已经被董事和CEO控制,如同我国现阶段的国有控股上市公司,陷入了所有者缺失的困境。市场机制已经不能独立应对高管薪酬问题,公司法律的规制具有了现实的需求。

公司法对上市公司高管薪酬的积极规制,还受到股票期权等长期激励薪酬形式使用的影响。在传统的上市公司高管薪酬形式中,基本薪酬是对高管工作能力和努力程度的假定,通常情况下高管均能取得;年终奖等绩效薪酬形式是依据公司业绩与高管工作考核来进行发放的,是一种具有激励性质的薪酬,与公司业绩密切相关。但是,它的操作规则简单,即公司业绩上升、高管达到考核要求,即可获得现金或股票等形式的薪酬奖励。以股票期权为代表的长期薪酬激励形式则不同,它的运作可以分为两个基本环节:一是根据股权激励计划的规定,高管可以直接被授予期权;二是当公司业绩上升,高管依据激励计划行权,以较低价格获得较高价值的股票,高管可以持有股票或依法依规出售股票,获得收益。股票期权与通常的绩效薪酬完全不同,高管能否获得期权收益取决于公司业绩的上升,还取决于公司股价的上升和实际的行权行为。

以股票期权为代表的股权激励计划将上市公司业绩与高管联系在了一起,

被视为解决代理问题的有力武器。基于行权价的确定性，高管的收益与股票价格是成正比的。高管的股权激励收益与公司业绩存在着正相关的关系，股权激励计划将企业剩余索取权的分享与对企业经营业绩风险的承担紧密地结合了起来，无论高低，高管的激励收益具有正当性。但是，上市公司股票市场的价格变化受到众多因素的影响，并非全部与高管的能力和努力程度相关。当公司股价上升，高管获得的收益自然不能都视为其优异表现的回报。更为重要的是，当公司股价的上升系人为因素使然，股权激励制度异化为公司高管攫取公司和股东利益的工具的时候，上市公司高管薪酬的正当性已经缺失，需要公司法的积极介入。

天价薪酬引发了上市公司高管薪酬的危机，并成为公司法介入上市公司高管薪酬决定的直接的外部动因。上市公司高管薪酬失控，市场失灵被认为是核心原因。一直以来，传统薪酬决策程序为董事会决定高级经理人员的薪酬，而董事的薪酬由股东大会决定，这一过程近似市场交易关系[189]，按照最优契约理论的看法，高管薪酬契约应当是管理者与董事会之间保持了臂长距离（Arm's Length）而洽谈商定的产物，在保持合理距离的契约里，管理层力求争取最好的薪酬条件，董事会则应尽力为股东牟取最大化的利益[190]。如前述，如果股东对高管薪酬问题有干预的意愿，应当自行通过公司章程的制定、修改，对认为不合格的董事进行改选等方式进行介入。对这一过程正当性的坚持，根源于对市场有效性的认可，在一个有效的市场中，薪酬关系的双方进行充分的协商与沟通后得出的薪酬方案是合理的，是讨价还价后的结果，具有正当性。为了切实保证这一交易过程的正当性，股东有权以董事在进行高管薪酬决定时违反忠实义务，诉请对高管的薪酬安排有效性进行审查。看似完美的薪酬交易过程随着现代公司的发展，已经出现了漏洞，在高管自利的驱使下，引发了薪酬危机，市场交易成本高昂。在实践中，90%以上的大型上市公司CEO均兼任着董事会主席，经理层基本上控制了董事会，CEO对薪酬决定的影响巨大，甚至CEO自定薪酬，构成典型的自我交易[191]。董事会已经被CEO所控制，基本上成为拥有橡皮图章的精英私人俱乐部，强调团队合作和避免冲突的董事会成为一种治理机构的幻象[192]。

公司法对上市公司高管薪酬的介入有着客观上的局限，即高管薪酬的决定是典型的商业行为，受到商事判断原则的限制。换句话说，上市公司高管薪酬以什么样的形式发放，数额几何，均是薪酬双方依据市场价格，自行协商即可。公司法的介入并不能确定定价的标准和具体的数额，唯有程序上的约束，主要通过对薪酬委员会的变革来实现。另有决定权配置上的干预，是通过薪酬议案上股东的话语权制度来实现的[1]。2008年金融危机爆发后，美国国会在2010通过了《多德-弗兰克法案》，该法案的重心虽然是危机重重的美国金融市场，但对于高管薪酬问题同样做出了积极的回应。该法案在相当程度上扩展了联邦监管权在上市公司高管薪酬问题上的运用，创设了薪酬话语权，扩展了对高管薪酬追回制度的规定。

3.3 薪酬决定的改革方向

3.3.1 股东重拾话语权的努力

股东对高管薪酬决定的参与最早出现在英国2002年发布的《董事报酬报告书规则》中，其要求英国设立的在英国或国外主要证券市场上市的企业高管薪酬需要交由股东进行劝告性的投票。劝告性投票的实质也即投票表决的结果既可以有约束力，也可以没有约束力。伴随着高管薪酬问题的全球化，股东对高管薪酬的话语权引发了广泛的热议。

从终极意义上来看，股东作为上市公司的所有权主体，对企业经营管理的各项权力均源自股东。高管薪酬为股东授权的董事会决定，而董事薪酬则或为章程规定，或为董事会或股东大会决定，其最终决定者都是股东，股东的话语权似乎并未缺失过。事实上，随着现代市场的发展，作为人力资本的股东被逐

---

[1] 当然，一直以来，英美公司法律对上市公司高管薪酬的规制侧重于薪酬确定程序和薪酬信息充分披露两方面，另以实质性审查为辅助。严格意义上，机关英美法系对股东大会与董事会之间的权力有着严格的分割，难以逾越，但股东话语权的出现系对高管自定高薪，偏离市场约束的行为做出的反映，且仅是对股东权力回归的促进而已，并非全新的法律创设。

步释放出来,成为掌握资本的投资者,逐步失去了对公司(高级管理者)的把控,这种现象主要在上市公司中得以体现。

对上市公司而言,从对公司的控制的角度来看,可以简单地分为两个阶段,首先是创始人股东对公司尚能控制的阶段。在该阶段,创始人股东持有优势股份甚至完全控股,董事会为其把持,公司的经营管理活动权力没有分散失控。其次是创始人股东对公司已经丧失控制的后阶段。这一阶段的典型特征是创始人股东即便持有相对多的股份,但也无力控制公司。其他股东单独或联合即能轻易地形成对其权力的挑战。进一步,随着股权不断分散,更多的"搭便车"股东出现,集体行动困境中的股东们无力单独与经营者进行抗衡,对经营管理积极干预的能力不断弱化,争取对公司日常经营管理活动的监督权成为斗争目标。高管薪酬问题的主要成因之一即是在上市公司股东对高管薪酬的话语权逐步丧失的背景下愈演愈烈的。自然地,为了解决高管薪酬问题,重申股东的最终决定权力,强调股东在薪酬问题上的决定权成为努力的方向之一。

股东话语权的强调,对高管薪酬问题的解决具有一定的积极意义。高管薪酬属于公司日常经营活动中的基本事项,依据公司决策的相关法律法规由享有薪酬决策权的公司机构制定即可。对此,各国规定有所不同,但董事会无疑是核心机构。法律在解决在包括股东在内的各种利益相关主体在公司经营管理活动中的矛盾主要遵循的原则之一是商业判断规则,即公司经营管理以自治为主,法律不积极干预,唯以商业习惯、交易原则为标杆。市场化程度越高的市场,商业判断规则的运用越为纯熟和彻底。为了坚持市场化的精神,在不改变通行的高管薪酬决定权分配的前提下,创造股东在该问题上发声的条件,回归股东原有权力,促进高管薪酬问题在一定程度上的解决,促进股东民主与公司自治间的平衡是股东话语权的本意。当然,如果是在上市公司多为控股股东控制的股票市场,如中国,这种权力无疑对中小股东,尤其是小股东的意义更大。

上市公司股东话语权制度有效施行的难点在于:高管薪酬问题产生的核心在于股东消极于其股权的行使,或者说上市公司的股东行使股权的成本较高,

"搭便车""用脚投票"等行为的普遍存在削弱了股东对公司的控制,在公司高管对经营管理的控制力不断增强的背景下,高管薪酬问题不断产生。如何激活股东的原有权力是较为困难的。

3.3.1.1 各国重拾股东话语权的努力

(1) 英国

在英国的股东薪酬话语权制度中,股东对高管薪酬的报告所进行的表决只有建议性质的作用,并没有法律上的约束力,董事会无须遵从股东大会的决议。该制度的产生并没有对现代公司中薪酬决定权的分配现状加以改变,但有着积极的影响。可以想象,面对股东大会对薪酬方案的否决,董事会却不容置喙,恣意而为,此等情况在上市公司的信息公开途径中被众人了解,相信会给董事会带来压力。如果股东的意见得不到尊重,股东可以提议召开临时的股东大会,提出质询案;也可以在董事换届时更换不满意的董事,或以章程提前罢免董事。

自1979—1994年,英国大型上市公司经理薪酬不断上扬,涨幅高达6倍。相反地,公司的业绩不断下滑,并大量裁员,引发了广泛的质疑。1995年,英国制定了《格林伯瑞准则》,其规定董事会需向股东提供高管薪酬的年度报告,虽无须股东大会对其加以批准,但当薪酬政策发生变化或对薪酬构成发生争议的情况下,允许股东加以投票。1999年,英国政府发现,在270家公司中,仅仅7家公司通过年度股东大会来批准薪酬报告。于是,在2002年8月通过《董事薪酬报告条例》,以立法形式第一次确定了董事薪酬的报告制度。2006年,英国对其《公司法》进行了新的修改,该法在第439条、440条中,进一步明确了对高管薪酬的股东薪酬话语权制度。

(2) 美国

在美国,有两个典型因素制约着股东话语权制度作用的发挥,首先,美国自由市场的传统较他国更为彻底。美国各州一直坚持着高管薪酬的决定属于公司的日常经营事务,应当交给董事会来决定,股东是无权干涉的,只有股票期权方案才需要提交股东大会,由股东大会来决定是否批准[193]。其次,高管薪酬的高低属于商业判断范围，法官通常不加以干涉。在美国，存在着充分竞争的经理人市场，相信由自由市场竞争的人们看来，高管的天价薪酬在属于竞争行为的结果，并非垄断性的薪金，既然是市场高度竞争的结果，自然无须干预。如此一来，股东话语权制度的作用就极为有限了。

在美国，对股东话语权制度作用的发挥还受到专业委员会制度的制约。为避免以董事会为中心的公司治理结构下权力的失衡，美国纳斯达克与纽约证券等交易所均要求上市公司中建立专业的薪酬委员会制度，由其会负责高管薪酬的相关决定工作。在薪酬委员会中，大多甚至全体成员都会由独立董事构成，它的建立和作用的发挥，的确能在一定程度上形成对公司治理的制衡作用。基于上述因素的影响，美国上市公司的股东高管薪酬话语权的实际作用是较为有限的。

2003年，美国SEC对公司股票的上市规则进行修订，拟上市公司必须取得股东对薪酬方案的批准。如前述，普通公司在上市前，以及上市后一定时期内，是被控股股东所控制的，以股票上市规则来要求上市公司的高管薪酬方案须取得股东的赞成，作用极其有限。2006年，美国SEC要求上市企业对高管薪酬的细节进行更多的披露和解释，并确保薪酬委员会的独立性，要求董事会对薪酬顾问之间的利益分歧进行协调。

2007年，金融服务委员会众议员巴尼·弗兰克（Barney Frank）发起立法，众议院通过了股东对高管薪酬有不具约束力的表决权。值得关注的有两条：其一是，要求"股东根据SEC披露的薪酬进行表决"[194]；另一个条款规定了"股东对某些黄金降落伞式的约定，以及高管在某些兼并、收购等交易中的酬劳可以进行投票。但是，股东的投票对公司或董事会并不具有约束力"[195]。2008年，金融危机爆发后，获得问题资产救助计划的上市公司需要根据紧急经济稳定法案建立股东薪酬话语权制度。政府因资助而成为股东，需要对其出资建立制度上的更多保障。

2009年，微软首次授权投资者在股东大会上行使表决权，每3年1次[196]。近年来，美国不少公司也赋予了股东对高管薪酬的投票表决权，说明股东投票虽然没有约束力，但仍然是有一定的作用和意义的。对于排斥股东在薪酬问题上的话语权的公司，其高管自证清白的难度更大，明智的选择是顺应潮流前行。

2010年，《多德-弗兰克法案》颁布，其第五章（Subtitle E）即责任与高管薪酬中明确规定了股东薪酬话语权条款。第951条规定：至少每3年要对高管薪酬安排召开一次股东大会对之予以表决[197]。随后，美国SEC于2010年10月8日依循第951条的规定，增订《证券交易法》第14A条规定，公开发行股票公司应依据第14（a）(1)(2) 的规定：在股东会或其他股东会议的公司委托声明书中，至少每三年股东可对高管薪酬内容，进行无拘束力的投票，通过投票来表达股东意见，且至少每六年应股东进行无拘束性的投票决定，每1年、每2年，或每3年对支付高管薪酬内容进行咨询性投票[198]。在该法案实施后，公司的黄金降落伞计划也须通过股东的咨询性投票[199]。

（3）澳大利亚

澳大利亚在2004年通过了《公司法经济改革计划（审计改革和公司信息披露）法案》，在《公司法》（2001年）中制定了250R（2）部分，在该部分中授权所有的公司股东在年度会议上对薪酬报告表决的能力，这种表决与英国一样也没有约束力。更为特殊的是，它只针对上一年度的薪酬实践进行投票。金融危机的爆发促使了这一制度得到强化：2009年3月，生产力委员会获得了授权并提出：如果发生不低于25%的股东连续两年对董事会的薪酬报告投反对票，全体董事成员必须重新进行选举。如此要求与任由市场在董事会对股东投票不予理会时自然进化出来的对抗力相比，体现出了政府对高管薪酬问题的介入更富有积极性，对董事会将产生更有力的约束。

（4）德国

德国上市公司高管薪酬问题似乎没有英美那样突出，法律对该问题的介入更为消极或谨慎。德国的董事会或监事会没有向股东大会提交薪酬议案的法定义务，自行决定是否提交，自然地，也就没有对高管薪酬进行投票的频率规定。再则，根据《股份公司法》第120条第4款规定，股东大会也仅能对董事的薪酬体系组成进行投票，并不包括具体的董事薪酬数额。2009年，情况发生改变，根据该年9月通过的《管理层适当薪酬法案》，一方面维持了公司对股东发起建议性投票权利自行决定的权利；另一方面，持有5%或是50万股股份的股东要求投票成为股东薪酬话语权投票的触发条件，董事会需要配合为之。

值得一提的是荷兰、挪威和瑞典等国，实行的是具有约束力的股东对高管薪酬投票制度。荷兰政府针对 Ahold 公司的会计丑闻，成立了公司治理委员会，出台《塔巴克斯布雷特守则》，按照守则总体监督模式，对公司治理规定了遵守与解释规则，公司的治理行动应当与规则一致，若有任何违反条款的事项，都必须给予一个充分解释。规则明确，股东在对高管薪酬议案进行投票时，是具有约束力的，当公司的薪酬政策发生变化时，需要股东对其进行投票，投票不针对薪酬报告的细节部分。如果新的薪酬政策遭到股东否决，那么现有的薪酬政策仍然有效[200]。

3.3.1.2 股东薪酬话语权制度的实施效果

目前，人们对股东薪酬话语权制度的实施效果看法不一❶。一方面，该制度的实施更多地依赖于公司的自觉选择，而且，股东的投票并不具有约束力，仅具有建议性质。整体来说，该制度的实施效果有限。另一方面，为避免与股东发生分歧而造成对高管和公司的负面影响，实施该制度，的确有助于促进董事会在高管薪酬方案的制定过程中与股东，特别是机构投资者进行充分的沟通❷。该制度的实施能对高管形成一定的压力，能间接地起到对上市公司高管

---

❶ 在瑞士，特别是机构投资者在股东对于薪酬的建议性投票制度上已经取得成功，很多公司自愿选择实行股东对高管薪酬的投票制度。例如雀巢公司、瑞银银行、瑞士信贷等大公司都自愿举行股东投票。

❷ 根据数据显示，在实施股东薪酬话语权制度之前，英国平均每年只有20家上市公司在制定薪酬方案时会主动听取股东的意见。而该制度实施后，这一数字就达到了2005年的150家和2016年的130家。但其作用是显然的，在英国，股东对薪酬有较多话语权，因此薪酬数额较之美国也相差甚多。当然，英国股东之所以可以起到作用，是因为多数股份集中在少数股东手中——退休基金以及其他几个大机构（英国保险协会和英国退休基金联合会，这两家集团的成员拥有所有在英国上市股票的三分之一）。

薪酬的遏制作用。

在英国，上市公司的股份不像美国那样分散。少数机构投资者股东仍然持有一定的股份，股东往往能起到更多作用。英国上市公司在将薪酬议案提交给股东进行投票之前，常与英国保险协会、英国退休基金联合会进行充分的沟通，该两家机构的成员掌握英国上市公司股票的1/3，一旦获得两家机构的支持，就等于获得了60%股权的同意[201]。如费洛托（Rich Ferlauto）所说，"在防止CEO薪酬偏离绩效任意增长方面，英国的年度股东投票制度取得令人非常满意的效果。然而，美国还没有取得这样的成功"[202]。

根据英国RREV，New Bridge Street等著名的薪酬公司进行的统计，自2002年股东话语权制度正式实施，截至2006年，董事薪酬平均水平的增长率下降至5%~11%。高管薪酬的增长趋缓，明显是同各方力量参与到董事薪酬制定过程有着直接关系[203]。

在美国，股东也可以用股东话语权制度来表明自己的态度。有如，巴克莱CEO因遭到股东投票反对的压力，表示会放弃2011年一半的奖金[204]。在98%以上的S&P500指数和罗素3000指数公司的高员的薪酬政策获得多数股东的支持[205]。一些大公司自行开始了股东话语权的实施尝试，2009年，微软首次授权投资者在股东大会上行使表决权，每三年一次。

在韩国，上市公司也开始了股东薪酬话语权的推行，KCC集团最近通过了董事薪酬必须经过年度股东大会批准的规则。然而，实际上股东大会受到控股股东的制约学者，Moon Sang-Ⅱ提出"应当对控股股东和CEO对薪酬决定程序施加的影响以规则进行限制"[206]。

但是，股东薪酬话语权制度有着其固有的缺陷和必须面对的信息劣势。一方面，高管薪酬体系与普通职工的完全不同，高管薪酬的构成复杂，薪酬方案的实施繁琐，尤其是对激励性薪酬的采用，大多股东是不愿意耗费成本来学习相关专业知识的，其合理性难以辨识和论证。没有专业知识的支撑只会导致唯金额论，即股东只能以普通人的视角，对高额薪酬一律否认。这样做既可能造成高管人员的流失，又可能在最终在无人可用时，不得不以不合理的高额薪酬聘请新的高管。另一方面，由于没有在公司经营管理中亲力亲为，股东对公司、市场等方面掌握的信息与高管人员相比较，是极不对称的。没有掌握对称的信息，股东对薪酬的话语权是难以真正落实的。Bainbridge提出：股东与法律外部监督成本过高，而董事会决定高管薪酬确为公司治理自然演进中所形成的良好规则，当组织股东投票修改形成薪酬计划，或者重新选聘高管的成本已经高于前后形成计划的差价时，股东薪酬话语权显得浪费、无效[207]。直到现在，还很难说股东薪酬话语权制度是否真正地改变了高管薪酬的层次或是结构。股东薪酬话语权制度可能导致像罗纳达·吉尔森所说："股东薪酬话语权制度是纯形式而非功能性的"[208]。

3.3.2 薪酬委员会的独立性努力

现代公司经过长期的公司治理实践，形成了在董事会内部设置多个专业委员会各司其职的做法。其中之一为薪酬委员会，顾名思义其职责为高管薪酬方案的制定等，在我国被称为薪酬与考核委员会。如今，各国的公司法规、治理准则和报告等都普遍要求建设薪酬委员会等薪酬方案的制定机构。实践证明，作为董事会下设的专业委员会，在薪酬顾问等专业人士的辅助下，薪酬委员会能形成对董事会专业知识匮乏的补充，以及对董事会薪酬制定权力的分割与制衡，其在解决上市公司高管薪酬问题中的作用是存在的，在美国那样股权极为分散的上市公司的高管薪酬决策中，薪酬委员会的作用尤其不可忽视。

薪酬委员会在高管薪酬的决定作用的发挥上取决于其成员的独立性和专业性。各国都制定法律对其组成以及成员标准进行规范，在独立性与专业性的选择中，独立性的考量成为重点。显然，保持具备独立性的独立董事在薪酬委员会成员中占有足够比例也是维护薪酬委员会独立性的重要保障。例如在英国，其实践中还有"不挠背建议"，即一家公司的经营者不应当成为另一家公司的独立董事，加入其薪酬委员会，从而保证薪酬委员会的独立、公正。独立董事的独立性无疑是薪酬委员会的前提性条件，如不独立，高管薪酬决策的公平性和合理性如无本之木，难以追寻。薪酬委员会的独立性还可为其成员的独立性体现，薪酬委员会成员，即独立董事大多为退休官员、退职高管，专家学者、律师、会计师等专业人士。就专业性而言，薪酬委员会可以通过聘任薪酬顾问以帮助，从而弥补其在专业性上的欠缺。从薪酬委员会的角度来看，除了独立性与专业性外，尚有一项标准需要强调：决策程序的公正性。纽约证券交易所和纳斯达克交易所均要求每年要评估薪酬委员会表现的程序是否公正。

英国1992年颁布的《示范行为准则》，对薪酬委员会成员的要求、构成规则，以及保障制度等都进行了详细规定。1995年，英国工业联合会颁布《格林伯瑞准则》，规定上市公司需要设立专门的薪酬委员会以负责制定董事薪酬，对公司高管薪酬进行科学、合理的考核；薪酬委员会必须把薪酬考核决定的程序进行公开，并说明该执行董事为其他公司的薪酬委员会提供服务的情况[209]。当然，英国的董事薪酬的股东大会决定模式决定了英国上市公司薪酬委员会并不享有董事薪酬决定权。2003年，《公司治理联合守则》实施，其对高管的薪酬制定规则和程序做了严格规定：薪酬委员会应当在结合公司业绩的前提下制定高管的薪酬方案，高管本身不能自定薪酬等，该守则成为英国历史上上市公司高管薪酬决定的重要规则。

美国则有所不同，上市公司的高管薪酬由董事会来决定，董事会下设薪酬委员会就高管薪酬的决定拥有实质性的权力。自从1978年美国SEC建议上市公司设立薪酬委员会以来，薪酬委员会制度在美国得到了迅速确立和长足发展，薪酬委员会已经成为上市公司治理机制不可或缺的组成部分，在薪酬决策方面发挥了重要作用。在美国，薪酬委员会成员的独立性得到极大程度的强调，上市公司中有近2/3的薪酬委员会成员全部为独立董事，有近9/10的公司中，独立董事占有薪酬委员会席位的绝大多数。安然事件之后，《萨班斯-奥克斯利法案》颁布，薪酬委员会的独立性又被更进一步地强调。纽约证券交易所则规定了上市公司必需设立薪酬委员会，而且全部成员均需由独立董事担任。纳斯达克交易所并未硬性要求董事会必须设立薪酬委员会，在不设立薪酬委员会的上市公司，高管薪酬应当由多数独立董事组成的董事会决定和建议，而且该过程只能由其中的独立董事参与。

在美国，高管的天价薪酬在相信自由市场竞争的人们眼中，属于竞争性的经理市场竞争的结果，并非垄断性的薪金。"更有一些经济学家直言不讳地说，高管值他们所得的每一个硬币"[210]。然而这种依靠独立董事组成的薪酬委员会，以貌似正当的内部程序决定高管薪酬，并不能够实现真正的公平议价，因为公司高管很多时候能够影响董事的人选，可以以对董事人员的提名来施加影响，进而间接地影响独立董事倾向于做出对其有利的薪酬方案。糟糕的报酬机制并非问题的根源，仅为表面现象，根源是董事会的不合格。

2005年2月，欧盟委员会发布《上市公司非执行董事及监事的作用》。该文件详尽地规定了薪酬委员会的组成与职责，要求欧盟各成员国必须在2006年6月30日之前对国内法进行修改，在上市公司全面建立薪酬委员会。对于组成人员，要求全部或独立董事占必要多数。

日本和德国等双层制的公司治理结构强调股东大会、监事会与董事会之间的相互监督和制约，薪酬委员会制度与独立委员会制度是对英美法系的借鉴，在独立性上的意识是存在的，但在具体制度的规定上则不够强调和完善。在日本，一直在上市公司中设置执行具体业务职能的董事会和负责监督事务的监察人会。直到2002年，《日本商法特例法》规定了日本上市公司在公司治理结构上可以在双层制和单层制间自行选择。即上市公司可以可以参照英美的公司实践，仅设立负责经营基本战略决定与监督的董事会以及负责具体执行的执行官的制度[211]。进而，按照2005年《日本公司法》的规定，设立了报酬委员会公司的董事薪酬由报酬委员会进行决定，并禁止薪酬委员会等专业委员会将其职权转移给董事会，以保证它的独立性。董事会从董事中选任3人以上组成薪酬委员会，外部独立董事应占到薪酬委员会的半数以上，而且，薪酬委员会委员不能兼任本公司，以及子公司的执行官，或者业务执行董事、子公司的外聘会计、经理等[212]。

在德国，监事会任免董事并代表公司与签订聘用合同决定报酬，薪酬委员会之类的专门委员会通常设立在监事会之下。德国《康默准则》并没有特别要求上市公司设立薪酬委员会，仅认为对许多公司而言是个不错的做法。监事会有权依据本公司及其集团成员的情况，建立委员会来解决众多事务，包括董事薪酬在内。1993年，修订后的德国《股份公司法》规定监事会中必须有一定比例的职工监事，他们有权参与薪酬的制定，极大程度地保障了职工对高管薪酬制定的话语权，有助于保证高管薪酬的合理性，对进一步提升监事会的独立性起到了显著的作用。

4　上市公司高管薪酬信息披露制度

在上市公司，高管薪酬的决定权常为董事会所把控。公司高管大多身同时兼任经理和董事，存在职位冲突，他们插手自己的报酬决策形成了上市公司的高管薪酬问题❶。上市公司的高管们很可能对董事会施加种种影响借以寻租，或通过同董事会"合谋"来制定利己的薪酬政策，而且会借助各种伪装来掩饰这种高额的报酬[213]。按照罗伯特·C.克拉克的界定，高管薪酬是一种典型的自我交易行为[214]。法律对公司自我交易行为效力的判断经历了绝对无效，或者可撤销，发展到满足一定条件，也即披露或者获得对方同意即为有效的发展过程。

上市公司高管薪酬信息披露制度源自20世纪30年代美国《证券法》，如今，薪酬信息披露制度成为资本市场透明、公开原则的重要落实手段。上市公司并不愿意承担信息披露的成本，更不愿意自曝家底，为了防止信息不对称加剧市场的失灵，强制性信息披露制度被各国普遍采用。它能"促使信息披露所带来的成本及风险在不同的公司之间更均匀地分配，并确保市场的有效性和可信度"[215]，在一定程度上减少信息生产、收集成本，为市场提供更为便捷的途径和更为完整的信息。强制要求上市公司按照披露标准对薪酬信息进行披露能对高管机会主义的行为产生直接性的震慑，并驱使董事在高管薪酬制定的过程中尽职尽责，促进高管薪酬水平的合理性以及薪酬契约的激励有效性，对于保障股东及相关主体的合法权益，促进资本市场的健康发展意义重大。

高管薪酬披露制度，一方面能增加高管薪酬的透明度，便于股东和社会监

---

❶ "职位冲突"（positional conflicts）的概念是美国迈尔文·艾隆·艾森伯格（Melvin Aron Eisenberg）教授提出的，上市公司中的高管大多身同时兼任经理和董事，高管薪酬问题即是高管插手自己报酬决策的结果。参见JG Hill, CM Yablon Corporate Governance and Executive Remuneration: Rediscovering Managerial Positional Conflict.University of New South Wales Law Journal, Vol.25, p294, 2002.

督的加强；另一方面还能为经理人市场提供充分的人才价格信息，使市场竞争对高管的监督和激励作用得以充分发挥。

4.1 信息披露制度是薪酬问题解决的关键

上市公司高管薪酬问题为各界所关注，为了将激励制度复归常态，公司法律在薪酬决定、司法介入等方面进行了设计和改进，但效果有限。"增加高管薪酬的披露程度是一条关键路径"[216]，即将高管薪酬相关信息最大限度的公之于众（股东），置于公众的监督之下：自利性的薪酬计划能否通过，最大风险取决于大股东对其薪酬计划的知悉与理解程度，貌似越合理、越公正的薪酬计划，越能通过[217]。高管薪酬信息强制披露已经在上市公司中全面要求，在薪酬代理问题上扮演着重要的、解决者的角色。

实际上，上市公司高管薪酬的问题并不是薪酬高与低的问题，而是怎样决定的问题。上市公司高管薪酬的法律规制目标应当以克服高管们自行确定薪酬，确保薪酬决策程序的公正性为核心。对薪酬信息进行全面的披露，已经成为克服自我交易与利益冲突，规制高管薪酬的重要的方法。高管薪酬信息披露制度的作用，正如路易斯·布朗迪斯所言：阳光是最好的杀虫剂，信息的披露提供了一个"本身存在利益冲突的薪酬的决策过程"实现合法化的途径。

4.1.1 信息披露保障信息对称，从根本上解决问题

信息对称是市场有效的必要前提，信息的不对称将导致诸多问题的产生。代理问题产生的核心原因就在于所有权与控制权分离带来的信息不对称，在两权高度分离的上市公司中，信息不对称表现得最为突出。上市公司高管作为理性经济人，在信息博弈中完全占据了主动地位，而股东因监督和控制的成本受限，局限于自身的努力难以改变信息不对称的客观限制，最大限度促进代理关系双方目标函数的一致性，即通过科学的薪酬方案设计以将高管薪酬同公司的业绩有效结合起来，促进高管所获薪酬的合理性无疑为最合理的选择。

在薪酬方案的设计过程中，如何将高管薪酬与公司业绩结合并取得预期的效果是有一定难度，且高管常常又在人性的驱动下，利用薪酬激励手段等牟取更大的利益，上市公司高管薪酬问题本身又构成了代理问题的一部分。卢西恩·伯切克和杰西·弗里德提出了"管理层权力"理论，重新研究了委托代理理论的弊端，指出在管理层的权力影响下，高管薪酬已经形成了委托代理制度的内生性矛盾。经理已经俘获了董事会，薪酬激励不再能促进代理问题的解决，反而成为代理问题的一部分。

自20世纪30年代以来，上市公司高管薪酬不断上升的关键不再是豪夺，利用信息的不对称巧取才是关键。在实践中，高管的自利人性与负担的忠实、勤勉义务常常发生冲突。高管可能通过把持经营权、控制董事会、独占经营信息、利用复杂的薪酬计划和方案，甚至财务数据造假来实现不合理的高薪。而一些股东要么"用脚投票"，要么也因为薪酬决定相关知识的欠缺，对高管精心设计、掩饰的薪酬政策和方案缺乏鉴别能力，高管薪酬实质上被高管所操控。源于外界的压力，高管们更倾向于使用隐藏薪酬总额和模糊与企业业绩敏感度的方法来掩饰自利行为，还常把在职消费、退休金、延期支付薪酬等项目列除薪酬披露项目来达到缓和矛盾的目的。与此同时，一些高管不断利用新的激励工具来实现高薪的目的，如美国上市公司的高管们在因股票期权获取的巨额收入倍受诟病后，限制性股票又成为新的激励选择。上市公司高管们的行为引发了一波又一波的抗议热潮，不断增加高管薪酬的披露程度才是解决高管薪酬问题的关键。

公司法律制度以强制性的信息披露规范促进信息实现更大程度的对称，一方面让委托人能够掌握更多的信息，以便在薪酬制定过程中不至过于被动。信息资源的获取是有成本的，信息的调查、收集、分析、聘请薪酬顾问等均会产生成本费用，股东的付出与收益不成正比，自然就选择"搭便车"的行为，从而助长了高管的自利行为。加拿大的爱德华·亚科布奇（Edward M.Iacobucci）教授指出，一方面，薪酬的信息披露有利于股东监督成本的减少，从而减少"搭便车"的现象，能够有效地改善股东在高管薪酬事务上理性的冷漠态度。

另一方面，强制性的披露要求让上市公司高管薪酬具体细节等信息为公众掌握，便于公众的监督。强制性地披露上市公司高管薪酬信息，不仅能使高管行为受到来自股东的监督，还能受到来自政府、媒体以及公众的监督，公司高管的机会主义行为将面临公众愤怒成本的承担。因此，高管在薪酬制定时将不得不考虑自利的严重后果，从而谨慎地做出决定。

实践已经证明，只有全面、及时、真实的薪酬信息披露方能让高管的投机行为曝光于各方主体的监督下，对高管的薪酬提供有效监督，从而推动公司治理的完善，实现对管理层权力运用的规范。2006年，美国证监会对上市公司高管薪酬的披露规则进行改革时，时任主席考克斯谈到，政府通过改善向市场提供的所有信息，帮助股东、薪酬委员会便于对其进行评估，并做出自己的独立判断。

从保护隐私以及商业秘密的角度来看，高管拒绝披露薪酬的信息也有着客观的原因。一方面，高管收入的公开意味着个人隐私的透露，不仅在注重个人财富保密的中国，在德国等国家，上市公司高管薪酬也是件晦密的事情。另一方面，高管薪酬的各项信息属于公司商业秘密，是公司人才战略中的重要部分，保护秘密有利于保持公司在市场竞争中的优势。在非强制性的信息披露制度下，没有人会积极主动地对高管薪酬信息进行披露。公开披露高管薪酬的全部信息，有可能使公司股东获得披露生成的好处，不过，当公司的秘密成为公共产品，公司与股东最终也可能因此而受损，所谓公司之间相互攀比，发放更高薪酬的棘轮效应只是对信息披露副作用的提示。当然，高管薪酬信息的披露是必需的，对整个社会而言，其创造了更多的价值。为避免上市公司在公司高管薪酬信息披露上的不合作态度，各国薪酬信息披露制度均为强制性的安排。

4.1.2 信息披露制度的功用优于其他制度

当前，对上市公司高管薪酬问题的规制主要依赖公司法、证券法、税法以及会计法等法律设计，主要涉及高管薪酬决定权、信息披露制度、股东派生诉讼制度、所得税制度以及会计规则。

与信息披露制度相比较，高管薪酬决定权配置系从高管薪酬的决定权的分配来设计，试图通过合理的决定权配置，形成公司股东大会、董事会、监事会以及高管之间的权利制衡，进而解决高管薪酬问题。这一制度原则上强调，股东大会决定董事薪酬、董事会决定高管薪酬。但各国基于不同的市场环境、公司治理模式和文化传统等因素的影响，形成了不同的决定权模式。例如，美国形成了高级经理人员影响下的董事会决定模式。在高管薪酬的决定问题上，不仅涉及不同成员的薪酬决定权的分配，还涉及不同薪酬激励方式的决定权分配，如股权激励方式的薪酬大多要求由股东大会决定，而其他普通形式的薪酬激励方式则多数由董事会决定。

为了能有效地摆脱高管人员对其薪酬决定事宜的影响，以英美为主的各国大多实现了强制性或选择性的专业委员会制度，即通过在董事会下设薪酬委员会，选择具有独立性的成员担任委员会成员，并在薪酬顾问的辅助下对高管薪酬方案进行设计。不论在何种决定权的配置模式下，保持薪酬方案设计主体的独立性和获取必要的薪酬决定信息是关键。薪酬委员会成员及薪酬顾问的独立性一直受到质疑，另外，薪酬决定所需的信息在薪酬委员会与高管之间是不对称的，占据优势的高管常常利用单方掌握的信息为自己谋利。简单的例子莫过于在利空的消息发布前套现、延迟股票期权的行权等。总之，合理的薪酬方案设计在于相关信息的全面掌握，在信息对称的理想状态下，薪酬委员会的独立工作价值才能得以实现。

与信息披露制度比较而言，股东代表诉讼制度中主要涉及对高管薪酬相关决议的推翻和对高管薪酬数额合理性的质疑。推翻相关决议对高管滥用权利，控制或影响董事会和股东大会制定出利己的薪酬方案有一定的限制作用，但是决议可以再行做出，无法彻底否定；对高管薪酬合理性的诉讼是难以得到法院支持的，因为商业判断规则阻却了法律判断的可能，法官也没有能力对某一高管的薪酬是否合理做出判断。

与信息披露制度比较而言，所得税制度与会计准则对高管薪酬问题的解决作用是有限的。例如在所得税制度中，涉及高管薪酬的有企业所得税与个人所得税问题，企业所得税的负担常常为高管漠视，而其个人所得税的负担可以通过更高的薪酬来消化。不仅如此，美国当年税法规定100万元以下的不需缴纳个税还成为上市公司高管们自定百万薪酬的正当理由。

信息披露制度有着独特的优势。首先，信息披露可以减小股东对高管的信息依赖程度，失去财务会计信息优势的高管难以为自己的薪酬合同谋求不对称的有利条款增加砝码。其次，股东在薪酬决定上并非专业人士，易于被高管精心设计、包装的薪酬计划欺骗，薪酬信息的披露可以为股东获得直观的整套数据提供可能，落实了股东知情权能为发现高管自利行为增加可能性，也为股东参与制定高效合理的薪酬计划提供客观依据。股东还可以对职业经理人市场中其他公司的高管薪酬进行了解，比较收集有价值的参考信息，从而降低信息的不对称。从高管的角度来看，信息披露会增加高管的寻租成本，减少监督成本。根据杰西·弗里德教授的分析，薪酬信息的披露会形成高管的公愤成本，如果高管薪酬被外界一致认为是不合理与不道德的，那么，外界人员就会形成愤怒的反映，随着这种愤怒的加剧，高管的公愤成本也会加大，直至被股东大会罢免，且声誉受损，难以重塑自己的职业生涯。例如，美国纽约证券交易所前董事长——查德格拉索就是因为巨额的延期支付薪酬丑闻，最终被迫辞职；通用电气的杰克·韦尔奇也因为薪酬计划的公开，迫于巨大的压力放弃了大部分的退休津贴。可见，薪酬信息披露能有效地增加寻租成本，从而约束高管获得不当报酬，维护公司与股东的利益。

此外，就降低监督成本而言，当薪酬信息不对称时，股东监督权的行使需要承担较高的信息成本。充分的薪酬信息的披露能够极大地降低股东监督成本，促进股东纷纷行动，维护自己的合法利益，有利于形成积极行使股东监督权的良好氛围。

信息披露是证券法中落实透明原则最重要的制度安排，各国证券监管机构对上市公司进行监管的利器，也一直是对高管薪酬进行监管的基本手段，当然，这是从制度之间进行相互独立的比较而言，从整体上看，制度需要相互间的配合才能最大限度地发挥作用。

4.2 国外高管薪酬信息披露制度的变革

4.2.1 美国的变革

在美国，1933年前的股票市场，极端个人主义、反对政府与商业挂钩的思潮在股票市场上表现为政府监管缺失、市场秩序混乱，如同今天的中国股票市场一样，造假、炒作、坐庄现象层出不穷，诚信缺失，信息披露无从说起。经过一番博弈，《证券法》（1933）（Securities Act）和《交易法》（1934）（Exchange Act）出台，美国证券交易监督委员会即SEC成立。今天，美国SEC已经成为最为强力的证券市场监管机构。

1933年的《证券法》和1934年的《交易法》对高管薪酬提出了初步的披露要求。《证券法》Schedule A 和《交易法》Section 12（b）中，要求在注册申请声明书（Registration Statement）中应对薪酬种类的信息加以披露。经过长期的发展，信息披露制度不断改进，如何设计合理的信息披露规则，促进各个利益主体对公司高管薪酬信息全面了解成为美国国会、证监会等组织机构努力的目标，并成为各个证券市场的楷模。

1938年，美国SEC颁布了首个适用于上市公司代理声明（Proxy Statement）的高管薪酬信息的披露规则[218]。1942年，美国SEC第一次将表格披露方式（Tabular Disclosure）用于高管薪酬的信息披露中；在随后的几十年里，对高管薪酬信息的披露要求不断修订和加强[219]。1952年，对高管的退休金和递延薪酬信息的披露被要求以独立的表格分别完成，所有形式的薪酬信息均得以表格形式披露[220]。如今的美国证券市场，叙述性的披露（Narrative Disclosure）与表格式披露（Tabular Disclosure）成为美国上市公司高管薪酬信息披露的主要方式，成为对高管薪酬监管的重要制度安排。

叙述性披露与表格披露各有利弊，隐瞒与披露的博弈通过具体披露方式反复交替而呈现。至1978年，表格形式披露被全面采用[221]，但因其规定过细，太过复杂,在解释与适用上引发了众多争议。1983年,美国SEC对表格披露的范围进行了调整,将其他的薪酬形式移出,仅要求现金薪酬以表格形式加以披露,叙述性的披露方式重新占据上风[222]。但是,紧随以股票期权为主的多种非现金形式的中长期激励方案粉墨登场,以及美国证券市场随着经济的发展兴隆昌盛,高管高薪成为常态,叙述性的披露已经无法客观地、准确地反映高管的薪酬实际状况而受到广泛的批评。

1992年,美国SEC发布《经营者薪酬信息披露规则》,将上市公司高管薪酬的信息披露规则进行了修改,该次修订把薪酬表格、绩效图表(Performance Graph)、薪酬委员会报告(Compensation Committee Report)规定为重点披露内容,其目的在于促使薪酬形式多元化、不同的年度之间、不同的公司之间的高管薪酬信息进行对比时更加便利,高管薪酬的披露必须使用标准化的信息且采用规定图表的方式进行详细说明[223],即高管薪酬信息披露的中心被重新拉回表格披露,这是该规则的显著特点。

从表面上看,表格披露因以股票期权为主的多种非现金形式的复杂构成的薪酬方案难以理解、高管高薪成为社会舆论的焦点等原因重回主导地位,实际上,表格披露和叙述性披露轮番坐庄已经充分揭示了单一的披露形式因其固有缺陷是不能够满足长期发展的需要的。从辩证法的角度来看,一方面,美国SEC原来的做法不符合辩证唯物主义方法论的要求,所谓执其两端而用其中,应当将两种方式有机地结合起来使用,美国SEC后来的做法说明了这一点;另一方面,从认知能力和市场发展相互联系的角度来看,披露与隐瞒(包括故意的和非故意的隐瞒)是在博弈中发展的,换句话说,监管与对抗是在对薪酬形式和方案不断进化的认识中前进的。

1992年的披露规则在历史上发挥了积极的作用,受到了人们的称赞。不过,时势是在不断发展和变化着的,1992年的披露规则受到了越来越多的抱怨,规则僵化、过时,相关规定过于原则化,没有能够彻底且准确地保证上市公司对其高管薪酬计划和实施情况进行披露成为抱怨的主要方向。

为了适应发展变化的薪酬方案,对1992年的披露规则进行修正,SEC于

2006年8月颁布了《高管薪酬和关联人披露》，就薪酬的信息披露原则、内容、对象和方式等各方面进行了大幅度的修改。更为广泛地要求表格披露，同时改善并扩充了叙述性披露的要求，最终形成了当前以表格披露为主、叙述性披露为辅的高管薪酬披露模式[224]。相关规定主要位于Regulation S-K的Item 402中。在披露要求上体现了规则导向向原则导向的转变。原来的披露规则只要求列举性地说明需要加以披露的各项薪酬项目，没有被明确规定的披露项目成为公司逃脱披露义务的合法理由。2006年颁布的披露规则要求，无论是规则已经明确要求的披露项目，还是尚未明确列举的项目，均得披露。这种规定从法律角度使得公司需要披露高管人员已经或将要获取的全部性质的薪酬的义务，极大限度地降低了钻法律漏洞，逃避披露义务的可能。

2006年的规则要求，上市公司的年度报告、征集投票委托书、信息的陈述与登记等各方面的披露应当容易理解，为投资者们提供更为全面的、清晰的、透彻的薪酬信息。2006年出台的规则还要求薪酬委员会就薪酬决策的过程得做成报告，其中应当包括薪酬的讨论与分析（Compensation Discussion and Analysis，CD&A）[225]，这是2006规则的最大亮点，即薪酬委员会应当以叙述性的方式详细地对公司薪酬政策和实践的重要部分进行说明，即薪酬的决策程序、具体路径应当以叙述性的方式加以说明[226]。

2006规则主要有三个披露工具、六个表格以及三类薪酬信息。三个披露工具指的是CD&A、表格披露、叙述性描述。

CD&A主要对薪酬的政策进行原则性的阐述，记载分析与讨论内容，它是对高管薪酬的信息进行总的、原则性的陈述，其内容有：高管薪酬所采取的方式、选择薪酬方式的具体原因、薪酬金额确定的方法与标准以及薪酬方案和薪酬目标的匹配程度等等。原则性的规范方法自然无法以具体性的方法来进行规定，此举还能够使薪酬信息的披露有一定的弹性空间。

各披露表格是具体的各项薪酬数据的载体，2006规则中的表格主要为六个表格，表格的数字信息有：协议的重要条款；薪酬数额的计算标准与计算公式；股票期权等薪酬形式的定价情况；薪酬相关的业绩；股票期权等薪酬形式行权的时间表等。它的优点在于简明、清晰，易于对信息展开横向的比较。

叙述性的描述系以文字形式为表格所披露的信息提供背景资讯，以对表格内容的陈述进行补充，从而避免表格僵化的弊端，帮助投资者更容易、更好地理解表格中的数字信息。

以上三个披露的工具相互补充，促进投资者等对高管薪酬信息的了解。从形式上来讲，表格披露中的薪酬信息简洁明了、易于比较，而CD&A与叙述性的描述则能够增加薪酬披露的灵活性，以及信息的可理解性。

六个表格具体指的是薪酬概述表、计划性薪酬授予表、年底未完成权益的报酬表、期权行权和股票的获得表、退休金的利益表、不合格递延薪酬表，各项表格中，核心是薪酬简表。

三类薪酬信息包括当期薪酬、以前授予的但尚未完成的薪酬，以及退休薪酬和其他离职后薪酬。

表格披露是薪酬信息披露规则的主导和核心，其目的即以尽量简单、明了和全面的方式让利益相关主体对高管薪酬方案实现全面的了解，对表格还应以叙述性的方式以及脚注解释进行解释。

①薪酬概述表（Summary Compensation Table）是高管薪酬信息披露的主要方式，无论薪酬是以什么样的形式，是否实际支出，甚至不论是否依据薪酬计划而进行支付或系第三人所为支付，公司必须披露所有指定的高管最近三个会计年度内的支付给CEO和其他前4位薪酬总额的经理人员的薪酬。薪酬的概述表包括现金形式的薪酬、现金或股票形式的奖金等各项共计8项内容[227]。

②计划性薪酬授予表（Grants of Plan-based Awards Table）起到对薪酬简表的补充说明作用，其要求披露最近的一个会计年度里指定高管在任何计划中所获得的薪酬或者奖励，获得后转让了的也需要进行披露。薪酬概述表与计划性薪酬授予表都应附有相应的叙述性披露[228]。

③年底未完成的权益报酬表（Outstanding Equity Awards at Fiscal Year-end Table）所披露的信息由期权薪酬与股票薪酬来组成。在原来的披露规则中，对于承担披露义务的公司在高管操纵下的期权倒签（Option Backdating）等作

弊行为并没有恰当的规制手段，该规则要求，公司必须就授予期权的政策、程序、授予时点、公司发生的必须公开披露的正面或负面信息以表格和叙述性的方式进行披露。为对期权薪酬的授予进行有效的约束，诸多具有控制性的节点信息需要披露，如决定授予高管期权的时点同员工的相比较是否更加优惠，当期权授予日期与实际授予日不同时，决定日期需要披露等等。在美国，由于行权日的不确定性以及是否行权不确定，披露会计年度授予的股票期权的价值应当用期权授予日的公允价值（Fair Value）进行衡量[229]。

④期权行权与股票获得表（Option Exercises and Stock Vested Table）披露在上一个会计年度里，指定的高管因行使期权和公司授予股票而获取薪酬的状况[230]。

⑤退休金利益表（Pension Benefits Table）的披露包括指定高管的退休金计划名称、在职年数、退休金累积的利益现值以及前一会计年度已支付的总额[231]。

⑥不合格递延薪酬表（Nonqualified Deferred Compensation Table）应披露不符合税收的优惠政策，固定的缴款计划（Defined Contribution Plan）或者其他形式的递延性薪酬计划[232]。

除了对薪酬方案以表格形式为主进行全面的披露外，指定的高管还需要以表格和叙述性的方式披露与其相关的薪酬信息。所谓指定的高管，即须披露薪酬信息的高级管理人员，包括最近一个会计年度里：

①首席执行官和首席财务官，或者行使类似职权的人员；

②除了首席执行官与首席财务官，薪酬水平排名前三位的高管（包括在该会计年度结束前离任的公司前任高管）[233]。同时，如果公司的普通雇员报酬超过应披露的经理人员的报酬之时，就需要对最高报酬的三名雇员薪酬信息加以披露，包括薪酬的总额、工作职位描述等，但无须进行薪酬的具体分类[234]。

总的来说，表格披露的要求刚性、严格，如年底未完成权益报酬表要求披露未行使期权中的可行使的、不可行使的期权数量、股权激励计划中未行使且还不能获得的期权的数量、行权价、期权到期日等信息。

叙述性披露是对薪酬信息披露规则的必要补充。以叙述性方式进行披露的主要是公司治理信息和薪酬委员会报告。根据 Regulation S-K 中的 Item 407 (e) 规定，任何大型的上市公司薪酬委员会都应当披露其公司治理信息。如：对董事会不设置薪酬委员会的决定理由进行说明[235]；说明获取薪酬委员会章程（如有）的路径或对路径的缺失采取以公司的代理声明或信息说明进行弥补[236]；对高管薪酬决策的过程及程序进行叙述性披露，以及薪酬委员会成员的兼任与内部人的参与情况[237]等，内容繁多。

另外，薪酬委员会报告也需要披露。薪酬委员会报告需要对薪酬委员会是否已与董事会就薪酬讨论与分析披露的信息进行了充分的审查与讨论；依据审查与讨论的结论，建议董事会将薪酬讨论与分析内容列入公司年度报告的代理声明或信息说明；薪酬委员会的成员名单[238]。报告只是单纯地提供（Furnish）给证券交易委员相关信息，即单纯的提供性质，并而非履行申报（File）的义务，即如果因申报而将高管薪酬的信息登载于公司的年度报告中时，根据《萨班斯-奥克斯利法案》第302（a）条的规定，相关信息应由相关人员书面保证其真实性，属于证券交易法中的不得虚假陈述的重要性信息，如果不实陈述即产生证券交易法上规定的刑事与民事责任[239]。当然，之所以如此规定是因为薪酬委员会报告中的重要内容被剥离到薪酬讨论与分析中，而后者是需要申报的。

自2002年安然事件爆发，《萨班斯-奥克斯利法案》出台，美国的高管薪酬信息披露一直处于严格化的过程中。在《萨班斯-奥克斯利法案》中，高管应对公司披露的信息负责，如果披露的信息在以后被确定为不准确的，高管需承担责任。2008年经济危机爆发，美国国会颁发了《紧急经济稳定法案》(2008)。《紧急经济稳定法案》规定那些卖给财政部的有问题资产（Trouble Assets）的金融机构的高管薪酬的制定权力必须让渡给财政部长。

2010年7月21日，被认为是大萧条以来最全面、最严厉的金融改革法案——《多德-弗兰克法案》经总统签署，其与《格拉斯-斯蒂格尔法案》(《1933年银行法案》) 共同构筑了美国金融监管基础，为全球金融监管改革的新标尺。其核心内容就是在金融市场中保护消费者。与高管薪酬相关的是该法案扩大了监管机构权力，在破解金融机构大而不能倒等问题的同时，赋予监管机构限制金融高管薪酬的权力。为了落实该权力，金融机构对披露其高管薪酬有了更多的要求。《多德-弗兰克法案》第953条规定，在公司的年度代理声明中，发行人除了得披露S-K规则第402项（Regulation S-K Item 402）中规定的所有事项之外，还应当详细地披露能反映实际支付给高管的薪酬与公司财务业绩之间关系的各项相关信息，并以图表加以辅助说明。相关披露信息应当考虑公司的股价变化、分红以及其他任何形式的分配。公司进行的披露应当便于投资者对高管薪酬与公司业绩之间的随时间变化的动态关系加以比较。不仅如此，还做了更为严格的关于高管薪酬的代理权征集的相关规定[240]。

该法案的出台，无疑是对2008金融危机中高管高薪的应对，高管们必须对在公司业绩下滑的同时薪酬剧增的情况做出回应。另外，第953条还要求SEC强制公司进行内部薪酬公平性的披露：当年的首席执行官之外所有员工的收入总额的中位数、当年首席执行官的总薪酬以及上述两个数值之间的比率。当然，953条的要求给上市公司，尤其是大型的上市公司带来沉重负担，以至于该义务难以履行，甚至于不可能。该法案还要求公司需披露和收购相关的高管离职补偿金安排，以及引导SEC对员工或高管购买的金融工具的信息披露规则进行制定[241]。

在美国，在对高管薪酬信息披露的相关规定上，SEC等机构所做出的工作努力有目共睹，高管的薪酬信息披露在不断完善的规制的规范下，不仅所披露项目完整，更对公司披露形式做出了要求，以便股东等主体对相关的数据信息进行对比与分析。而且，还在图表形式之外以叙述性的披露加以辅助，使得股东等主体对薪酬信息的掌握能够更加精准和全面。尽管相关规定仍然有着一定的改进余地，但是，就整体的情况来看，对上市公司高管薪酬信息的披露规制无疑使得高管薪酬信息的可读性和透明度大为加强，为股东等主体对高管薪酬实施监督奠定了有力的基础。

70多年的美国公司高管薪酬信息披露规则的变迁史，是一部信息披露监管与反监管的斗争历史，上市公司高管自定薪酬的现象似乎没有受到有力的遏制。高管薪酬问题还需要不断完善上市公司的治理结构、外部的政府监管等各种其他手段帮助解决。通常来说，信奉自由市场的国家政府或监管机构不会以行政手段主动干预上市公司高管薪酬问题。但是，从他们的高管薪酬信息披露制度的发展来看，随着经济的发展和环境的需要，高管薪酬正当性危机的循环发生就会引起社会的广泛关注，进而引起政府的干预和相关规则的变革。

4.2.2 其他国家的变革

在欧洲，英国在1985年公司法的第232条规定了董事披露有关薪酬事项，但是具体规定过于简单，难以操作，无法满足相关利益主体的信息要求[242]。英国的公司法没有形成一个相对统一的信息披露方式，每家公司的披露方式均各有其法，进行信息的认识、筛选、比较都十分的麻烦。1995年，英国产业联合会推出了《格林伯瑞报告》要求，上市公司薪酬委员会应当按年度向股东提交其年度报告，并将其作为公司年报的附录[243]。《格林伯瑞报告》中的披露要求和规则最终被纳入上市准则并成为对公众公司的要求。

《格林伯瑞报告》规定，高管薪酬应体现着交易公平，薪酬方案从制定到执行的全程都应当透明，高管薪酬方案的设计应当与公司的业绩挂钩，并且应当表现得简明、清晰，并最终由董事会向股东大会提交。《格林伯瑞报告》中的公司治理准则具有自治性质，目的在于为公司的薪酬治理提供规范性的指引，而非强制性规定，但是，相关的公司薪酬治理准则多少隐示着上市公司的最佳行为判断标准，于是大多数公司纷纷做出了响应。上市公司高管薪酬信息披露让薪酬方案从制定到执行，全程都充分地暴露在了股东、债权人等主体的监督之下，相当程度上对高管机会主义的行为实现了有效地规制，公司运作变得更加规范。真实、充分、及时的薪酬信息的披露，能够有效地规制高管薪酬，并最终促进公司治理结构完善的目的实现[244]。

2002年，英国贸易和工业部制定了《董事的薪酬报告条例》(The Directors' Remuneration Report Regulation 2002)，条例要求董事会每一个会计年度都应当制作董事的薪酬报告,具体的内容必须按照新的公司法规定的7A表格的具体要求完成。另外,薪酬委员会的组成以及成员情况、薪酬政策以及详细且经审计的财务信息均应披露[245]。2008年经济危机爆发后,英国也于2009年开始了对金融行业高管薪酬的限制。

一直以来,德国企业界对于公司高管薪酬情况向来是讳莫如深的[246]。德国《商法典》的第285条规定,在合并财务报告的备注中,应当分别对监事会和董事会成员的薪酬信息加以披露,监事、高管的薪酬总额也必须完整披露,包括基本工资、分红、保险费、在职消费津贴、佣金以及其他福利。

2002年,德国制定《德国公司治理法典》❶,经过前后四次大小幅度不同的修订,形成了上市公司的高管薪酬信息披露制度系统性的规定,其以高管薪酬的界定、披露义务、方式以及是否需要向股东加以高管薪酬体系的阐明等为重要的修订内容。

2001年的9月,欧盟组建了以Jaap Winter为首的欧洲公司法专家高层组织(The High Level Group of Company Law Experts)其目标是为欧盟提供公司治理改革的立法建议,以制定需在欧盟成员国普遍适用的现代公司法。2002年11月,该组织发布了最后的研究报告,即《欧洲公司法的现代框架》,提出了关于公司法改革的建议,专门对公司管理层的薪酬披露提出了相应的建议。就改进欧洲公司的公司治理而言,增加股东对公司信息的了解是重要的内容,公司高管薪酬信息就属于应当进一步向股东进行披露的内容。报告建议:[247]

①应当在公司的年度财务报告中进行董事会薪酬政策的披露。

②任何一位董事,或者监事的薪酬,都应当在公司的年度财务报告中进行详尽地披露。

欧盟的《公司法》变革,是在对美国公司治理的实践进行反思的基础上进行的。21世纪初爆发的上市公司财务丑闻,促使了美国《萨班斯-奥克斯利法案》的颁布,带来了公司治理的新一轮积极的变革,欧盟以美国实践为借鉴,

---

❶ 《德国公司治理法典》本身并不具有法律效力,但通过修订《德国股份法》第161条,在《德国股份法》上创立"遵循或解释原则",使其具有一定的法律意义。

"结合欧洲国家公司治理的实践情况,做出的良性选择"[248]。

2004年末,欧盟委员会颁布了《培育适当的董事薪酬制度》,详尽地规定了上市公司经营者的薪酬信息的披露要求。该文件具有强制力,如果拒绝修改须得说明理由[249]。

欧盟在过去几年的欧洲议会中都在努力寻求使高管薪酬与公司业绩,以及风险管理同防范相挂钩的制度[250]。2010年6月,欧洲议会对资本要求指引进行了多个修正,2011年新年正式生效,这几个修正案主要是针对奖金的一些指引和限制[251]。

在澳大利亚,1998年《公司法修正法》(The Company Law Review Act of 1998)通过。该法案对公司董事和经理人员薪酬的披露规则进行了大幅度的修改。该法案规定,公司应当披露以董事为一方,或者以董事为实际收益人的合同;公司在其年度报告中,应当披露公司董事,以及收入最高的五名经理人员的薪酬情况,每个人的具体薪酬,包括薪酬的构成、获得期权的情况等等均需披露。对于上市公司,董事会的报告应说明下列信息:

①董事与公司资深经理人员的薪酬决定的政策;

②薪酬政策和公司业绩之间的关联性;

③董事和五名获得最高收入的经理人员薪酬的具体构成与数额。

澳大利亚证券和投资委员会在1998年11月颁布了针对公司法的新的薪酬披露要求而制定的规定,表示要求公司遵循公司法修正的实质性精神进行全面的、充分的信息披露,而不是仅仅满足于法案的字面规定。法案的目的即在于能够让投资者将公司董事和经理人员薪酬与公司业绩加以比较,同时,也能将公司管理层的薪酬情况与同行业的公司加以比较[252]。

高管薪酬披露的确非常重要,但并非全能,强求通过薪酬信息披露的制度建设来解决全部高管薪酬中的问题并不具有现实的。高管薪酬问题并非因薪酬数量的高低而引发,而是薪酬的决策程序问题,通过完善高管薪酬的信息披露制度,重点与高管薪酬的决策程序相对接,通过披露决策程序,促进薪酬决策程序的正当性,从而促进高管薪酬的实质性公正,无疑是具有十分重要的意义的。

5 上市公司高管薪酬的司法介入

上市公司高管薪酬问题本应是公司的内部治理问题，通常情况下，司法很少介入。公权力通常只需游弋在公司自治的边沿，唯有在市场失灵、公司运转出现严重负外部性的情况下才有介入的可能。在英国，近现代司法干预公司自治的核心手段——股东代表诉讼制度的源起，即 Foss Vs. Harbottle 案最初确立的福斯规则，确定的正当原则和多数决原则恰恰是司法不干预公司事务这一现代公司法的基本原则的体现❶。在美国，司法力量对公司治理中的失衡现象极为宽容和克制，著名的商事判断规则强调从程序上对董事的行为进行审查，而对高管薪酬的合理性完全交由市场判断。对特拉华州法院来说，基于商事判断规则的要求，司法权力不便对董事会决策加以过多的干预。但是，由于市场自发调节机制存在缺陷，高管薪酬问题引发的社会问题层出不穷，在意识到仅仅依靠公司的力量不能够有效地解决该问题时，公众转向维护正义的最后一道防线，即向司法力量寻求帮助[253]。

当市场出现失灵，公司自治目标不能实现，便产生了法律介入的现实需要。正如波斯纳所言：当市场决定成本高于法律决定成本时，这一问题就留给法律来解决。[254]但是，法律有能力解决市场问题吗？司法介入公司自治意味着司法机关必须对公司管理机构的行为做出再次评价，也即不得不进行商业判断。显然，法官既没有时间，也没有能力完成该艰巨的任务，至少在美国是这

---

❶ 正当原则要求公司应当以自己的名义或者以法律指定的代表人的名义对侵害其权益的行为提出诉讼，该原则被广泛采用并被视为现代公司法的基础之一。多数决原则是从前者衍生出来的，认为公司意志是一种集体意志，少数股东应服从于多数股东是否起诉的选择。该案只是引发了股东代表诉讼的思考而已，后来，英国通过新的判例（East Pant Do Mining Co Vs. Merry Weather）修正了这两大原则。当时的法院认为，虽然已有"福斯"规则，但仍应当允许少数股东为了保护公司的利益以自己的名义提起诉讼，因为除此之外就无法使董事们损人利己的行为归于无效。参见李铮.股东代表诉讼的法理分析[D].上海海事大学，2005:3.

样。即便是在确立了薪酬合理性审查标准的德国，能否有效遏制高管薪酬的不合理现象，其有效性也尚待实践检验[255]。能否运用公权力的司法手段促进公司治理的完善争论至今，在上市公司高管薪酬问题上也一直存在不同的观点。

对上市公司高管薪酬的司法审查分为两类，一类是对公司决议是否存在瑕疵进行审查，即决议的成立程序和内容是否存在着瑕疵。另一类是股东代表诉讼，即股东为了维护公司利益而以自己名义代公司提起的诉讼，意在追究董事等主体的责任。通过分析可以发现，法院如对高管薪酬进行审查，就合法性审查的分歧较小，而对于合理性审查则分歧很大，难以形成审查标准上的统一认识。合理性审查难以形成客观标准，使得上市公司高管薪酬司法介入作用有限，更多的时候只能对董事及其他高管起到威慑作用。

5.1 信义义务、合理性注意义务与司法介入的必要性

5.1.1 信义义务、合理性注意义务与高管责任

5.1.1.1 信义义务

随着公司控制权与所有权的不断分离，公司高管享有的权利越来越大，最终，在法律和公司章程规定的范围内，对公司享有极其广泛的经营管理的权力。根据权责统一原则，包括董事在内的公司高管在享有权力的同时，也应承担更多的义务与责任[256]。英美公司治理结构中缺乏独立监事会对董事的权力运行实施监督，因而董事义务的法律制度就具有了极为重要且特殊的地位。公司董事的权力系为他人利益而拥有，在行使权力、履行职责时，董事的行为必须符合特定标准，即英美普通法上通常所称的信义义务[257]。

信义义务源自信托法，适用的范围并不局限于信托领域。大陆法系国家没有从信托的角度来理解高管与公司之间的义务关系，认为公司高管与公司之间是一种委任关系。但是，源于衡平法的信义义务，其勤勉义务与忠实义务的内容被不少大陆法系的国家在立法中采纳，早已超越法系的束缚，也不再是董事

才需承担的义务。

信义义务通常分为勤勉（注意）义务与忠实义务。勤勉义务即高管在对公司履行其高管的职责时，必须是勤勉的，对各种信息加以注意，并以符合普通人的通常行为标准进行。"行为方式必须是合理地相信，以公司的最佳利益为目的，并尽普通谨慎之人在相类似的地位和情况下所应有的合理的注意。"[258]英国公司法原来对董事的勤勉义务所要求的标准较低，对董事的技能水平是从董事自身的知识和经验来判断的，无须高于自身的水平[259]。随着公司经营的复杂化，不具备所担任公司的董事岗位的业务处理能力要求时，董事的作用便会丧失。在英美国家，现代公司在发展过程中，经营管理的职权不断向董事会聚集，人们对董事的能力要求也不断拔高。1986年，英国颁布统一的《破产法》（The Insolvency Act），该法第214条第（4）款规定，公司的董事须具有合理的勤勉之人所应具有的一般知识、技能和经验，人们可以合理地期待其与履行同样职能之人具有一致的能力。这实际上是给董事履行勤勉义务的能力规定了客观的标准，尽管合理的勤勉之人也没有一个完整的、公认的标准描述，但第214条的规定给予了法官在审查案件时拥有参照某合理的勤勉之人而适用的权力。

在美国，对董事的勤勉义务形成了经营判断准则。该准则假定公司董事在进行决策时对相关信息进行了充分了解，并真诚相信拟做出的决策符合公司的最佳利益。根据经营判断准则，公司董事在职责范围内所做出的决策即便在客观上有损公司利益，但董事也能豁免其责任。即便是一名合格甚至优秀的董事，在瞬间变化的市场中也不可能每次都能做出最优的选择，要求董事对经营失败无条件地承担责任将导致没有人愿意担任董事。对于不可控的因素造成的公司损失常常可以免责，而对于可控因素造成的损失，也要求董事个人存在重大过失的情况下才需要承担责任。面对上市公司高管薪酬问题，经营判断准则强调从程序上对董事的行为进行判断，而对高管薪酬的合理性完全交由市场判断。

忠实义务是对高管作为公司利益代表的自然表达，也是信义义务的本意❶，是对高管的道德要求。基于此，人们通常认为，当高管代表公司与完全陌生的第三人处理公司事务时，忠实义务得以履行。但是，当公司的交易对象为高管本人，或第三人与高管之间存在着利益关系时，无疑是存在发生道德风险的可能的。但是，道德风险仅仅是一种可能发生损害公司利益的行为的可能性，而公司常在存在利益冲突的交易行为中受益的情况也是客观存在的。不仅如此，不少的公司融资、并购、重组等行为与公司股东有着密切的联系，如该股东又担任公司董事，利益冲突是不可避免的。忠实义务的存在并不排斥该类交易行为的合法性，关键在于如何保证可能的关联交易对公司而言是公正的。公司高管薪酬的确定就属于利益冲突事项之一，当发生不公正的薪酬自我交易行为时，高管面临责任承担，司法审查的介入便具有了正当性。

上市公司高管会借助自身权力对董事会施加种种影响，甚至同董事共谋以谋取高额的薪酬，并假借各种的伪装来掩饰高额薪酬[260]。当他们身兼经理和董事时，还可能发生自定高薪的行为。利益冲突的最基本形态就是自我交易，也是忠实义务的核心问题。高管薪酬就是"一种典型的自我交易行为"[261]。当然，公司法律对于公司自我交易的行为效力的判断经历了从绝对无效、可撤销到满足一定条件时，即进行披露或者获得了股东会批准或追认即为有效的过程。当然，在公司章程中载明允许董事与公司交易的事项也是自我交易行为有效的条件。英美国家对自我交易的行为采取的立场越来越宽容。1975年，美国加利福尼亚《普通公司法》第310条首先规定了自我交易程序性的标准，随后为美国各州所效仿。《英国公司法》（1985年）第317条和《示范公司章程》（Table A）第85条规定也只对自我交易的效力进行了条件上的认定。英美公司法对自我交易行为的法典化并不意味着高管可以放纵自利行为，履行了法定的披露程序或经董事会、股东大会批准就符合了忠实义务的要求。自我交易的法律规制是在对自我交易并非自动无效进行承认的前提下，以适当的法律程序确

---

❶信义义务由判例法逐步演变形成，学者们对该义务的分类持有不同的看法。因为信义法在大多数场合所强调的是受信人的忠实义务，不同看法的主要差异就体现在注意义务是否属于信义义务。参见张开平.英美公司董事法律制度研究[M].法律出版社，1998：171-172.

认交易的公正性,把传统普通法上的抽象的忠实义务转为可以操作的程序性规则。就董事责任而言,并不会因为其履行了法定的程序就可以免除应负的责任,"制定法只不过是把自我交易公正性的举证责任交由原告负担,从而把实质性的公正问题最终交给法官来判断"[262]。

针对高管信义义务的履行和判断,形成了围绕上市公司高管薪酬司法介入的争论,尽管对高管薪酬司法介入有不同的观点,但均不能否认的事实是高管薪酬涉及影响因素众多,无论董事对自我薪酬还是对职业经理人薪酬的决定,除非薪酬决定的程序违反法律规定或者公司章程规定,否则是否违反信义义务需取决于对高管薪酬合理性的判断,这在客观上通常是难以做到的。

5.1.1.2 薪酬合理性注意义务

德国上市公司的治理结构中,监事会任命董事。监事会的位阶高于董事会,对董事会执行公司业务的情况进行监督,监事会对董事会具有相当程度的控制权。监事薪酬由公司章程规定,或者由股东大会决议决定。

德国公司法对监事会规定了薪酬的合理性注意义务。现行德国《股份公司法》的第87条继承了1937年《股份公司法》中的相关规定,赋予了监事会决定董事的薪酬的权力。监事会在确定董事的所有收入时,必须考虑总的收入与担负的任务、公司的状况相适应。给予董事的报酬总额必须在年度报告中予以说明[263]。董事可以宣布在下一季度结束时解除任用合同,但不得少于六个月的通知期限[264]。

2009年的《管理层适当薪酬法案》在《股份公司法》第87条第1款第1项中规定了薪酬确定中的合适性要求:监事会在确定各个董事会成员的总薪酬时,应将总薪酬与董事的任务和业绩以及公司的状况间形成合适的关系,并且无特殊原因不能超过通常薪酬。

德国公司法上的薪酬决定权主体的薪酬合理性注意义务强调事前的监督。"合适性要求"规定为上市公司的高管薪酬的合理性审查提供了实质性的标准——董事职务、公司状况、业绩与通常性薪酬。对于董事职务与公司状况两项标准而言,较为容易确定。对于业绩和通常性标准而言,没有形成统一认识，无疑会造成司法介入过程中的困难[265]。值得注意的是，通常薪酬成为董事薪酬合理性的标准，且在具备特殊原因时可以超出该标准。当然，在实践中业绩标准与通常标准该如何适用会产生分歧。

德国薪酬合理性注意义务与合适性要求会在实践中遇到围绕高管薪酬水平如何方为合适的分歧，换句话说，德国公司法律的实践也仅是提供了薪酬合理性标准的参考因素而已。但是，标准参考因素的存在，为法院审查高管薪酬合理性提供了可能，法官必须在面临对董事提出的薪酬诉讼时，就各项因素进行评判，并以通常性或业绩标准来进行衡量。如有监事会做出的高管薪酬存有不合理时，即要追究责任监事的损害赔偿责任。

面对薪酬的合理性注意义务与"合适性要求"的约束，德国上市公司的高管薪酬决定者承受着较大的压力，有利于维持高管薪酬的较低的增长幅度。

5.1.1.3 高管责任

董事违反信义义务，对高管薪酬决策失误，给上市公司带来损失时，应对公司承担损害赔偿责任。如前述，当董事违反忠实义务时，做出的决策在原来是一律无效的，但鉴于自我交易的客观存在，英美公司法实践又形成了程序公正审查的规则。但程序公正也并不能保证自我交易实质上的公正性。就上市公司高管薪酬而言，产生了对自定薪酬的公平合理性进行实质性审查的需求。或者，当上市公司高管薪酬获得无利害关系的独立董事或股东的批准时，即认为其具有公平合理性。对董事是否违反勤勉义务的判断，即便以客观化的标准来实施也难以对其主观努力程度进行评价。美国公司法在三大标准形成过程中产生的经营判断准则，客观上放弃了对高管薪酬合理性的审查。面对董事是否违反勤勉义务和高管薪酬的合理性均难以评判的局面，上市公司董事在薪酬决定中的责任难以落实，这也是薪酬持续飙升的客观原因之一。

德国高管薪酬制度确立了薪酬合理性注意义务，且合适性要求的规定为合理性提供了实质性审查标准，即董事职务、公司状况、业绩与通常性薪酬。但是，即便已有各项标准，公司业绩与通常性的薪酬水平仍然是难以完全进行客观衡量的，但给乐于审查上市公司高管薪酬合理性的德国法院提供了更有利的高管薪酬介入工具，德国上市公司高管薪酬决定的压力和责任明显高于英美国家。德国法院对薪酬不合理认定的效力与美国不同，不合理薪酬的支付对薪酬领受人来说是有效的，除非能证明违反了德国民法上的公序良俗原则才能使其无效。法院判决强调的是对薪酬决定主体违反薪酬合理注意义务的责任承担。美国的薪酬不合理如得到法院判定后，不仅薪酬决定主体会因违反信义义务而承担损失赔偿责任，薪酬领受人也须承担因此而被削减薪酬甚至取消的不利后果[266]。

5.1.2 高管薪酬司法介入的必要性

5.1.2.1 高管薪酬司法介入的论争

在上市公司高管薪酬的司法介入问题上，存在着否定说与肯定说两种不同观点的论争。

否定说认为，上市公司高管薪酬决定问题，属于公司内部自治范围，根据公司章程或股东大会决议做出，反映的是公司股东与高管间就高管劳动的对价做出的约定。上市公司高管薪酬属于公司自治的范围，自治属性意味着高管薪酬的社会危害性是有限的。美国学者克拉克认为，与其他诸多的、需要立法者施加价格规制的领域相比较，通常认为过高的经理报酬问题并非严重的社会问题[267]。所以，作为公权力的司法介入高管薪酬问题就缺乏正当性。美国John E Core、Wayne R Guay、Randall S Thomas指出，市场对高管薪酬有着自我调节的能力，高管薪酬应当由市场自行决定，在市场经济和契约自由的基本原则的作用下，法律不应当介入[268]。再者，即便司法介入高管薪酬问题具有正当性，但并不可行。上市公司高管薪酬的合理性审查是缺乏可行性的。一方面，法院没有足够的人力去判断薪酬包和薪酬政策是否令人满意[269]；另一方面，法官再高的专业素养也难以对市场交易行为是否合理进行审查，他们通常不具有足够的市场经验，也难以掌握足够的市场信息，对于高管薪酬是否合理应当交由身处市场中的市场主体进行判断。换句话说，上市公司高管薪酬合理与否是商业经营判断的问题。

日本学界和理论界普遍主张否认法院介入高管薪酬合理性的评判,其主要理由在于法律没有相应的规定[270]。日本学者矢沢惇在分析原《日本商法》第269条(《日本公司法》第361条)关于董事薪酬的规制宗旨时指出,在该部法律的语境中,法院对董事报酬的合理性不予审查。该看法在东京地判(2007年6月14日)的判决理由被充分地陈述,裁判法官认为:"法院无特殊事由不介入董事报酬多寡实质性恰当与否的判断"[271]。持否定说的还可以从美国不少对高管薪酬股东派生诉讼中股东的败诉得到支持,在那种情况下,股东派生诉讼所起到的仅仅些许威慑作用而已。

对上市公司高管薪酬问题司法介入的否定说在实务界的支持下,处于上风。但是,持肯定说的观点不仅存在,且随着全球上市公司高管薪酬问题愈演愈烈而得到更多的支持。

美国学者戴维·罗森伯格(David Rosenberg)指出,应当允许法院对公司董事是否做出明智的决定进行实质性审查,特别是当有证据表明董事会没有经过明显的合理性讨论后即做出决定的场合下——如2005年,特拉华州法院对迪士尼董事会批准1.4亿美元遣散费的决定做出了保守的审判是"愚昧无知"的(Galactic Stupidity)[272]❶。

日本学者伊藤靖史认为,2005年《日本公司法》明确规定薪酬委员会有权决定业务执行人员的股票期权,如做出的薪酬决定不合理,其成员可能被追究懈怠之责。日本自20世纪60年代以来,矢沢惇教授主张的否定说一直为学界通说。但是,自2008年伊藤靖史为代表的学者对肯定说进行论证,在日本公司法学界获得支持,并可能成为未来日本公司高管薪酬规制的一个发展方向[273]。

---

❶ 1995年8月迪士尼CEO艾斯纳在寻找接班人时,认为自己多年的好友——迈克尔·奥维茨是一个最佳人选,将其聘为迪士尼公司的总经理。1996年12月艾斯纳将上任仅14个月的奥维茨解雇,并给予1.4亿美元的无过错终止合同的薪酬赔偿。这种金握手(Golden Hand shake)的做法激起股东强烈不满。迪士尼的几名股东随即代表公司向特拉华衡平法院提起诉讼,指控董事会对雇佣和解聘奥维茨的草率批准违反了他们对股东的信义义务。该诉讼历经几审,长达10年之久,法院最终做出艾斯纳并未违反勤勉义务的判决。

5.1.2.2 高管薪酬司法介入的必要性

股东对董事会决议或股东大会决议持有异议时，可以对其成就程序和内容是否存在瑕疵进行考查，如认为有诉讼的必要，可以向法院提起决议瑕疵之诉，即以决议存有瑕疵诉求法院判决确认决议无效或撤销决议。另外，当股东认为董事、监事、高级经理人员等人在执行公司职务的过程中，有损害公司利益的情形时，有权提请公司提起诉讼，当公司懈怠行使诉权时，股东有权利以自己的名义提出针对董监高人员的诉讼。无论是决议瑕疵之诉，还是股东代表诉讼，在诉讼法上都是较为成熟的制度。但是，针对高管薪酬问题而言，司法介入有无必要性，理论和实务界有着不同的看法。

否定司法介入高管薪酬的观点的主要论据是高管薪酬决定问题系公司自治内容，应由公司按市场规律，依据公平的薪酬程序进行决定即可。另外，即便法院介入高管薪酬的审查具有正当性，薪酬合理性的审查是商业经营的判断，法官无力审查。持肯定说的主要理论是令人咋舌的天价薪酬必须要能经受法院对其合理性的审查，尤其是有证据证明董事会对天价薪酬的产生存有懈怠时。

针对薪酬决议瑕疵之诉，系股东认为做出薪酬决议的程序和内容具有瑕疵而提起的诉讼。决议的程序瑕疵，如召集程序、表决方式等是容易判定的；决议的内容瑕疵同样易于判定，因为会议决议内容要么违反公司章程的规定，要么违反法律、行政法规的强制性规范。所以，针对高管薪酬司法介入的问题，核心是围绕股东派生诉讼中如何对高管薪酬的合理性进行判断展开的。笔者认为，司法介入上市公司高管薪酬合理性的判断是有必要的。

首先，上市公司系公众公司，与封闭公司不同，公司治理机制的失灵需要司法力量更积极地介入。在封闭公司，股东常常能够通过股东大会实现对公司高管薪酬的决定。股东通过与高管的磋商，决定高管的薪酬无异于自我财产的处置，除了发生对部分股东利益侵害的少数场合外，合理性问题的产生是较少的。当然，在少许封闭公司中，如一些大规模的公司，聘请的高管与股东之间也会产生较严重的信息不对称现象，高管能够通过修改契约或在续聘时争取对自己更为有利的薪酬条件。但是，此时的股东完全可以通过股东权利的行使，实现对高管薪酬的遏制，如果其懈怠于权利的行使，司法介入自然缺乏了动力和必要。当然，不能否认封闭公司同样存在经营管理的权力由高管掌握，在信息优势等因素的作用下的薪酬问题。

上市公司与封闭公司不同，其股东构成中有大量的投资者（投机者），理性冷漠是他们的特点，"搭便车"或"用脚投票"是他们常常采用的手段。在股权分散的资本市场，如美国，其上市公司的股权极为分散，理性的股东参与公司决策的可能性极小，当董事会被CEO俘获，"董高"相护、"董董"相护并不鲜见。公司治理制度在应对最近所发生的治理问题时采取的主要方式是：尽力提高董事会的独立性……加强董事的独立性现在被广泛认为是董事会监督模式有效性的关键……所采纳的规则和伴随这些规则对董事独立性的更多关注，并不能保证董事会适当发挥其关键作用。关于董事独立性规则的作用并不像其热情的支持者们声称的那样大[274]。通常认为，在公平公正的交易程序下，只要保证董事的独立性，就能保证高管薪酬的合理性。美国上市公司董事会成员以独立董事为主的现状，即是在SEC、联邦税务以及公司CEO的推动下实现的。但刚好说明在股权分散的上市公司，董事会已经被CEO俘获。股权分散带来的集体行动困境是难以推选代表股东的董事的，而独立董事也存在"董董"相护的情形[275]，其代表的是谁的利益呢？在我国，上市公司普遍存在国有股一股独大或创始人股东控股的情形，能带来巨额薪酬的制度设计通常也是内部控制人或大股东侵蚀公司的利益，侵害中小股东利益的工具。面临着上市公司治理机制的失灵，高管高薪常常是自定薪酬的结果，上市公司高管薪酬需要司法介入，以为权利保护的最后一道防线。

其次，上市公司股东拥有的权利通常不足以对高管薪酬问题形成有效的制约，借助司法介入手段是必要的。各国公司法均赋予了股东许多控制董事、高级经理人员的权利，如任免董事的权利、提案以阻止不合理薪酬方案的权利，甚至对薪酬直接介入的薪酬话语权，这些权利似乎与股东的知情权（查阅权）、质询权等相互配合，构成了形式上的高管薪酬的权力控制网络，但实际上这些控制手段各有短板，作用有限。所以，尽管笔者认为司法介入对上市公司高管薪酬问题的作用有限，但仍然是上市公司高管薪酬问题上的最后一道防线。

再次，公司法律对上市公司高管薪酬问题具有不同层面上的规制作用，各有功效，虽有强弱之分，不能相互代替。根据詹尼佛·希尔（Jennifer Hill）的总结，法律在上市公司高管薪酬问题上存在三个层面上的功用：由谁决定报酬的法定要求、信息披露义务以及有限的司法审查作用[276]。就薪酬决定权的配置而言，公司法律规定董事薪酬由股东大会确定，高级经理人员等高管薪酬由董事会确定，似乎实现了利益隔离，但仍然会产生自我交易；而高管薪酬信息披露虽然能促进信息不对称，解决市场失灵，最大限度地避免高管利用信息优势自定薪酬。但是，信息披露制度具有自我不能克服的副作用，如棘轮效应、沃比根湖症❶等，如无制度间的辅助，不能独立地担任促进上市公司高管薪酬问题解决的重任。高管薪酬问题的司法介入在公司法律的作用上，虽有限但不可缺少。

最后，在上市公司高管薪酬司法介入问题上，商事判断规则的客观存在是高管薪酬合理性判断永远的痛点，但不能成为法院不介入合理性审查的借口，更不应形成司法对高管问题薪酬的放纵[277]。事实上，即便在极为推崇商事判断规则的美国，在司法实践中依然存在介入的情形。美国法律协会发布的《公司治理原则》4.01条总结：当薪酬决定权人或者薪酬领受人满足与经营判断事项无利害关系、对经营判断事项的有关信息的了解达到合理可信的适当程度、该经营判断符合公司的最佳利益有着合理性等三项基础要求时，即符合商事判断规则，否则，法院必须介入[278]。当然，原告如不能举证证明高管薪酬方案存在明显的不合理性，该方案就应受到商事判断规则的保护。

德国公司法中的薪酬决定人需承担薪酬合理性注意义务，《管理层适当薪酬法案》还明确规定了薪酬确定的合适性要求，为上市公司高管薪酬的合理性审查提供了实质性标准。德国的公司治理机制有效地制约着德国上市公司高管薪酬的增长速度，更加倾向于对高管薪酬合理性审查的做法对薪酬决定主体形

---

❶ 董事及监理人的报酬披露，可能会造成竞争者知悉，并导致董事招募的困难，唯有涨薪才能解决，最终严重扭曲薪酬体系。参见 Executive Compensation and Related Party Disclosure.Exchange Act Release No.33-8655, 34-53185, 71 Fed. Reg.6546（proposed Feb.8, 2006）。

成了相当大的压力,是德国上市公司高管薪酬水平相对较低的客观原因。

总之,上市公司的高管薪酬问题存在多种规制路径,司法介入是不可或缺的组成部分。诚然,上市公司高管薪酬问题的司法介入是不易实现的。再者,即便商事判断规则的存在会使得对高管薪酬合理性的判断难以实现❶,但不可否认的是,司法介入是上市公司高管薪酬问题的最后一道防线,是公权力在必要时介入私主体活动的要求,体现为对公司自治的一种国家意志的矫正。其既有着特定情形下否定高管自定薪酬、高管高薪的作用,至少也还存在着股东向高管施压,维护高管薪酬尽可能维持在正常轨道的作用。

5.2 股东诉讼——薪酬问题司法介入的路径

现代公司治理涉及的利害关系主体并不局限为公司和股东,但在高管薪酬问题司法介入的途径上,通过股东提出股东代表诉讼是最现实、最重要的途径。对上市公司高管薪酬股东代表诉讼需要指出:首先,股东对公司利益的重视并不比公司强烈,也缺乏关注的能力。股市中的投资者多数更为符合"股民"的称呼,他们对上市公司的投资分散,在有限责任和退出机制的保护下,对公司经营风险的承受能力提高,随时准备"用脚投票",对自己的权益不再过度紧张。即便存在少数热心股东,常常也不具有专业知识,无法获得对称的信息,面对时间和金钱成本的压力,理性的选择也会促使他们一念之处,随即放下。所以,当公司利益受到损害后,从效率的角度看,应当把寻求救济的权利首先配置给公司。唯有公司漠视其权利,或因受内部人控制而无法正常表达意志时,由股东代位公司提起诉讼才具有必要性。这只是一种次优选择,是不得已而为之[279]。其次,高级经理人员的被告地位没有形成一致认识。如英国重要的高级经理人员通常也是董事,无须将其单列为被告。再则,董事会完全有权利、有能力对高级经理人员做出是否起诉的决定。当董事会没有履行该义

---

❶ 总结美国相关判例可知,法院对高管薪酬争议更多是从所得税的角度去审查,根据公司法原则判定高管薪酬违法的案例实为罕见,这反映了美国法院对于高管薪酬公正性的审查持有较为宽松的司法立场。参见李建伟.高管薪酬规范与法律的有限干预[J].政法论坛,2008(5):32.

务时，少数股东完全可以以董事违反注意义务起诉董事[280]。当然，也有学者认为，高级管理人员不是董事的情形也很普遍，尤其是在上市公司中。位于董事会之下的高级经理和职员严重的欺诈和掠夺公司资产的行为不应被免于少数股东诉讼，辞退他们不应该是唯一可能的救济手段[281]。本书所界定的高管包括董事和高级经理人员，故而认为高管是适格的股东代表诉讼的被告。

上市公司支付给高管的薪酬系公司财产，如给予不当则会造成公司的损失，基于此，公司有权提起诉讼，追究董事、高管等人的责任。由于上市公司存在被董事、高管控制，或者控股股东不提起诉讼的情形，给予少数股东代表公司，以其自己的名义提起代表诉讼的资格是必要的。美国法院倾向于将对价不充分的股票期权发行禁止之诉视为股东代表诉讼，有关薪酬不合理的诉讼基本上也是采用这一方式提起。股东要想以内容不合理为由挑战程序、内容均无瑕疵的薪酬决议，主要依靠代表诉讼的方式进行[282]。

股东代表诉讼的提起通常需具备必要的条件，在针对上市公司高管薪酬的代表诉讼中也需要具备。

第一，原告资格的存在。要想成为股东代表诉讼中的原告股东，必须具有股东资格，并符合具体条件的要求。上市公司的股东资格获取或失去极为容易，如何限制股东资格与诉讼的关系在各国有着不同的做法，构织了一幅绚丽多彩的画面。在美国，《联邦民事诉讼程序规则》规定，原告所起诉的交易行为实施时，其应当为股东，或者他的股东身份，事后依法取得也可，《标准商事公司法》也明确了该规则[283]，该规则被总结为当时所有原则。另外，美国还形成了净手原则限制股东代表诉讼的原告资格，即股东认可了交易行为，或者因疏忽或未提出反对意见而默认了交易行为的话，是无权提起诉讼的[284]。《日本公司法》还规定，需持续持有公司股份达到6个月时，才能作为原告提起诉讼。加拿大公司法律的规定最为宽松，任何公司成员均可以提出诉讼。原告是否应在派生诉讼提起时即具有股东身份并一直保持至诉讼结束，也存在着各种不同的观点。

第二，需满足前置条件。股东在提起代表诉讼之前，应当穷尽公司内部救济的手段。代表诉讼是以维护公司的利益为直接目的,为了防止权利的滥用、确定公司放弃诉权属实,只有满足前置条件才能由股东提起代表诉讼。所谓前置条件的满足,股东首先须要求公司董事会等机构采取行动,即提出先诉请求,只有当董事会等明确拒绝起诉或不予答复时,股东才能作为原告提起股东代表诉讼。当然,现实情况复杂多变,还存在为避免公司遭受不可挽回的损失,股东可以在紧急情况下直接向法院起诉的情形,此等紧急情况在上市公司高管薪酬问题上是难以出现的。

在美国,为实现隔离原则,董事会在接到股东的先诉请求后,应指派独立董事组成特别诉讼委员会(Special Litigation Committee,SLC)进行审查,对欲提起的诉讼是否利于对公司最佳利益的维护进行判断。公司可以基于特别诉讼委员会的否定结论请求法院驳回起诉。在实践中,特别诉讼委员会的设置无疑成为董事会的防御工具,对特别诉讼委员会的否定结论应如何评判呢?美国纽约州法院遵循旧例,对特别诉讼委员会的决定不做司法审查即予支持。而特拉华州法院则认为,可以进行评估,独立做出决定是否支持股东提出的代表诉讼。无疑,后者的做法更具说服力❶。

第三,股东需提供诉讼费用担保,对滥用诉权时导致被告的合理利益受损予以赔偿提供必要的担保。当被告举证证明原告的诉讼存在恶意的目的时,可向法院提出担保请求,法院可以责令原告提供担保。上市公司高管薪酬问题涉及的利益非常大,所需担保原告股东往往不能或不愿负担,加之原告股东需先自行承担诉讼费、律师费等各种费用,负担非常大,尽管多数国家对其胜诉后可以主张公司分担部分诉讼成本,但是难以促使他们下定决心提起诉讼,担保

---

❶ 美国大部分法院是参照特拉华州法院的折中模式,区分案件类型适用不同审查方式:对于涉及公司内部人违反注意义务的案件,原告不能免除向公司提出"诉讼请求"的前置程序,而且法院也只对委员会的意见进行形式审查;如果诉讼涉嫌多数董事的利益冲突交易(由于公司大多数董事涉嫌诉称行为,他们指定的委员会的独立性就非常令人怀疑),或者原告已经详尽陈述特定事实,这些事实如果属实,将使人有足够理由怀疑被指控交易不是基于有效的商业判断,委员会的意见不受商事判断规则的保护,法院将实施两个步骤的审查:第一步,法院对委员会的独立性、诚实性等进行审查;第二步,法院从公司最佳利益出发,独立进行判断决定是否应该驳回相关派生诉讼。参见魏维.论特拉华州股东派生诉讼制度[D].山东大学,2016:37.

障碍的存在成为最后一根稻草，压垮了股东提起股东诉讼的决心。

针对上市公司高管薪酬提起的股东代表诉讼主要是对高管薪酬的合理性提出审查诉请，并请求法院撤销或无效相关的薪酬决议。上市公司高管薪酬的合理与否，法院是难以判断的。上市公司股东通常在满足各种基本条件提起诉讼后，在诉讼结果上往往也难以如意。如前述迪士尼案历经10年之久，最终仍然以股东败诉告终。戴维·罗森伯格评价2005年特拉华州法院对迪士尼董事会批准1.4亿美元的遣散费决定做出的裁判愚昧无知，从情理上看，能代表广大民众的心声。但是，借用1941年纽约州最高法院的判决来回应，如果法官被说服薪酬应当调整，戴维·罗森伯格也难给出一个标准。高管薪酬合理性审查的不能，使得其不能通过薪酬决议无效或被撤销来实现。

国外司法介入上市公司高管薪酬的判例主要发生在20世纪40、50年代。在随后时间里波澜不惊，直至21世纪初，金融危机的发生再次督促各国司法界在高管薪酬的问题上有所作为。在国外上市公司高管薪酬的司法介入实践中，美国无疑是排头兵，其自19世纪30年代便出现了上市公司高管薪酬诉讼案例，并不断保持探索。而其他国家也主要为英美法系中的成员，如英国、澳大利亚等国，欧洲大陆对高管薪酬的司法介入的实践相对平淡。

5.2.1 美国的司法介入实践

在美国，自由市场的理念根深蒂固，上市公司的高管薪酬在高度发达的经理人市场、具有独立性的薪酬委员会，以及积极的机构投资者等多重因素的作用下，如克拉克教授所说，即便过高的高管报酬也并不是一个严重的社会问题。基于此，更多的观点支持以市场强化措施为基石的信息公开与决策公正来解决高管薪酬问题，市场压力下的自律比包括谨慎职责在内的法律规则和诉讼更有效率[285]。所以，美国法院对上市公司高管薪酬问题司法介入的态度基本上是消极的。随着21世纪初美国上市公司财务丑闻与2008年金融危机的爆发，上市公司高管的天价薪酬又一次触动了人们的神经，对司法介入高管薪酬的呼声再次高涨。残酷的现实证明不论独立的薪酬委员会在高管薪酬制定过程中扮演着如何重要的作用，公平交易在很多时候只是想象。

在美国，经过多年的实践，上市公司高管薪酬问题司法介入形成了比较全面的规则，围绕着高管薪酬合理性的审查，其股东派生诉讼走到了英国的前面，形成了包括商业判断在内的众多规则，相互辅助，相互制约，共同构织了上市公司高管薪酬问题的司法介入体系，其中薪酬合理性审查的三大标准，即浪费公司资产、违反注意义务和违反忠实义务（自我交易），以及商事判断规则无疑为最核心的规则。

5.2.1.1 高管薪酬正当性审查的三大标准

（1）浪费公司资产标准

1933年，在 Rogers Vs.Hill 案件中，美国联邦法院开创了浪费规则。所谓浪费是指存在无对应业绩的薪酬支付，或薪酬数额过高且在薪酬增量的总额中超出了所提供服务的价值。联邦法院指出，谁都没有权利以不当薪酬浪费公司财产，应当有证据证明服务价值与薪酬相当，否则即便薪酬方案通过了股东大会的审核也并不具有合法性。"简单说来，如果一项额外报酬与高管的贡献没有联系，一定程度上就是赠送，少数股东有权反对多数股东赠送公司财产的行为。"[286]通过该案例，法院确立了浪费规则，并据此支持了高管薪酬不合理的主张。

在美国薪酬问题司法实践中，法院适用浪费公司资产标准的情形并不多，主要发生在20世纪30年代经济大萧条时期，那时的民众对高管高薪是极为敏感的。1935年，法院在 Gallin Vs. National City Bank of New York 一案中，又裁定薪酬激励计划所确定的数额是不合理的，并引入了要求董事会审查高管薪酬的新标准，薪酬计划应当经过薪酬委员会独立审查的程序后才能提交董事会审议。随着经济的复苏，高管薪酬问题不再凸显，法院在运用浪费规则对上市公司高管薪酬的合理性进行评判时愈发谨慎，尤其是商事判断规则的运用对法院介入高管薪酬合理性的评价形成了明显的障碍。在1939年的 McQuillen Vs.National Cash Register Co. 一案中，马里兰地方法院没有进行实质审查即驳回起诉。法院认为一个高管服务的价值合理性问题很容易滋生。它的意旨不是法院应呼吁每年审计和调整薪酬,我们必须在实际上的浪费和纯粹过高之间做出区分。前者是非法的,后者则不是。法院未能明确评价标准,而是将审查重点放在了薪酬决定的程序上。

自20世纪50年代起,以股票期权为核心的中长期薪酬激励制度逐步盛行,在该制度的影响下,伴随着美国经济的繁荣和股市上行,美国上市公司的高管薪酬不断攀升。围绕股票期权这一特殊的薪酬激励形式给上市公司高管带来的丰厚收入,再次引发了对浪费原则的适用探讨,进一步丰富了该原则。在1952年Gottlieb Vs. Heyden Chemical Corp和Kerbs Vs.California Eastern Airways Inc.案件中,特拉华州最高法院的判决保持了与Rogers Vs.Hill案件一致的做法,即控股股东批准或同意馈赠公司财产的行为如无其他股东的认可是不可以的。董事会批准期权计划行为可经股东大会过半数承认而有效,但如果期权计划构成公司财产赠送,除非股东大会一致通过以追认,否则即构成浪费。法院在后一案例中论述了浪费公司资产的判断规则,即通过价值测试、利益测试来进行浪费与否的确定,任一测试的不满足均会构成公司资产的浪费[287]。

美国法院随后发现,公司能否通过给予高管股票期权获利是难以测定的,法院不可能对其进行评判。由此,对价值测试不再使用对价评判,转而强调公司承担的股权期权成本与能获得的利益之间是否存在"合理关系",即只要在期权行使期间,高管向公司提供的服务及所获授的期权价值具备合理关系即可。而只要能证明期权的确是为主要高管而设计的,且确有实效,就符合利益测试的要求[288]。可以看到,美国法院从对对价的强调,即对薪酬合理性偏实质的审查过渡到了对程序公正的审查,随着1979年商事判断规则的形成,美国法院逐步放弃了对上市公司高管薪酬合理性的审查,上市公司高管在给企业创造巨大财富的同时,通过股权激励方式获取了天文数字般的薪酬收入,直至21世纪初财务丑闻的曝光,股票期权又成为争议的焦点。随后,限制性股票成为取代股票期权的又一为高管心仪的激励形式。

1979年,特拉华州法院通过Michelson Vs.Duncan一案,提出在确认馈赠构成浪费时,董事的欺诈或越权比股东异议更有说服力,只有具有普通的健全经营判断能力的股东全体认定高管提供的服务价不所值时，才构成公司财产的浪费。该原则的形成使得股东极其难以证明浪费情形的存在，因为全体认定是非常困难的，更何况董事或高级经理肯定有支持他们的股东，且并不一定都符合表决回避的要求，要想低至一人支持的条件得到满足是极为简单的。自此，对董事薪酬合理性的判断很难成为股东推翻董事会决议的一条路径，传统的浪费标准被新的包含了浪费标准在内的商事判断规则取代，浪费原则实际上已不复存在。1995年，在 Brehm Vs. Eisner 一案中，迪士尼公司的CEO Michael Eisner说服董事会同意由他的好友Ovitz接替自己在迪士尼公司的任职，Ovitz在任职后14个月即被解职，按照合同约定，其可以获得近4000万美元的补充，另有获得的期权价值1亿美元以上。众多股东以浪费公司财产起诉董事会，特拉华州法院认为，Ovitz的薪酬和解职补偿的确高昂甚至奢侈，但是原告没能证明任何正常人在董事会所处的处境下都不会做类似决定，故而董事会浪费公司财产的结论无法得出，董事也没有背离自己的义务，无须担责。

1997年，在 Lewis Vs. Vogelstein 一案中，衡平法院的做法给予了上市公司董事会更宽松的薪酬决定权力。原告对于该证明对象的范围较前述健全经营判断能力人的判断同意更为宽泛，董事会获得了更多的决策自由。自1978年美国SEC建议上市公司设立薪酬委员会以来，虽然法律没有强制要求上市公司设置固定的专门委员会，各公司的做法也不尽相同，但到20世纪末，绝大多数上市公司都设置了薪酬委员会，由其负责高管薪酬的工作。薪酬委员会成员多为独立董事，在约束上市公司高管薪酬上起到了不可或缺的作用。同时，因为具有独立性的薪酬委员会的存在，美国法院对上市公司高管薪酬合理性的审查更为消极。

（2）违反注意义务标准

注意义务在高管薪酬问题上主要指董事做出高管薪酬决定时所使用的程序正当与所考虑的信息充分。注意义务标准的判断难度较忠实义务标准更难。《美国标准公司法》8.30条规定，董事注意义务的标准为：善意；真诚地相信是为了公司的最佳利益；合理确信行为适当。董事会是高管薪酬的决定机构，董事会成员在做出决定前，应当全面、合理地开展调查，获取充分的信息，否则轻易地做出决定有违其担负的决策与督导职责[289]。在司法实践中，注意义务的标准经历了从通常意义上的审慎之人需承担过失责任的标准，向重大过失标准的转变。通常意义上审慎的人指一个合理谨慎的人，在类似情况下会具备的谨慎、注意。和普通的过失不同，重大过失是基于一种推定，即法官首先推定行为人知道行为的可能的后果，但是冷漠地、不考虑或放纵损害结果的发生，即行为人对损害结果的发生有实际的或推定的故意[290]。在1985年的Smith Vs. Van Gorkom 一案中，重大过失标准被突破，包括外部董事在内的全体董事成员全部被追究了责任，引发了对于董事责任过重的忧虑与争议，推动了注意义务的行为标准与责任标准的分离，向着更为宽松的问责标准变革。1987年，特拉华州对其公司法进行修改时，允许公司以章程条款免除董事责任，或者减轻董事违反注意义务应承担的责任，为其他州立法纷纷效仿。总之，董事在公司的日常经营管理中的行为只要依据公司章程和股东大会的授权而为，即可受到商事判断规则的保护。在诉讼中，法院以董事违反注意义务而撤销其所做出的薪酬决定，并追究其责任的情形是极为少见的。

（3）违反忠实义务（自我交易）标准

在美国，高管通常仅指高级经理人员，除非公司章程性文件另有规定，其薪酬是由董事会决定的。董事在进行高管薪酬决定时受到忠实义务的约束，股东可以以董事违反忠实义务诉求法院对高管的薪酬安排（有效性）进行审查。违反该标准的行为在起初一律被认定无效，后来发展到以程序公正审查来决定是否有效，进而到公平合理性的实质审查阶段。按照金融经济学家最优契约理论的看法，高管的薪酬契约应当是管理者同薪酬委员会之间保持着臂长距离（Arm's Length）时，进行协商确定的，在保持着臂长距离的契约中，经理层力争最优的条件，而董事会则为股东利益的最大化进行着努力[291]。但是，实践中90%以上的大型公司CEO均兼任着董事会主席，经理层基本上控制了公司和董事会，CEO对董事会的薪酬决定活动起着重大的影响，甚至自定薪酬，构成了典型的自我交易[292]。

卢西恩·伯切克与弗雷德在《无功受禄——审视美国高管薪酬制度》一书中提出了管理层权力理论，论证了管理层通过手中的权力影响着其薪酬的决定，攫取规则性不当利益[293]。薪酬委员会与提名委员会，薪酬顾问与董事等在高管薪酬问题上均不具有完整意义上的独立性，因为高管全面掌握着企业的生产、经营和管理活动，在薪酬制度过程中的各个主体都存在着不同的因素与高管的权力密切关联，受到高管的制约。在克拉克眼里，经理报酬作为利益冲突模型中特殊的一类加以分析[294]。在多数场合下高管薪酬安排很可能属于一种自我交易，而且应该适用公司法关于董事利益冲突交易的原则和方法。这是因为，自我交易很大程度上意味着董事对于某项决定具有利益瓜葛，这种利益瓜葛势必构成对忠实义务的违反，公司法上的忠实义务要求董事会以公司最佳利益行动，并避免可能损害公司和其他股东的利益。

早期的美国判例法认为，董事只要发生自我交易，即无效。但后来发现，如同关联交易一样，并不能全部否定，那样做并不能满足公司经营的需要。有的自我交易表面上看来值得质疑，但事实上是公平的，符合公司利益需求。为此，法院对自我交易一律无效的认定标准在逐渐改变。《美国标准公司法》在1998年修改时增加了董事自我交易生效要件的规定；美国法律研究协会1992年推出的《公司治理原则：分析与建议》5.03条中也明确规定，如果（高管）薪酬的支付已经过无利害关系的独立董事或股东的批准时，就无须再进行司法审查[295]。这种程序审查被认为较于其他类型的自我交易审查更为宽松。

实际上，从法院的角度出发，上市公司高管薪酬结构复杂，信息繁多，参与主体利益纠葛纷繁多样，众多的因素使得法院难以确定合理性标准的客观表现，在合理性审查标准上不断退让。纽约法院在1941年Heller Vs. Boylan一案中总结到：假设，我们被说服对薪酬加以调整，应当用什么样的判断标准？谁来提供判断标尺，公平的道德心？公平可以如此傲慢以至于他比股东更懂得公司的操作吗[296]？法院最后形成的逻辑是先假定薪酬的合理性，然后才试图证伪，而且证伪所需的证据得由股东提交，实际上基本放弃了薪酬合理性的审查。

当然，在司法实践中，法院法官对涉及自我交易的薪酬案件并不总是局限于程序上的审查，也会运用内在的公平性原则，对董事会薪酬决策的内容进行审查，此时，董事会应当承担举证责任，以证明该项交易对公司而言是完全公平的[297]。例如，在2007年的Valant Pharmaceuticals International Vs. Jerney案件中，董事会同意经理人可以公司首次发行股票而获取丰厚的报酬，法院要求以公平合理性标准进行该薪酬合同的审查，由被告证明其所同意的薪酬合同无论从程序上，还是从价格上都应具有公平合理性。

5.2.1.2 商事判断规则

美国法院在对高管薪酬案件进行司法干预时的实体依据主要是公司法的商事经营判断原则。如果原告不能举证证明高管薪酬方案有着明显的不合理性，那么，该薪酬方案就受到该原则的保护。但是，通过美国法院的相关判例可以看到，法院对高管薪酬的讼争更多的是从所得税的角度进行审查。根据公司法的原则裁判过高的高管薪酬违法的案例较为罕见，这反映着美国的法院对于薪酬公正性的审查秉持着较为宽松的司法立场。

美国法学会（ALI）在《公司治理的诸原理——分析与报告》中，对商事经营判断规则（Business Judgment Rule，BJR）进行了界定，当满足：董事在公司日常经营决策时，与所从事的交易之间无利害关系；董事所做出的商业决策是在充分地收集了相关的信息、了解了相应情况的基础上而做出的；有理由相信，该商业决策符合公司最佳的利益，此时，一项经营决策就吻合了BJR的构成要件。换言之，商业判断规则，即董事在经营过程中所做出的商业性判断即便致使公司受损，不论当与不当，法院事后不介入的公司法法理[298]，当高管们做出的决策如果符合商事判断规则的要件，就是履行了信义义务，不构成对信义义务的违反，不需要承担法律责任。

自1933年的Rogers Vs. Hill案件，美国联邦法院开创了浪费规则，该规则适用的情形也并不多，主要集中在20世纪30年代经济危机时期。进入50年代，如果高管薪酬（股票期权）与公司从高管职务执行中所获得的对价之间存在合理性的关系，且能够合理地预测这种均衡状态的存在，浪费即不成立。为了判断是属于公司财产的浪费，还是高管薪酬与公司受益之间是均衡的，需要进行价值测试与利益测试，即值不值与现实性的判断。如果公司获得的对价是充分的，而且对价的获得是具有现实性的，浪费即不存在。美国法院随后意识到公司能否通过给予高管的股票期权获利是难以测定的，不具有可评判性。于是，美国法院以对程序公正的审查取代了薪酬合理性偏实质的审查。1979年，全新的浪费理论形成，充分的对价不再被强调。于是，原告股东需要论证浪费的存在变得几乎不可能，因为只要有一个人认可公司的付出与收获之间是价值相当的，即没有人会承担责任。新的理论的实质就是公司法理论中的经营判断原则[299]，质疑薪酬决定合理性的人必须推导董事的商业决策并非基于全面的信息，且诚实、正直地相信其行为是符合公司的最佳利益而进行的。法院的审查则集中在信息的获得和诚实性要件上，只要符合商事判断规则，薪酬决定权人与领受人都不构成义务违反[300]。美国法院至此基本形成了商业经营判断规则，董事的行为是基于获取了足够的重要信息后基于诚实与正直出发，相信自己的行为会符合公司的最佳利益，从而做出经营上的决定，怀疑者必须推翻这一推定。只要没有利害关系且合理地取得所有可能的重要信息后作出决定，董事的行为即符合商业经营判断的要求，而法院也只对信息的获得与诚实性进行审查，至于董事决定的内容则不在审查范围之内。

　　法院与市场的距离相去甚远，法官不可能像高管一样，能够正确地对风险与收益的关系加以分析。作为裁判的独立方，法治国家都要求法官避免直接面对市场。法官不愿意也不具有在某种具体的市场环境里对高管的商业决策行为进行干预的能力。高管的决策只能自己为之，如果高管在做出商业的决策时满足一定的条件，比如，符合独立性的要求，在善意、合理、知悉的前提下为公司的最佳利益着想，即使出现不符合预期的商业决策并导致损失，公司高管是需承担责任的。否则，高管为了避免责任的承担，最终采取的保守经营行为却会最终导致股东利益的损害。可见，在很多声称高管违反信义义务的案件中，商事判断规则制度为决策者们提供了广泛的、有力的抗辩理由，法院也不会在事后对商业判决的决策进行审查，商事判断规则的主旨含义即充分地体现在此。

商事判断规则形成了股东针对董事向法院提起派生诉讼的障碍,在阻却判决董事承担责任中发挥了重要的作用,它是股东提起派生诉讼,请求法院判令董事们承担责任的绊脚石[301]。直至今日,对商事判断规则的评价仍然褒贬不一。

5.2.2 其他国家的司法介入实践

在英国,法院在高管薪酬问题上的介入也是极为有限的。1995年,格林伯瑞委员会对高管薪酬提出建议:进行法律的控制并非高管薪酬改进的方式,相反,应由公司自行采取措施来处理所涉及的事项。与审查其他类型的公司治理案件相比较,法官在高管薪酬案件上的作为显得更为保守。英国公司法同样要求董事对公司负有勤勉义务。但是,与美国不同,董事在高管薪酬的决定上因构成对勤勉义务的违反而受到起诉的情形极少[302]。在英国,存在高管高薪构成对股东压制(Oppression)的诉讼案例,即董事获得的报酬是如此之高,以至于股东无红利可派,而公司董事又常代表着公司的大股东。过高的薪酬构成对股东的压制在封闭公司中较多见,但"过高的薪酬是否构成压制的认定及相应的矫正"确立起了介入高管薪酬合理性审查的依据[303],对上市公司高管薪酬的司法介入提供了借鉴的途径。

澳大利亚的薪酬水平在世界范围内也非常高,上市公司高管薪酬问题也很突出。早期受英国司法传统的影响,对高管薪酬的审查标准类似英国,以股东压制为由介入审查。澳大利亚还在董事义务体系中考察高管薪酬的合理性,即公司董事是否存在为自己以绩付酬过高而违反董事义务。在 Smith Vs. Croft 一案中的小股东即是以董事违反董事义务提起的诉讼,该案还涉及例外规则,即为小股东提供救济的派生诉讼程序问题,法院对能否介入涉嫌欺诈少数股东的董事所为做了重点审查。1992年,澳大利亚颁布了《公司法律改革法》以扩大司法干预的范围,应对上市公司高管薪酬不断飞升的现象。第27条规定禁止上市公司支付给经理报酬,除非有关的安排已经被股东批准或者因其是"合理的"而被免除限制[304]。

在德国，公司法直接规定了薪酬决定权主体的薪酬合理性的注意义务，且明确要求进行薪酬决定时，董事的薪酬水平必须与其承担的工作、公司的经营状况保持一定的比例[305]，可见德国上市公司董事受到更高程度的注意义务约束。美国学者富兰克林·格威尔兹通过迪士尼案件与曼内斯曼案件的对比研究，发现德国法院在审查董事业务判断时的质疑成分更浓，更愿意对一项商业决策进行实质性的审查，德国法院此种积极干预的立场显然是中央集权倾向的德国政治和经济理念症状的反映，是俾斯麦时代就已认可了的政府管理经济事件的官僚遗风的产物[306]，相比之下，美国法院尤其是特拉华州法院的节制与宽容与其信任私序和市场的哲学相吻合[307]。2009年，德国《董事薪酬合理性法案》明确要求董事薪酬应该与董事职务、业绩、公司状况相适应，薪酬总额没有特定的理由不能高于通常性的报酬水平。这一规定事实上明确了高管薪酬合理性的实质性的审查标准。当然，对于董事职务与公司状况的标准而言易于确定，但业绩和通常性薪酬水平标准缺乏统一的认识，无疑会造成司法介入过程中的矛盾，但是，毕竟存在了法院审查高管薪酬合理性时可以去理解、适用的标准，进而给上市公司高管薪酬的决定者施加较大的压力，有利于维持高管薪酬的较低增长幅度。不仅如此，在德国，更为严苛的法律体系形成了对上市公司高管薪酬问题各主体更大的压力❶，对德国上市公司高管薪酬增长速度的抑制效果是明显的。

5.2.3 薪酬取回权制度，新的司法介入路径

所谓薪酬取回权制度（Claw Back Rule）指公司追回高管不当薪酬的制度。薪酬取回权制度始于2002年的《萨班斯-奥克斯利法案》第304节，这条规定

---

❶ 例如，2003年初，德国联邦检察长对德意志银行CEO Josef Ackermann在2000年曼内斯曼公司与英国沃达丰公司并购案中，同意向曼内斯曼公司的前CEO Klaus Esser等高管支付5700万欧元奖金和退休金的行为，以其触犯《德国刑法典》第266条的不忠实罪提起诉讼，后该刑事指控虽然被撤销，但主审法官对被告的行为仍然做出了谴责。参见道琼斯·德意志银行CEO被判无罪[J]. 青年参考，2004年7月26日。

从某种意义上对于CEO和CFO们的股权激励行权的薪酬，公司有追回的权利。2006年，美国SEC修改《高管薪酬披露条例》，要求公司采取适当措施追回基于不正确的财务报表发放给高管的报酬，明确赋予公司享有返还请求权。所谓要求公司采取适当措施，即企业与高管和员工签订的雇佣契约、补偿计划或奖金合约中加入追回条款的方式来实施。2010年7月21日，美国奥巴马总统签署通过《多德-弗兰克法案》，第954条为《1934年证券交易法》增加了一个新的10D条款。《多德-弗兰克法案》的薪酬追回对象突破了《萨班斯-奥克斯利法案》仅针对现任高管的做法，扩展到了公司现任及前任的高管。就追回条款的追溯时间而言，《萨班斯-奥克斯利法案》规定在披露的财务报表中含有要求重述会计信息后的12个月内，高管从公司收到相关激励性质等的收入均应归还，而《多德-弗兰克法案》规定公司可以就公司被要求重新提交财务会计报告之日起前3年内，高管所获得的任何性质的"超额"激励薪酬。

薪酬取回权制度属于事后的补救措施，褒贬不一。该制度堪称撒手锏，它能对其他制度进行漏洞弥补，起到兜底的作用，但它需要上市公司与高管在雇佣（薪酬）合同中进行约定。那么，在双方博弈过程中，取回权条款的设置需要众多的因素协调才有可能，如经理人市场的地位，是卖方市场还是买方市场？公司自身的吸引力大小等。在现实中，高管会去选择没有取回权规定的合同，因此也就迫使公司为吸引人才不把取回权制度规定于劳动合同中。设置于《多德-弗兰克法案》中的取回权制度会使高管对于可归咎于自己或是不可归咎于自己行为导致公司步入困难所要负担的个人责任寻找一种相应保险予以抵消。已经有保险人愿意对高管面临的此种风险进行承保，以交付较小保险费换取被取回带来损失的保障成为高管们的首选。比如 Marsh & Mc Lennan (MMC)——世界上领先的保险经纪和风险咨询商就开发出了此项承保业务。因为有着保险的保护，高管对于薪酬取回权的害怕将由此而减少。极端之时，胆大之徒甚至将保险费在公司进行报销也未尝不可能，这项制度成为虚设的可能性非常之大。除此之外，该制度存在与美国宪法协调的问题以及侵害高管期待权的危险。取回权制度随之也就失去了其应有的规制高管薪酬的作用。

德国在早期，即 1937 年的《股份公司法》建立的是薪酬合理性确保制度，即薪酬的决定主体对薪酬水平是否合理承担合理性勤勉义务，该制度与美国取回权制度有异曲同工之处。德国公司的监事会主导着高管薪酬的制定和执行，有义务将高管薪酬控制在合理的水平，基于此，对于高管薪酬水平的合理与否，在德国体现为事前对享有决定权机关的约束。美国高管薪酬在董事会，甚至高管自己手里，事后监督无疑是一种更为实际的选择。德国将薪酬决定权人的薪酬决定合理性注意义务直接立法明确化，而非像其他国家那样留给解释论解决，并对勤勉义务具体判断标准以及义务违反后的责任追究进行了完善。应该说德国法上的这一做法已经远远走在了其他国家前面。通过立法的方式将责任法定化，也为司法介入薪酬合理性审查提供了制度接口[308]。

6 上市公司股权激励制度

为解决代理问题，构建高管薪酬激励制度为关键，这已是各学科的共识。上市公司高管薪酬激励制度即是通过各种不同的薪酬形式之间的组合，加上具体条件的设计，促进高管与公司之间目标函数的最大限度的一致性，从而减少代理成本，实现共赢。有证据证明，至少在一定的所有权水平范围之内，股权持有数量比较多的高管更倾向于创造更多的股东价值❶。薪酬形式和附加条件的组合即形成了薪酬结构。薪酬形式的发展和丰富，促进了薪酬结构的变化，尤其是股票期权激励形式的出现，彻底改变了传统上市公司的薪酬结构，在经济上行和薪酬水平不断攀升的作用下，铸就了上市公司高管天价薪酬的宿命。

19世纪，英国开始实行以会计盈余为基础的管理奖励报酬方法，之后整个欧洲，以及美国和日本等国也相继采用这种办法。在美国，20世纪90年代，股票期权成了上市公司最为重要的股权薪酬激励形式之一，成为薪酬结构中的重心，构成了以长期激励薪酬形式为薪酬结构主体的现代上市公司高管薪酬激励制度。

股票期权激励作为一种选择权，加上高管有能力在一定程度上把控对公司的投资方向，甚至公司业绩，股票期权获得了上市公司高管们青睐。在上市公司高管薪酬激励与目标产生背离，渐行渐远的情形下，股票期权最终也成为高管高薪和限薪运动的关键原由。

21世纪初，安然事件爆发时，美联储主席格林斯潘表示，安然公司出现

---

❶ 高管持有股票的数量并非越多越好，当高管持有股票数量越过一定的阈值后，其主体属性、思维惯性等会发生变化，而不一定强调企业业绩的增加来实现个人收益的增加。当然，如果持有的股票数量太少，所占股权比例太低，也不能起到激励作用。参见Clifford Holderness、Randall Kroszner, and Dennis Sheehan, "Were the Good Old Days That Good? Evolution of Managerial Stock Ownership and Corporate Governance since the Great Depression", Journal of Finance 54（1999）：434-468.

巨大的"财务黑洞",股票期权便是漏洞之一[309]。以股票期权为主的薪酬模式受到了民众广泛的质疑,限制性股票逐步成为美国上市公司高管薪酬激励形式中的主体[310],但从整体上来看,股票期权仍然是上市公司高管薪酬的核心激励形式。2008年,全球金融危机爆发,以华尔街为首的高管们仍在享受着巨额薪酬待遇,股权激励的负面效应引发了人们的广泛关注,全球各界人士均对其进行了反思。

虽然股权激励只是上市公司高管薪酬的表现形式之一,但它在上市公司高管薪酬结构中的地位极其重要,上市公司的股权激励计划直接与其薪酬结构的合理性、薪酬水平的高低关系密切。这同股权激励薪酬在高管薪酬绝对值中的占比不断提高,甚至占据薪酬总额的绝大部分相关,而这也正是问题薪酬形成的关键。换句话说,股权激励薪酬与上市公司其他各类高管薪酬完全不同,基本薪酬强调固定性,绩效薪酬强调考核,但考核机制简单,预期绩效薪酬收入也表达出固定性❶,股权激励则不同,高管可能获得的收益具有不确定性和高额性。各国均对上市公司股权激励进行了积极的规制。

6.1 上市公司股权激励与高管薪酬政策

6.1.1 股权激励与薪酬政策

各国的上市公司在实施股权激励时,采取的主要形式有股票期权、限制性股票、股票增值权、业绩股票及虚拟股票等类型。各种类型的股权激励均针对激励对象,在本书中即为上市公司高管。股票期权与限制性股票为上市公司所采取的主要的股权激励方式,而股票期权则是早期股权激励的主要形式。股票期权的功用在经历了多次上市公司高管巨薪浪潮后引发了人们的思考:由于上市公司高管掌握信息优势,股东难以通过自己收集到的零散信息来对高管的业

---

❶ 如以现金为绩效奖励,达到标准时给予相应数额的现金为奖励具有固定性;如以股票为奖励,达到标准时给予奖励的相应数量的股票的价值在当时也是固定的。

绩进行客观评价，而高管往往会以个人私利至上且通过对会计信息的操纵来进行掩饰。高管们的舞弊行为，既伤害了股东们的切身利益，也因为短视（Short Sights）、经营的短期化❶行为与企业价值最大化的经营目标相背离，应该尽力予以控制。在受到会计规则改变的影响以及股票期权形成的高薪引发人们的普遍担忧以后，限制性股票获得了上市公司的青睐，但股票期权至今仍然在上市公司股权激励计划中占有重要地位。

就股票期权（Stock Options）而言，作为上市公司高管薪酬的激励形式，股票期权与普通期权差别在于，它是单一的买入期权，并且不能被转让、质押或者偿债。根据商定的行权价与授权日的股票收盘价间的关系，股票期权可以分为平价期权、价外期权和价内期权。不同的行权价格的确定与选择，会造成期权发放时的激励对象是否在当下就能获得收益的差别。如果把股票期权作为一种激励手段，则期权行权价应该等于或略高于现行股票市场价。美国的《国内税收法》规定，行权价不能低于股权期权授予日的公平市场价格，在美国上市公司的期权实践中，即以平价期权为多[311]。

对于限制性股票（Restricted Stock），激励对象获得的一定数量的股票为无偿受赠或低价购买。激励对象只有在符合股权激励计划的条件下，才能出售股票并获益，在限制期内不得随意处置。如果预设条件落空，上市公司则有权无偿收回，或者按原来的授予价格进行回购。限制性股票对激励对象的绑定效果更加有力，由于激励对象有资金上的沉淀，且获得授予股票后还需满足期限或业绩条件的要求才能出售，能更好地绑定高管与公司之间的利益。

股票期权及限制性股票是上市公司高管薪酬激励制度中的核心元素，对上市公司的薪酬政策有着极为重要的影响，但并非薪酬政策的全部。上市公司高管薪酬政策主要包括：薪酬的水平、结构和薪酬具体形式与决定的标准。薪酬政策需要通过具体的薪酬方案的设计来完成，不同上市公司的薪酬方案反映了公司对高管的吸引及激励程度，以及对短期激励和长期激励的安排和企业所能

---

❶ 股票期权的长期激励属性一致为各界认可。但是，如结合行权来看，为了在行权时推高股价，高管行为完全会出现短期性的表现。

提供的具体激励方式[312]。

上市公司高管薪酬方案是由有着众多的表现形式的薪酬按一定的条件组合而来的。从是否直接表现为现金收入，各种薪酬形式基本可以分为金钱类、权益类以及福利类的。金钱类的薪酬是高管劳动以其劳动交换的维持生活所需的现金收入；权益类的薪酬最终表现为金钱收入，但其实现有一定条件的要求，取得约定业绩及经历规定时间为基本条件；福利类的薪酬是指为了高管完成工作及商业形象的维持，上市公司为高管所提供的办公条件、住房保险以及商业消费等福利，其不以金钱形式体现，但系为了高管工作的完成等而提供的各种待遇，包括与工作直接相关和间接相关两类。各种不同类型的高管薪酬需各方进行磋商，并反映在薪酬方案之中。

另外，从激励程度而言，可以分为基本薪酬、变动薪酬和福利与津贴。基本薪酬指上市公司高管按月所得的固定工资收入，用以确保高管的生活保障。基本薪酬与企业规模、岗位、同业水平、生活成本等相关，基本上不受业绩影响，另外还与高管的年龄、任期、性别、教育程度，以及经理人市场密切相关。变动薪酬即短期激励和中长期激励。短期激励是对当期，通常是当年的业绩表现进行考核，并依约进行奖励。为避免短期激励引发的短期行为影响公司的长期发展，通常还设置了长期激励，予以平衡。长期激励项目也是以股权激励作为主体的，包括股票期权、绩效股票、限制性股票、股票增值权等，是通过与长期的股价表现，反映股东价值回报的中长期的指标挂钩，在较长的期限内分批分次进行。

福利与津贴项目中可以分成两种类型，一种是对高管的直接经济补贴，如退休金、特殊的医疗保险、养老保险等。这一类型的福利和津贴列为上市公司高管薪酬通常没有异议。另一种是高级俱乐部会员资格（会员卡）、专用交通工具及住房，对这一类型会产生不同的看法：上市公司高管是上市公司天然的形象代言人，公司需要给他们提供商业交往的必要条件，他们的衣食住行彰显着上市公司的品位和实力。这种是为了满足商业需求而给予的配套条件，尽管事实上给上市公司高管带来了一定的便利等，但并非以个人支配为目的，不宜认定为其薪酬构成内容。当然，有的上市公司在其高管退休后仍然提供交通工具、俱乐部会员卡等定然要认定为薪酬了。相反的观点则认为后一种类型的福利与津贴应当认定为高管薪酬的构成内容。因为只有高管才能享有，且各上市公司之间并没有统一的标准，难以认定公司所提供的待遇与市场平均待遇相同，那些待遇也并非仅仅高管个人享有，其家属等也常被惠及。

无论是哪种类型的薪酬形式，均与高管激励相关，但金钱类薪酬强调一定的稳定性，激励性质稍弱；福利类提供的是事前明晰的体面的生活保障和优厚的工作条件，激励属性最弱；权益类的薪酬则不同，它有着非常强的激励属性，与企业业绩相关联，比奖金的不确定性更高，且浮动变化程度非常大，一旦在有利条件下兑现即能给高管带来丰厚的收入。Lewellen等人指出，不同的薪酬形式对经理人的行为具有不同的激励效果与强度，能够解决不同类型的利益冲突，有的薪酬形式能有助于减少经理人风险规避的问题，有的则利于减少经理人投资短视的问题[313]。因此，将不同的薪酬形式进行科学组合，并设计合理的各个因素的占比，能够最大限度地调动经营者的积极性。

股权激励是一种长期的激励薪酬形式，在各国上市公司的高管薪酬政策中，扮演了极为重要的角色❶。股权激励薪酬属于权益类的薪酬形式，在现代上市公司的高管薪酬结构中不断被强化，它在高管的薪酬收入中所占比例不断攀升，一定程度上导致了短期激励与长期激励之间的失衡，形成了畸形的现代上市公司高管薪酬结构。最终，本应作为上市公司高管薪酬结构中平衡力量的一极，股权激励在其激励作用发挥之余，却造成了失衡的效果。如霍尔（Hall）认为，股票期权是迄今为止，人们设计出的最佳的经理人的薪酬激励机制。但是，必须有正确的股票期权计划，否则，股票期权不仅不能优于传统

---

❶ 为了提升股票价值，以切实兑现期权薪酬，高管决策时，是否尊重全局、长远的企业发展需要不一定是首选的、激进的、高风险的决策时常会发生。换句话说，股票期权等长期激励形式并非能全部遏制高管的短期行为。局部的、短期的高风险经营方式也常常成为高管首选，以配合行权时的高位股价。其次，激进的、高风险的经营决策并非就意味着失败，如果运作成功，也会使股东的相应利益也伴随着提高。参见卢西恩·伯切克、杰西·弗里德.无功受禄——审视美国高管薪酬制度[M].赵立新等译.法律出版社，2009：137-138.

的经理人报酬形式,甚至在某些情形下可能更坏[314]。我们应对股权激励工具的运用规则进行剖析,对高管激励对象以利己为目的的利用行为进行规制,真正发挥股权激励薪酬的作用。

6.1.2 股权激励的运行机制及业绩反映的失真

股权激励有着自己的运行机制,股权激励的关键因素——公司业绩存在人为或偶然因素导致业绩反映失真的情形,高管为达目的,利用对财务的控制或配合进行欺诈或者造假的行为也常有发生[315]。为保证股权激励效用的发挥,需揭示外力的干预和股权激励制度之间的联系。

股权激励作为解决代理问题的有力武器,创建了公司业绩与高管努力之间联系的纽带。以股票期权为例,高管依约获得在规定期限按某一既定价格(行权价格)购买一定数量公司股份的权利。在行权以前,股票期权的持有人不会获得任何收益,当行权后,股票期权持有人的收益为行权价格与行权日的市场价格之间的差。在规定的窗口期出售行权所得股票后,股票期权持有人获得了实际收益。因为行权价格为事先确定,行权人的收益关键取决于行权价的高低与行权日公司股价的高低。换句话说,股票价格上涨,激励对象即能获益。通常认为股票价格是股票内在价值的表现,两者在变动趋势上具有一致性,上市公司高管的股权激励收益与企业的业绩存在着正相关的关系,高管对企业剩余索取权的分享与对企业经营业绩风险的承担是紧密结合在一起的,因此,上市公司高管的激励收益(无论高低),具有正当性。然而,股权激励的内在运行机制存在因主客观的因素产生扭曲的可能,当上市公司业绩与高管努力之间的联系失真时,高管能获得不合理的激励收入。

在股权激励计划中,受激励高管所获得的收益与上市公司的业绩紧密相连,并通过股价上升来实现。上市公司股票价值的变化受到众多因素的影响,基本可以分为市场因素和人为因素。就市场因素而言,存在两种基本情形,一种是在完全市场中,市场对上市公司的股票价值有着最为真切的反映,股票价格是围绕着股票价值而形成的;另一种是在不完全市场中,上市公司的股票价值与股票价格之间是存在着偏离的,且存在偏离程度非常高的情形。就上市公司的股价提升而言,有着三种可能的情形,第一,上市公司业绩系高管为主导的力量使然,且股价提升;第二,为上市公司业绩上升系整个经济基本面向好,各行业均有较好的业绩表现,上市公司的业绩上升只是顺应大势而已;第三,上市公司的业绩并不真实,其股价受到人为因素影响的存在,并非公司价值的真实表现。在上述上市公司股价上升的情形下,高管所获得的收益自然不能全部视为业绩表现的回报,当股价的上升由人为因素导致时,股权薪酬激励制度则变成了上市公司高管攫取公司和股东利益的工具。

6.2 上市公司股权激励制度的沿革及发展

6.2.1 美国上市公司股权激励制度

股权激励制度产生于20世纪50年代的美国。Pfizer公司于1952年推出了历史上第一个股票期权计划[316],其目的是规避高昂的个人所得税,以降低员工的税负,并非以解决所有者和经营者的利益分歧为目的。股票期权计划的实施提升了管理层的稳定性、积极性。另外,股票期权的运用还能减少企业的现金支出。20世纪60、70年代,股票期权计划作为一种对经营者的激励方式,得到了上市公司的认可。当时相关的会计准则没有强制性地要求公司将股票期权费用化❶,来自会计方面的好处极大程度地促进了股票期权的流行。

自20世纪90年代起,美国的经济迈入了长达十余年的繁荣期间,促进了股票期权的发展速度。在《财富》杂志1999年评出的排名全球前500家的大型

---

❶ 进入21世纪以来,随着安然、世通等公司财务丑闻的曝光,微软、花旗等大公司先后放弃以股票期权作为激励制度,股票期权在美国的发展进入了低谷阶段。美国各界开始更多地关注股票期权的负面影响,而关注的重点集中在是否将股票期权列为企业的经营成本。在安然、世通事件发生后,美国颁布了"萨班斯-奥克斯利法案",其中强化财务报告披露的要求为股票期权会计改革铺平了道路。2004年12月,美国财务会计准则委员会(FASB)修订了第123号准则,要求将股票期权支付计入费用,会计准则的变化削弱了股票期权在财务成本上的优势。

工业企业中，89%的企业都推行了股票期权的薪酬激励制度，而在高科技公司中，股票期权的应用就更加普遍。根据《商业周刊》在2000年的统计：1999年度的美国上市公司中收入最高的前20位CEO获得的薪酬收入中，源自股票升值的部分平均占到总收入的90%以上[317]。2011年美国本土TMT企业（数字新媒体产业Technology、Media、Telecom）的前五名高管薪酬中，股权报酬占总薪酬的比例平均在60%以上，苹果公司、脸书公司2011年度分别高达98%、96%[318]。在2011年，长期激励计划在美国前300家大型上市公司的高管总薪酬中占比为60.2%，奖金占比大约为25%，基本薪酬与福利津贴的占比则仅为14.8%。

股权激励制度能为才能出众的高管人员提供丰厚的利益回报，实施股权激励的公司的经营业绩也呈现大幅增长，激励效果非常明显。不过，大量的股票授予，使得上市公司高管的实际薪酬对股价的波动异常敏感，为了获得丰厚的回报，人为地产生了影响股价变化的现象，股权激励计划渐渐偏离了初始的目的。以股票期权为主的股权激励薪酬在美国公司的高管薪酬结构中所占的比例不断增高，期权薪酬的金额越来越高，天价薪酬不断出现。

2001年，安然公司申请破产，股权激励制度引来了它的重大转折。当时美国的会计核算对股票期权采取表外核算，安然公司发行股票期权的成本没能反映在利润表与资产负债表中，于是，公司利润被大幅虚增。而安然公司的高管在破产前纷纷抛售股权激励计划授予的股票，获得了巨额收益，成功利用掌握的优势信息逃避了风险。此后，世通、施乐等公司也相继爆出财务丑闻，管理层将激励所获股票套现避险被认为是主要的诱导因素。

安然等事件充分地暴露出股权激励制度的两面性，上市公司在给予高管激励、促进高管尽心工作，进而获得发展的同时，还受到高管利用股权激励制度的漏洞催生股市泡沫，损人利己行为的影响。人们逐渐发现，股权激励薪酬已经与公司业绩严重脱钩。上市公司高管不仅掌握优势信息，为己所用，而且能主导公司的行为，驱动公司股价变化。例如，在不利信息发布前及时行权、股价下跌时重新确定授予日，甚至倒签期权；偏离市场和公司需求，主导重大资产收购等公司行为。上市公司高管通过其掌握的优势信息和决策权力，不仅能在公司业绩上升时获得巨额的薪酬收入，也能在公司业绩下降时照样获得高额收益。股权激励制度是一把双刃剑，各国在历次危机后均对其重新审视，并做出法律和政策上的调整以维持股权激励制度的积极作用。

2002年7月30日，美国布什总统签署了《萨班斯-奥克斯利法案》，这是自20世纪30年代以来，对美国上市公司法律进行的范围最广的修改，甚至被誉为自富兰克林·罗斯福时代以来，影响美国最广泛的公司商业准则的改革行动。法案在会计的职业监管、公司治理及证券市场监管等各方面作出了许多新规定，最大的特点是改变了以往政府对股票期权实施的监管理念和手段，将以往强激励、弱约束的激励格局改变为弱激励、强约束的格局❶。

上市公司在实施股票期权计划时，还要遵守联邦证券法律的规定定期披露有关信息，其中包括公司财务的说明、高管薪酬披露等。在安然等多家公司的财务丑闻爆发之后，美国SEC、纽约证券交易所以及纳斯达克交易所等都进行了规则修订，加强了信息披露机制的要求。总之，美国对股票期权的法律规定比较完善，涉及公司法、证券法、税法、上市准则以及会计准则等，法律规范的对象不仅包括企业本身，还包括券商、律师、会计师和薪酬顾问等中介服务机构。

股票期权激励与直接持股的激励形式不同，对企业利润没有影响，终于大为流行，期权薪酬在管理层的薪酬总额中所占的比例不断增大。当股票期权的成本费用化❷以后，与其他股权激励形式相比，优势差距缩小。进入21世纪以来，微软、花旗等各大公司陆续放弃了股票期权的薪酬激励形式，股票期权在美国的发展进入低谷。但是，股权激励制度并未因财务丑闻和会计准则变化而被抛弃，仍然为众多上市公司采用。

如今，在美国，上市公司的高管薪酬激励以激励手段多元化、利润分享、

---

❶ 有关《萨班斯-奥克斯利法案》对股票期权制度的相关制度，参见常传领.美国股票期权制度的实践经验及其思考[J].社会科学论坛，2009（16）：72-76.

❷ 2004年12月，美国财务会计准则委员会（FASB）修订了第123号准则，要求将股票期权支付计入费用的做法削弱了股票期权在财务成本上的优势。

风险性收入占比高为特点，注重高管利益与企业业绩的协调。美国的上市公司有一整套的薪酬和奖励办法，组合使用各种长、短期的薪酬激励工具，以提升高管的积极性，促使高管兼顾公司的长期、短期利益，从而抑制短期行为，高管薪酬的安排带有显著的激励与约束机制并存的特点。当然，监管与反监管之间的博弈仍在继续，相信美国市场不断总结的经验能为全球市场借鉴。

6.2.2 其他国家上市公司股权激励制度

6.2.2.1 英国

20世纪80年代前，英国对股票期权计划没有给予必要的法律保护，当时的公司经理们通过股票期权计划所获得的收益，无论认定为资本利得，还是认定为个人利润所得，均需按照个人所得纳税。个人所得税的税率远远高过资本利得，以1984年为例，资本利得税率最高为30%，个人所得税率最高高达60%，且无论在行权日是否实际出售其期权股票，都得按照行权价格与股票价格之间的价差进行税款缴纳，严重阻碍了股票期权激励制度的发展。20世纪80年代初，英国开始强调股票期权的激励作用。1980年，英国制定并实施了"储蓄及股票计划"，实行该计划的公司可根据计划的规定，以低于股票公平市场价值20%的标准来确定其行权价，而公司高管可开设特殊的储蓄账户，以配合公司股票期权计划的执行，进入账户的资金用于购买股票期权的标的股票，所产生的利息无须缴纳利息税，存储的资金专门用于公司经理在行使股票期权之时使用。在规定的行权期间，若股票期权的享有者将其获得的股票进行出售，只需要缴纳售出价与行权价之间的差价的资本利得税，剩余的股票则无须缴税。1984年，英国税务署又通过了经营管理层的股票期权计划，管理层根据计划的实施获得的股票期权收入，可以记为资本利得，享受更低的税负❶。

此后，英国政府又于1999年对税法的优惠规定进行了调整。英国政府对创业企业在管理层和公司员工中推行股票期权激励计划的税收优惠有所限制，

---

❶ 英国的资本利得税率最高值与个人所得税率相差30%。1988年，英国政府缩小了个人所得税率和资本利得税率的差距，1996年又对税收优惠进行限制，将税收优惠的最高额限定为3万英镑。参见李静.英、美资本利得税比较[J].税务（福州）2002（8）：10-12.

但是，如果股票期权的计划获得了国内税务局的批准，行权收益可以获得较大幅度税收的优惠。在英国股权激励制度的发展历程中，英国政府充分利用税收的杠杆，有力地调整着股权激励制度的发展方向与激励尺度。

通过税法的不断修正，调整对股票期权激励制度的发展速度和方向，是英国政府实行期权制度的一大特点，通过利用税收杠杆，英国政府有效地调控着股票期权的发展速度与方向。股票期权制度的适时、有限度的引入，公司治理的效率得以提高，并刺激了经济发展。通过及时地对股票期权制度进行限制，引导其发展的方向，虽然英国上市公司高管薪酬同样面临着正当性的危机，但并未陷入美国式的高管薪酬危机之中。

6.2.2.2 日本

如前述，长期以来日本公司对其高管人员的激励并不重视，主要是由于其股权的集中性特点所致。另外，日本上市公司受到其传统文化、企业文化的影响，公司高管薪酬水平与普通员工的工资水平差距不大。终身雇佣制、年功序列制带来的是努力工作与安分守己的融合，和谐的人际关系、上下协调的决策制度形成了稳定的劳资关系。

伴随着经济下行和企业业绩的表现差劲，20世纪90年代，日本上市公司开始推出股权激励计划。1995年底，《特定新事业法》通过；1997年5月，《日本公司法》的修改为特定新事业企业、一般上市公司引入股票期权制度提供了制度上依据。修改的《日本公司法》生效后仅有一个月，就有35家上市公司推出了股权激励计划。

日本政府还相应调整了《日本商法典》《日本证券法》，为股票期权等激励方式完善了配套规定。在商法方面，2001年日本商法改革，正式引入新股预约权制度。新股预约权制度是指新股预约权人在行使权利之时，公司有义务以其为对象发行新股，或者以公司所持有的公司股份进行交付。与股票期权有所不同，新股预约权具有可以转让的特点。该制度放宽了限制，赋予了公司极大程度的自主决定权。在授予的对象上，只要履行必经的程序，新股预约权人可以是公司的董事、监事、高级管理人员、会计监察人，甚至子公司、关联公司的董事、监事等人员。新股预约权的行使时间可以由双方自行约定，且只要在该公司的授权资本所允许的范围内，公司对发行新股预约权的数量有着自主决定权。当然，公司所实行新股预约权制度得有公司章程事先进行授权。2005年，《日本公司法》调整了新股预约权的一些规定，在发行程序、股份公司对新股预约权取得、注销，以及新股预约权的股东分配等各方面都进行了完善。《日本证券法》也规定了公司有信息披露和注册的义务。

在税法方面，员工在行权日确认收入，仅就当日股票价格与授予股票时的价格差额部分进行纳税。此外，《证券法》还规定公司有信息披露的义务。履行这些义务则取决于期权的持有人所持有的期权数量与涉及股票的价值。如果授权人超过50人，则公司必须完全、严格地履行登记与披露的义务。尽管日本自20世纪90年代才开始发展股票期权等长期激励制度，但在通过相关法律的修改后极大地促进了股票期权的发展。

2006年的日本商法将股票期权制度所涉及的股份划分为自己股份与新发行股份，规定了不同的授予方式。在实行了几年后，许多企业提出将赋予对象拓展到子公司高管人员的建议[319]。

日本公司有着自己独特的公司文化。日本企业界长期坚持认为，平等薪酬是稳定人心的基础，高管与职员的收入水平的差距并不太明显，二者待遇差别体现在福利和职务消费上。从表面上看，平等原则在日本企业似乎得到了认同，但是，平等激发的勤奋在上升期结束后形成了长期的低效率。

日本对于股票期权制度的探索并未停留在对美国模式的简单移植上，而是结合本国的公司治理、企业文化、社会文化等特点，不断开创和发展出适合自身需求的股票期权制度，并及时对法律给予调整与完善，对股票期权制度进行了大量的创新，以适应本国上市公司的发展需求，使这一外来的制度在日本尽量发挥其积极作用。

6.2.2.3 德国

在德国，与发达的证券市场相比较，其上市公司高管股权激励仍处于起步阶段。德国所采用的股权激励形式有股票期权、股票增值权和限定股。20世纪90年代末,德国通过修改《股份公司法》正式允许实施股票期权制度,不过实施范围仅限于股份公司,法律体系并欠完善。2009年8月正式出台的《管理层适当薪酬法案》规定:员工在获得公司授予股票期权之日起,四年内不得行权,即四年后股票期权的行权条件才能满足;员工可以以约定的价格购买公司股票。在实践中,股权激励计划在公司治理方面拥有的许多优势并未被充分挖掘,高管人员追求与股东一致性利益的动机仍较低,大多数股权激励计划仅仅作为对支付干预措施的响应方法实施。且德国对于股票期权计划没有优惠政策,股票期权制度普及程度并不高。目前,30家DAX指数公司中❶,在2010年的薪酬报告中只有21家公司使用股权激励。

---

❶ DAX指数由德意志交易所集团在1987年推出,是一个重要的蓝筹股指数,包含30家主要德国公司,以取代当时的Börsen-Zeitung指数和法兰克福汇报指数(Frankfurter Allgemeinen Zeitung Aktienindex),DAX指数是德国最受重视的股价指数。

7 我国上市公司高管薪酬存在的问题及相关制度的完善

7.1 薪酬制度、公司治理与薪酬问题

7.1.1 薪酬制度的演变

中华人民共和国刚成立时,工资制度不完善。1956年6月16日,国务院发布《关于工资改革的决定》,建立起了规范的货币工资制度。当时,工业企业的奖励形式可分为荣誉奖和物质奖,物质性奖励包括经常性的、不定期的一次性奖励以及一次性年终奖。1978年,改革开放,我国尝试着建立现代企业制度,推行现代公司治理,高管薪酬制度也开始了摸着石头过河的过程。1983年,我国首次将经理薪酬与普通员工薪酬的标准与企业业绩进行关联,并相应地调整了薪酬形式,可变薪酬奖金制度得以确立,多年来的大锅饭分配体制发生了本质性的改变。1984年,国务院颁布的《承包管理条例》对国有企业高管收入的分配管理方式实现了重大突破。承包制将指标完成确立为考核标准,超出部分的支配权为企业高管决定如何使用。

从高管薪酬规制的角度来看,我国现代企业高管薪酬制度滥觞自承包制。自承包制始,某些高管追求短期利益,盲目投资,操纵利润,损害企业长远利益。相应地,企业主管机关行政管制行为增加,修改承包条件、限制高管权力,招数频出。自此,行政力量成为外部治理环境中的重要一极,行政主管部门与高管间的博弈掀开序幕。

自20世纪90年代初,我国国有企业开始转换经营机制,基本上放弃了承包制。1994年,由国家经济贸易委员会、中华人民共和国国家经济体制改革

委员会，以及中华人民共和国人力资源和社会保障部（以下简称"劳动部"）联合发布了《国有企业厂长（经理）奖惩办法》，明确了要建立完善考核厂长业绩制度，以企业经营的成果为重点考核指标，参照考核的结果实行奖惩，推行物质与精神相结合的奖励方式，处罚则包含行政处罚和经济处罚两个方面。国企高管薪酬制度的改革进行到此，并没有从企业产权制度的改革程度上来对薪酬制度进行改革，并没有触及深层次的问题。

从1992年起，我国以上海市为首，开始推行年薪制。年薪制是以年为单位，根据高管的经营成果和所担负的责任、风险来确定其收入的一种薪酬制度[320]，其核心是出现了风险收入的薪酬部分。从1999年起，新一轮的国企工资制度的改革开始。我国突破了经营权的下放、分配关系的调整以及改变分配的方式等局限性的认识，开始以现代企业制度、转换经营机制等各方面进行薪酬分配问题的改革。基于制度和运行机制创新，渐渐开始把握住了国有企业的薪酬分配改革的关键点。2004年，国有企业年薪制的改革开始在全国范围内实施，年薪制成为我国国企高管的基本薪酬制度。

20世纪90年代末，我国各地上市公司所采取的股权激励并非真正意义上的，实为虚拟股票期权、股票增值权等形式，仅仅是将高管收入与公司业绩结合起来核定而已。因为在2005年修订《中华人民共和国公司法》和《中华人民共和国证券法》前，我国实行法定资本制，新股的发行须一次性募足，除了用于公司合并、重组或者注销股份外，上市公司不得回购其股份用于激励目的，如此也无法满足股票期权的行权要求或分期授予股票的要求。不仅如此，当时的《中华人民共和国公司法》和《中华人民共和国证券法》对高管在任期内转让其持有的本公司股票的禁止性规定，导致操作难度更大，股票期权的实践直到《中华人民共和国公司法》和《中华人民共和国证券法》的修订才真正可以现实。

2005年，《中华人民共和国公司法》修订，第143条规定：允许公司回购本公司的股份用于员工的股权激励，《中华人民共和国证券法》也规定了上市公司针对特定对象发行股份的方式，用以解决激励股票来源的问题。2006年元旦，我国《上市公司股权激励管理办法（试行）》和《国有控股上市（境内）实施股权激励试行办法》公布实施，上市公司实施股票期权的激励有了法规保障，股权激励真正成为我国上市公司的一种薪酬形式，高管股权激励进入快速通道。中国证券监督管理委员会2016年第6次主席办公会议审议通过《上市公司股权激励管理办法》，自2016年8月13日起施行。股权激励正式成为我国上市公司的高管薪酬激励形式的重要组成部分，以中长期激励薪酬形式为主的现代企业高管薪酬激励制度在我国完成了框架的搭建并已建立。

7.1.2 公司治理的特点

通常认为，我国公司法的治理结构借鉴了双层制的做法：股东（大）会是最高权力机关；董事会分享股东（大）会权限外的，公司经营管理中的重要事项决策和指导权；监事会对股东（大）会负责，对董事会、经理人员执行公司事务进行监督，是监督机关。实际上，我国公司治理结构受到了大陆法系与英美法系国家的共同影响，既借鉴了德国监事会制度的共同决策制，监事会由选任的职工代表与股东代表共同来组成；又参照了美国的董事会制度，包括薪酬委员会等专门委员会制度与独立董事制度。从形式上构建了符合当前发达国家主流模式的公司治理结构。不过，我国的资本市场欠发达，国企改革正步入深水区，在转型经济与独特制度环境下，我国公众公司的股权结构、公司治理与外部的监管环境等都有着自己的特点。

（1）资本市场、经理人市场不够成熟，外部控制权市场对公司治理的作用极为有限

外部治理是内部治理的有效补充，其功用在于使高管的经营管理行为接受外界的评价，驱使公司的管理层自我控制。在有效市场中，上市公司的股价对公司信息会做出如实反映，管理层的不良行为通常会导致股价下滑，业绩欠佳的公司就有可能招致股东们采取行动，如中小股东会选择"用脚投票"，卖掉公司股票。而大股东则积极召开股东会，试图改组董事会，改聘高管。另一种可能是公司经营状况恶化，股价下跌，引发恶意收购，高管面临被彻底更换的

风险。在这种机制下，公司管理层会尝试做出提升业绩，增加公司财富，保持以及提升公司股价的行为。

外部控制权市场对公司治理作用的发挥受到公司外部治理环境的制约，越为成熟的资本市场与经理人市场越能够引导外部治理环境的优化，为外部控制权争夺提供条件。我国资本市场与经理人市场的有效性较为缺乏，使得外部控制权市场对公司治理的影响极为有限，高管人员难以因外部控制权市场而被替换，市场层面的强制纠偏机制对问题薪酬难以发挥作用。

（2）政府控制型与股东控制型为主要的公司控制类型，上市公司的股权集中度普遍较高

我国上市公司股权的集中程度普遍较高，无论是国有上市公司，还是以民营企业为主的非国有上市公司，大股东通常处于绝对控股或相对控股的地位。我国上市公司的控制类型也就划分为政府控制型与股东控制型两种主要类型。由于上市公司控股股东的存在，董事会实际上成为控股股东的"橡皮图章"。与股权分散市场的治理需求不同，控股股东通过董事会行使股东权利的积极性很高，对高管的选拔、考核和任用，以及高管薪酬的决定过程起着决定性的作用。不仅如此，较高的持股比例使得控股股东缺乏与中小股东合作的欲望，对中小股东的利益保护缺乏动机。就薪酬问题而言，控股股东既有对高管进行干预的可能，也存在与高管合谋，共同侵犯中小股东利益的可能。

（3）公司治理结构无法实现真正的制约与平衡

我国上市公司仅从形式上建立了完善的内部治理结构，但并不能全面地、实际地发挥作用。上市公司中的薪酬与考核委员会等专门委员会、监事会、工会未能营造相互配合、协调制衡的环境，管理层的决策和日常经营管理没有受到有效的约束与监督。上市公司治理生态仍停留在合规意义上，仅在形式上满足了法律的要求而已。

在我国上市公司中，经理层与董事会存在高度重合，相互兼任职的情形普遍存在，导致了董事会对于高管人员的约束和监督极为弱化，在很大程度上，

相关制度形同虚设。监事与独立董事并未起到预期作用,关键是由于缺乏独立性,也没有履行职责的相应权力。事实上,独立董事、监事与专门委员会、监事会的存在仅仅营造了上市公司各机关之间相互制约的假象。有形无神的公司治理结构要真正实现监督和制约,营造出良好的公司治理生态,实现高管薪酬的公平交易与合理化并非一日之功。

(4)国有上市公司所有者缺位,企业内外部治理机制的发挥受到行政力量的制约,政府在高管薪酬治理中起着重要的作用

国有上市公司的所有者缺位意味着内部治理结构中缺失了重要的一极,需要行政力量进行替代。所有者缺位与薪酬决定的行政化成为矛盾统一体:一方面,所有者缺位导致内部人控制易于形成;另一方面,所有者缺位意味着薪酬决定的市场化和法律化无法实现,只能以行政决策代替。薪酬决定的行政化是所有者缺位状态下的不得已选择,有违现代公司治理的需要,但具有现实性:当所有者缺位时,为了控制高管薪酬,避免高管自定薪酬的情形发生,只能依靠行政化的手段来决定高管薪酬,包括采取限薪手段。行政化手段干预高管薪酬在美国2008年金融危机发生时也存在。当然,干预的直接动因在于政府通过问题资产救助计划(Troubled Assets Relieve Program,TARP)对企业实行了救助行为。凡获得政府救助的金融企业的高管最高年薪不得超过50万美元,如果企业给予高管超过50万美元年薪的股票奖励,也必须在该企业偿还清政府的贷款后方能套现❶。可见,我国行政化手段干预国有上市公司高管薪酬问题是企业资产与政府发生交集时的必要行为。

行政手段介入国有上市公司的治理受到国有股目标的影响。国家股东的目标函数有着多元化的要求,综合利益的最大化而非企业利润的最大化才是国有上市公司的使命,行政手段的干预不可避免。国有上市公司的高管大多是由行政机构来任命的,高管薪酬的水平受着政府部门积极的监督和约束,体现着政

---

❶ 行政化的干预在金融危机时期成为普遍现象:英国要求各金融机构延迟或以股份而非现金的方式发放奖金,几家银行不再给董事会成员分发现金分红;德国则禁止接受政府救助的金融企业向其高管发放奖金,并且把薪酬最高标准设定为50万欧元;荷兰也对银行和保险公司高管的解雇金做出了限制,要求他们只能够领取相当于其1年薪酬的补偿。

府的意志。

国有上市公司的行政化薪酬有两点典型不足：首先，脱离市场的薪酬无法最大限度地产生激励作用；其次，高管低薪甚至零薪酬会促使高管致力于寻求隐形的、更复杂的激励形式。行政手段决定高管薪酬是不科学的，还存在阻碍政企分开改革步伐的缺点。随着国有企业改革的深入和多年股权激励的实践，国有上市公司的高管薪酬已经出现了明显的市场化倾向。例如，我国绝大部分央企已经上市，央企负责人与国有控股上市公司高管薪酬制度改革已经融为一体。2014年8月，中共中央政治局召开了全面深化改革领导小组会议，通过《中央管理企业负责人薪酬制度改革方案》，将高管的薪酬结构由基本年薪加绩效改为基本年薪、绩效年薪加任期激励收入，体现了对市场规律的遵循。2015年8月24日颁布《关于深化国有企业改革的意见》，规定对党中央、国务院、地方党委、政府以及其部门任命的国有企业的领导人员，合理地确定基本年薪、绩效年薪和任期激励收入。对经过市场化选任的职业经理人实行市场化的薪酬确定机制，可以采取多种方式进行中长期激励机制的探索与完善。

需要指出的是，当前行政化的薪酬决定方式无疑具有其必要性，意义重大。行政手段对国有上市公司高管薪酬的介入虽然会随着改革的深入而逐步淡出，但将会长期存在，直至国企改革成功完成。而且，在特殊时期仍然会适时介入，以帮助解决市场和薪酬机制失灵问题。

7.1.3 高管薪酬问题

英美高管薪酬与德日的主要差别之一，在于长期激励形式的薪酬在英美高管薪酬中占比很大，以至于薪酬数额很高，与普通员工的收入差距巨大；而德日的高管薪酬中的长期激励薪酬比例相对较小，薪酬总额较低，与普通员工收入的差距较小。我国股权激励试行10年来，上市公司高管薪酬中的中长期激励薪酬收入大幅上升，出现了与美英相似的收入差距巨大的现象。

1994年，我国劳动部、国家经济贸易委员会与财政部联合颁发了《国有企业经营者年薪制试行办法》，规定高管年薪的结构为：基薪+风险收入。基薪数额不得超过本地区以及本企业职工综合平均工资水平的3倍；而激励风险收入的最低可为零，最高为基薪的1倍，共划分为四档，企业可依据企业绩效来具体确定。2006年，我国《上市公司股权激励管理办法（试行）》推出，股权激励计划成为上市公司高管薪酬的合法形式，在其作用下，上市公司高管薪酬的增速快，涨幅大，绝对值高❶。相较而言，城镇就业人员的工资涨幅慢，绝对值低。2001年我国上市公司高管平均年薪为32万元人民币，2012年增至64万元人民币。相较而言，2012年全国城镇就业人员平均工资为4万元人民币[321]，大约为同一年度上市公司高管薪酬均值的1/16。

高明华教授通过对沪深上市公司2000—2010年高管薪酬的实证研究发现，近十年来，上市公司的高管薪酬持续保持着高速增长，高管年薪的均值平均增长率高达46.5%，远远领先年均10%左右的国家GDP的增长速度与职工收入的增长水平。2008—2010年，在金融危机的背景下，高管薪酬仍然表现了一定幅度的增长，且明显地高于2001—2006年的水平[322]。同城镇就业人员的工资收入相比，我国上市公司高管薪酬还有绝对值高的典型特点，高明华教授等在2012年以2310家上市公司薪酬最高的前三位高管平均的薪酬，作为上市公司高管薪酬的总体情况的代表，最高额的高管薪酬为1458.33万元人民币，均值为63.61万元人民币，中位值为46.73万元人民币[323]。最高额薪酬高管即万科A的董事长王石❷，在同一年度中，万科A薪酬最高的前三位高管的薪酬总额（不含股票期权）高达3803万元人民币，是万科普通职工平均薪酬的134倍[324]。

上市公司高管薪酬的增速稳定上升，但上市公司的业绩表现并未同步上

---

❶ 上市公司年报仅披露薪酬总额，查不到具体构成。但可以肯定的是股权激励，该薪酬方式的出现，改变了整个高管薪酬的游戏规则，固定或相对固定的薪酬方式逐步为高管抛弃，权益性的薪酬形式，即以股票期权为主的浮动性薪酬形式在高管薪酬构成中的地位将不断拔高。

❷ 按上海荣正的计算，2012年度选取的有效样本为2452家，第一名仍然是万科A的董事会主席王石，但其薪酬总额为1560万元人民币。2013年，上海荣正选取了2466家有效样本，上市公司高管薪酬第一名不再是王石，为方大特钢的董事长、党委书记钟崇武，其当年年薪为1973.54万元人民币。据方大特钢2013年12月发布的《高层管理人员薪酬管理制度》显示，钟崇武2013年领取的薪酬包括200万元人民币基本薪酬和1774万元人民币奖励薪酬。万科A董事会主席王石下降为第2名，薪酬为1590万元人民币。

升。2007年，上市公司业绩受到牛市影响，普遍表现良好，创下了净利润比前一年度增长48%的业绩，高管薪酬均值同比上升达到了50%，超过了净利润增长率。当公司业绩下滑时，高管们也没有放弃高薪。当2008年金融危机造成中国沪市综合指数从6000多点下滑至不到2000点时，沪深A股上市公司净利润同比下降16.88%，净资产收益率同比下降87.81%，创10来的新低。但高管最高薪酬均值达到55.6万元，同比上升了1.5%。2011年，沪深两市上市公司的净利润相较2010年下滑了26%，但高管薪酬总额的涨幅却达到了22%。高明华教授通过对国有垄断性质的上市公司高管薪酬进行分析后发现，2001年，其高管薪酬的均值为29.05万元人民币，2010年即达到了71.81万元人民币。但是，公司的营业利润却处于持续下降之中，由2001年的0.19%下降至2010年的0.14%。最低年度为2009年，公司的营业利润仅为0.10%，但当年高管薪酬的均值反而最高，为133.67万元人民币[325]。

我国上市公司的表现是典型的高薪低效[326]。当高管薪酬与业绩脱钩，无论业绩表现好坏，均自顾增长，如此表现奠定了民众怀疑和愤怒的基础。2008年，美国私募股权投资集团百仕通投资失败，致使投资者损失高达190亿美元，公司年度亏损达到13.3亿美元，CEO施瓦茨曼的年薪却高达7.02亿美元。类似的案例在中国同样存在，2007年，当股市仍然处于牛市，科学城的净利润仅有193.17万元人民币，但高管薪酬的总额达到298.57万元人民币。京新药业的净利润为150.38万元人民币，但高管薪酬达到了151.9万元人民币。2008年，在金融危机的冲击下，我国上市公司业绩普遍下降，截至2009年4月13日，946家披露年报的公司2008年共实现净利润6841.52亿元人民币，同比下降8.89%，这些公司的高管年度薪酬总额却同比增长了16.52%，为32.67亿元人民币[327]，朱羿锟教授将该类现象形象地称为逆向激励[328]。

2016年，《上市公司股权激励管理办法》正式出台，将会刺激上市公司大范围采用该方法，深度改变我国上市公司高管薪酬激励构成。在这一过程中，高管薪酬适度、逐步增长应更适合我国的股权结构特点、市场发育程度、经济体制改革等客观需求，但难度无疑不小。

7.2 上市公司高管薪酬的决定权

7.2.1 决定权的立法现状

我国法律关于高管薪酬的决定权配置的一般规定，最早见于1994年8月27日国务院证券委员会、体制改革委员会联合发布的《到境外上市公司章程必备条款》，其规定，通过董事和监事薪酬决议需提交股东大会进行普通决议❶。

公司法以及中国证监会的相关规定❷沿袭了股东大会决定董事薪酬的模式。1994年7月1日，我国第一部公司法施行。该法第103条规定："股东大会选举和更换董事，决定有关董事的报酬事项"；第112条规定："董事会对股东大会负责，行使聘任或者解聘公司经理，根据经理的提名，聘任或者解聘公司副经理、财务负责人，决定其报酬事项"。之后的多次修改，对高管薪酬的相关规定并无实质性的改变❸。我国证监会1997年发布的《上市公司章程指引》中也规定，董事薪酬由股东大会决定，经理等高管的薪酬由董事会决定，该法规虽于2007年3月6日废止，但其根据公司法确定的薪酬决定规则在后续的规章和最新的《上市公司章程指引》（2016年）并无实质性变化。

1999年施行的《中华人民共和国证券法》对高管薪酬没有直接的规定，唯有信息披露是相关性的规定。2006年，《中华人民共和国证券法》进行修正，该法第150条第1款第（三）项规定与上市公司高管薪酬有直接的联系：

---

❶ 见于《到境外上市公司章程必备条款》第50条第1款第2项和第3项，第70条第1款第3项，第88条第1款第9项规定。

❷ 中国证监会2006年3月16日发布的《上市公司章程指引》（2006年修订）第40条第1款第2项、第76条第1款第3项和第107条第1款第10项。

❸ 2005年修订后的《中华人民共和国公司法》将股东大会选举和更换董事，决定有关董事的报酬事项修改为股东（大）会有权选举和更换非由职工代表担任的董事，决定有关董事报酬事项，将职工董事的选举和更换的权力分离出来，但对董事报酬的决定权并没有改变。2014年修订的《中华人民共和国公司法》的公司法相关条文为第37、46条。

证券公司的净资本或者其他风险控制指标不符合规定也未能在限期内改正的，或者其行为严重危害到该证券公司的稳健运行、损害客户的合法权益的，证监会可以采取的措施之一为"限制分配红利，限制向董事、监事、高级管理人员支付报酬、提供福利"。2009年，《中华人民共和国企业国有资产法》第27条规定了国家建立国家出资企业管理者经营业绩考核制度。2016年，《上市公司股权激励管理办法》发布，较为全面地构建了上市公司的股权激励制度。至此，形成了我国以《中华人民共和国公司法》《中华人民共和国证券法》《中华人民共和国企业国有资产法》为基本法律框架，以证监会，国资委、财政部等政府部门的行政规章为辅的上市公司高管薪酬决定权的法律规范体系现状。

《中华人民共和国企业国有资产法》的施行从基本法律的高度对国有企业公司高管薪酬的决定权进行了规定，形成了我国国有上市公司高管薪酬决定权的又一条规范路径。不少著述中论及的双轨制，是对国企性质的上市公司在受到《中华人民共和国公司法》《中华人民共和国证券法》以及证监会相关规定约束的同时，还须遵守国资委、财政部等单位的相关规定的论述，即上市公司因股权性质的不同而区分为两种高管薪酬决定权分配模式。另外，对国有上市公司的高管还应提出因性质区分而遵守不同的薪酬规制的要求❶。

7.2.2 决定权的分配

在我国，根据《中华人民共和国公司法》的规定，上市公司应设立股东大会、董事会与监事会，在三会分权与制衡下追求公司治理的平衡。《中华人民共和国公司法》及相关行政规章确定了两类规则：董事薪酬由股东大会决定，采股东大会单独决定的模式；经理、副经理以及财务负责人的薪酬由董事会决

---

❶ 官欣荣教授认为，我国对上市公司高管薪酬的决定模式是"双轨制"：一是对不同种类的公司做出不同规定，主要分两类：一类是对于所有上市公司皆适用的一般性规定，即《中华人民共和国公司法》《中华人民共和国证券法》及中国证监会的相关规定。另一类是针对国企性质的上市公司进行特别规定。二是因规制的具体对象不同而不同，其强调的是国有上市公司中组织任命的高管适用中央文件等的约束进行薪酬安排，或为聘任的职业经理人按市场规律确定薪酬。参见官欣荣.上市公司高管薪酬的商法规制[M].华南理工大学出版社，2015：78-83。

定，采取董事会单独决定的模式。

7.2.2.1 非国有上市公司高管薪酬决定权分配

非国有上市公司高管薪酬决定权的最早相关规定为1994年的《到境外上市公司章程必备条款》。该规章规定，通过董事的薪酬决议需提交股东大会按普通决议进行议决。其后的《中华人民共和国公司法》《上市公司章程指引》等均规定了股东大会决定董事薪酬，董事会决定经理等高管人员的薪酬。还需指出的是，《上市公司股权激励管理办法》明确了股权激励计划需要股东大会审议通过，而并非以董事会为审议批准的主体。

7.2.2.2 国有上市公司高管薪酬决定权分配

国有上市公司高管薪酬的决定，一方面要遵守《中华人民共和国公司法》《中华人民共和国证券法》《上市公司股权激励管理办法》等法律、法规的规定。另一方面还要遵守对国有企业相关法律的规定。《中华人民共和国企业国有资产法》对公司高管薪酬的决定涉及不多，一个相关的重要概念是履行出资人职责的机构，该机构应提出高管人选、确定其薪酬标准，进行考核并决定奖惩。简单来说，履行出资人职责的机构对其委任的管理者行使薪酬决定权。当然，《中华人民共和国公司法》等法律的约束是存在的，不仅是形式上应履行必经的程序，也可能触发股东大会、董事会干预的实质性的动作。需要强调的是，履行出资人职责的机构仅对其任命的管理者的薪酬标准进行决定，具体的内容仍然由公司的股东大会与董事会决定。根据《中央企业负责人薪酬管理暂行办法》规定，中央企业高管薪酬包括基本薪酬、绩效薪金和中长期激励单元3个部分，基本薪酬参照公务员工资标准制定，且受到与普通职工的工资差距5倍的限制❶。国务院国资委对中央企业负责人的报酬方案进行审核，可以责令其收回超标准部分报酬等处罚措施。

总的来说，我国上市公司的董事薪酬由股东大会负责决定，高级经理等人

---

❶ 根据《中央企业负责人薪酬管理暂行办法》第2条的规定，企业法定代表人年度基薪按以下公式确定：年度基薪 = W0×L×R。W0即上年度全国国有企业职工平均工资水平的5倍，L、R等指标可以分解为z、x、j、y、q等系数，各系数所占基薪酬的总额比例不同，完整的公式为 W = W0×（12%z + 18%x + 18%j + 12%y + 12%D + 12%H + 16%Q）×R。

员的薪酬则由董事会决定,这是《中华人民共和国公司法》规定的高管薪酬决定权行使的基本原则。但这些"规定"原则上是可以修正的,各公司可通过公司章程等形式另行做出规定,实践中也不乏公司章程明确规定董事能够决定自己报酬的事例"[329]。在股东大会闭会期间,董事会是常设机关、最高决策机构,享有法定决策范围内的,除去股东会保留或授予其他机构行使的权力之外的各项公司经营管理的权力。实践中,上市公司董事会的职权范围要比我国公司法列举的更为广泛。造成此种情形最重要的原因是:上市公司的创始人股东,在上市前就公司章程做出的设计安排。创始人股东为了实现对公司的长期控制,控制董事会为首选,如何在公司章程设计之时将更多的公司经营管理权力植入董事会之中为关键。

对于股东薪酬话语权而言,我国上市公司多存在控股股东,董事会多数是被大股东控制的,股东薪酬话语权在我国一直存在,未曾离开。从对中小股东利益保护的角度出发,散户中投机者较多,相关薪酬专业知识不足,委托征集投票制度等配套制度不完善,引入话语权制度的价值也是有限的,即便赋予中小股东对经理人员薪酬的投票权、对董事薪酬的建议权等,也难以否定大股东的薪酬安排或形成有力的干预,其结果难免流于形式,徒增公司营运成本。这一制度在我国的实践很不乐观。

国外的股东薪酬话语权制度在很大程度上是机构投资者推波助澜的结果。相较而言,我国机构投资者在上市公司大多存在控股股东的情况下,其作用是极其有限的。再者,我国保险基金、社保基金、证券投资基金等的投资行为受到很多限制。例如,根据我国《证券投资基金运作管理办法》第31条1.2的规定,一只基金持有的一家上市公司股票的市值不能超过基金净值的10%;同一基金管理人名下的全部基金持有一家公司发行的证券不能超过该证券的10%。最后,这些机构投资者本身也普遍存在内部人控制、所有人缺位和公司内部治理机制不健全等问题,目前为止,鲜见机构投资者对上市公司高管薪酬积极干预的现象,"用脚投票"仍然是不少机构投资者面对公司治理矛盾时的重要选择。

7.2.3 对相关规定的评价

从形式上看，我国的上市公司高管薪酬的决定权的框架性规定已经形成。但受到各种因素的制约，薪酬决定权机制未能全面发挥作用。首先，我国市场环境欠成熟、配套制度不够健全和完善，文化传统、高管诉求等因素对我国的上市公司高管薪酬决定机制的运行有着影响；其次，决定权机制本身也存在着缺陷。不仅如此，双轨制之间的掣肘，甚至冲突也制约着决定权机制的顺畅运行。

现阶段，市场环境不成熟，配套制度不够健全和完善。我国股市市场是以解决国企资金困难为重要目标建立的，股市中的主体为国有企业。随着股权分置改革的深入，全流通时代的到来，股票市场的活力才不断增加，公司治理的研究和实践才得以不断深入。我国从形式上建立了公司治理的各项制度，围绕薪酬决定权或与之相关配套制度有独立董事制度、专业委员会制度、征集委托投票权制度等，均缺乏符合实际的、规则化的、可操作的设计。如薪酬与战略委员会，我国证监会、国家经贸委在2002年颁布的《上市公司治理准则》中即明确，上市公司可按照股东大会的决议设立薪酬、审计、战略与发展等专门委员会。尽管并非硬性规定，但笔者未见没有设立专业委员会的上市公司。一方面，为通过公司股票公开发行核准要求，设立专业委员会，完善公司治理结构无疑是有必要的。另一方面，专业委员会的设立并未带来过高的成本，更不会因其设立而影响或制约控股股东的恣意而为。随着官方的公司治理准则等就高管绩效评价标准、薪酬披露程序等的不断完善，薪酬委员会对薪酬政策、方案、考核标准等均具有提议权和审查权，但在实践中多流于形式，高管薪酬决策仍然为董事会控制。

就文化传统与高管诉求而言，中国的商业活动一直未获得广泛、深度的认可，对商业活动的贬低、对权力的景仰等传统思想制约着人们的行为。在缺乏市场经济传统精神的转型市场中，企业家自我实现、造福社会的思想境界尚未达到较高的程度。至于在民营上市公司中，管理权与所有权目前仍未分离，兼任管理者的股东将自我等同于企业，中小股东与社会整体的利益缺乏尊重和保障。

在薪酬的实际决策过程中，经理人员往往利用其专业知识、信息优势，以及所掌握的公司资源等，对薪酬的最终决定施加强有力的影响，从而达成个人目的。"上市公司的高管对薪酬决定程序有着实质的影响力和控制力，进而导致了薪酬激励机制的扭曲。"[330]

从上市公司高管薪酬决定机制本身来看，其存在着如下缺陷。首先，关于高管薪酬决定的相关规定存在着缺陷。例如，现行《中华人民共和国公司法》没有明确规定针对董事薪酬的议项是否属于特别决议事项，出席会议股东所持表决权过半通过即可，还是得按特殊决议方式表决，不得而知[331]。就上市公司而言，众多中小股东很少参加股东大会，出席股东大会的股东为控股股东，以及持有一定比例股份的其他股东，排除征集委托投票权的影响，如只需过半通过，高管薪酬常常为控股股东所控制。其次，股东大会决议董事薪酬是否限于薪酬政策，还是包括具体的薪酬数额也缺乏明文规定。有学者认为，这是我国公司法的一大遗漏。未来我国公司法可明确规定董事薪酬事项（主要是董事薪酬政策）以股东大会普通决议方式表决，将董事会负责董事及经理薪酬的具体数额计划交由公司章程规定[332]。

我国公司法既没有对股东大会与董事会就高管薪酬决定事项进行权力的细分，也没有对董事兼任经理的情况做出规定，即当董事与经理相互兼任时，薪酬决定议项应由股东大会还是董事会进行表决，利害关系人在表决时是否应当回避的问题均无规则要求。在我国，由于上市公司的股份较为集中，当董事与管理人员相互兼任时，更容易出现内部人控制现象，也就更容易出现天价薪酬的现象。

我国上市公司的控股股东对股东大会、董事会通常都能实现控制，至少能控制董事会，在高管薪酬的决定上起着决定性作用。一方面，控股股东通过控制股东大会来决定高管薪酬；另一方面，在公司上市的早期，控股股东多为创始人股东，可以通过上市前对公司章程的设计，做好控制董事会的准备，在控股股东的股权被稀释后,如果没有出现新的控股股东,可以维持对董事会的控制,能继续控制高管薪酬的决定权。即便出现新的控股股东,由于章程的修改属于多数决的情形,想要修改(推翻)原有章程是不容易的。当然,随着时间的推移,控股股东的股权会被不断稀释,董事会与经理层控制公司、自定薪酬的局面将会逐步出现。

在针对薪酬决定权问题上,国有上市公司与非国有上市公司有不同之处。前者的国有股股东是代表全民利益的主体,而后者是以逐利为目标的自然人股东,后者控制高管薪酬决定权是自我目的,他们按照自己的需求安排代表担任公司高管。国有上市公司的目标是综合性的,具有社会责任担当、政治任务履行等多重目标,公司高管的行为得服从综合目标的要求。薪酬仅是行政力量对高管的管控的内容之一。

国有上市公司的股东权利通常为各级国资委或其他履行出资人职责的主体持有,他们只能通过委派的高管行使国有股的权力。国资委等作为股东权益的代表,也是代理人,既无利益,也无终极权力和责任,与高管在薪酬决定问题上的博弈中常处于下风。不仅如此,为了实现对上市公司的控制或强力干预,只能依靠所委派的高管并加大其权力,通常做法为任命同一高管同时担任董事长与总经理,或董事长与党组织负责人,由此一来,自然又增强了高管的权力。国有上市公司,尤其是大型国有控股上市公司的高管们长期盘踞于企业之中,凭借企业的雄厚财力,具有与政府行政管理部门议价的能力,使得对薪酬与公司业绩的考核常形同虚设,不能形成有力约束。于是,常常用于人事任命为主的行政手段担负起了对薪酬规制的功能,国有上市公司高管薪酬的决定权具有浓郁的行政性特征。

随着上市公司高管薪酬问题愈演愈烈,在舆论压力等多重因素的影响下,各种行政性质的文件陆续出台,强化了行政手段对国有上市公司高管薪酬的干预,引发了很多议论。例如,就《中央企业负责人薪酬管理暂行办法》而言,有的观点认为,该办法规定:国有控股及参股企业中的国有股权的代表可以参照本办法,提出本企业负责人薪酬的调控意见,并按法定的程序分别提交董事会、股东会审议决定,如此是矛盾的[333]。另有观点认为此处的企业负责人并非国资委任命和管理的负责人,而应为企业从经理人市场聘任的负责人,如此规定是为招聘的职业经理人的薪酬定价"开绿灯"[334]。其实,如此规定并不矛盾,国有上市公司的企业负责人薪酬首先需要满足薪酬管理办法文件的要求,其次,还得经过公司相应的薪酬决定程序进行议决。至于"企业负责人"为职业经理人的情形时,根据该管理暂行办法第27条的规定,面向市场聘任的高管的薪酬,可根据市场规律进行定价,用双方磋商的方式确定。如果对职业经理负责人的薪酬仍然需要参照该管理暂行办法的相关规定来制定薪酬方案的话,也就不存在对"开绿灯"情况的考虑了。当然,就中央企业上市公司大多属于垄断性企业的角度考虑,当针对职业经理人时,其薪酬决定得考虑所在企业的垄断性特征,虽应结合市场定价,但与竞争激励的非垄断性国有上市公司的高管薪酬相比较,自然会受到更多行政性因素的影响,不可能与市场完全接轨,更不存在"开绿灯"的说法。

议论的焦点集中在以行政手段干预国有上市公司高管薪酬的决定是否具有正当性上,绝大多数观点认为行政手段决定高管薪酬不符合市场规律,应当改变。笔者认为,当前以行政手段对国有上市公司高管薪酬进行干预是必需的,是应对高管薪酬问题更为有效的做法。一方面,除了职业经理人担任的高管,其他高管均为履行出资人职责的机构委派,具有公务员或者准公务员的身份,不宜将该类高管的薪酬与市场完全接轨;另一方面,与普通公务员相比,该类高管薪酬已经异常丰厚,如果与市场接轨,由此产生社会不公现象更易造成民众的不满。

与市场接轨意味着薪酬决定应按照市场规则来进行,国有上市公司的内部人控制现象意味着高管薪酬很可能是由高管自行决定的,完全存在违背程序正当性要求的可能。在现阶段,行政手段对国有上市公司高管薪酬的干预比市场决定是更为有效的。在市场经济欠发达、公司外部治理环境欠完善的情况下,应当适度保持行政手段对国有上市公司高管薪酬决定权的影响,甚至在爆发薪酬危机的特殊时期进行直接的干预和决定。

行政手段介入薪酬问题还可以借助推动股东大会与董事会共同决定高管薪酬的做法来实现。行使出资人职责的国有资产监督管理机构能通过股东大会实现对高管薪酬的决定或强有力的干预，能在正当性上得以诠释。

行政化手段的介入需要考虑定价问题，一方面，行政力量能对国有上市公司中的具有公职人员性质的高管实现定价。例如在日本，国企的高管薪酬由日本人事院按照日本《国家公务员法》来决定，并由国会同人事院监督薪酬的实施情况[335]。另一方面，职业经理人高管可以通过市场力量实现定价，通过公司薪酬委员会等按照规定程序决定。笔者认为，我国现阶段以行政化手段介入国有上市公司高管薪酬的决定是合理的、行之有效的。从长远来看，在高管的选任和薪酬问题上，随着改革开放的深入，国企改革的推进，应当充分引入市场决定机制，推行职业经理人制度，杜绝政府行政任命造成的亦官亦商现象。正如有论者指出，只有打破两栖身份，合理的国企薪酬体系才能真正建立[336]。

7.2.4 对决定权设计与完善的思考

上市公司高管薪酬决定权的设计，应秉着权力分配与制衡的原则，以高管薪酬的合理性为目标来进行。在各国不同的传统文化、公司治理文化、法律文化等因素的影响下，形成了各具特色的上市公司高管薪酬决定权配置模式。

上市公司高管薪酬的决定过程需要克服的困难主要是信息的不对称。在不同的公司治理模式与薪酬决定机制中，高管本人总会直接或间接地参与到高管薪酬的决定中，基于信息的优势对薪酬决策产生了持续不断的、有力的影响。不同国家的薪酬决定改革一方面强调公司自治、市场手段优于法律和行政手段；另一方面，如何抑制信息不对称、保证薪酬制定机构及其成员的独立性，以及股东大会适度干预也是上市公司高管薪酬决定机制改革的重要内容。总之，如何在促进信息对称的基础上，寻求公司自治与法律约束的平衡贯穿了上市公司高管薪酬决定改革努力的全程。

在我国，现阶段虽然在三会分权的基础上引进了以专业委员会制度、独立董事制度以及征集委托投票权制度等有助于决定权机制完善的辅助制度。但是，我国上市公司高管薪酬的决定机制尚需不断完善，既在高管薪酬决定程序上实现公开、公正，又能实现符合中国国情的收入分配的实质正义。

7.2.4.1 就决定权的配置而言，应当采取股东大会同董事会共同决定高管薪酬的做法

就薪酬决定权的配置来说，股东大会与董事会共同决定的做法非常适合中国的需要。所谓共同决定是指薪酬总额由股东大会进行决定，董事的薪酬分配标准也由股东大会决定，而董事与高级经理人员的具体薪酬数额由董事会决定。可以看出，共同决定能赋予股东大会直接对薪酬总额、董事薪酬分配标准和间接的高级经理人员薪酬的决定权利，既形成了对董事会薪酬决定权的制约，又保证了董事会决策的灵活性和自由度。这一做法在现今的市场条件下最大限度地符合了以公司自治、市场调节为主，法律介入为辅的要求。它已经为日、韩的实践证实，能对上市公司高管在薪酬决定问题上形成一定的牵制，对中国当前的情形是较为适宜的。

在国有上市公司中，股东大会与董事会共同决定还能够融入行政手段干预的需求。一方面能满足我国当前过渡阶段的需求，能适应当前经济体制和市场制度的要求；另一方面能在行政化和市场化的决定手段之间形成有效的过渡。股东大会与董事会共同决定还能兼顾民有上市公司治理水平低，存在控股股东等客观情形的需要。股东大会与董事会对高管薪酬共同决定的做法能提升我国上市公司高管薪酬决定机制的有效运行程度，适应社会的需要。

7.2.4.2 提升薪酬与考核委员会在高管薪酬决定中的作用

从基本法律层面来看，《中华人民共和国公司法》《中华人民共和国证券法》中并没有对专门委员会制度的规定，仅在部门规章和自律性文件中有些许体现。2001年，证监会发布《关于在上市公司建立独立董事制度的指导意见》，其第5条规定："如果上市公司董事会设有薪酬、审计、提名委员会的，独立董事应当在委员会成员中占1/2以上的比例"，这是中国首次出现的上市公司董事会专业委员会的提法。2007年年底，证监会发布年报准则和年度报

告工作的通知首次明确，上市公司年度报告应当披露董事会设立的薪酬与考核委员会的履职情况。

如今，从形式上来看，我国上市公司董事会中的专业委员会制度普遍建立。毕竟，从形式上设置几个专业委员会，既不会带来过多的成本，更不会形成对董事会的分权，削弱大股东的利益。实际上，薪酬与考核委员会及其成员的独立性欠缺，作用极其有限。

学者纷纷指出我国薪酬委员会制度存在的问题，例如，相关的法律规定位阶低，《中华人民共和国公司法》中付诸阙如；薪酬委员会的职能定位不明确、缺乏足够的信息知情权、调查权、决策权；从《上市公司治理准则》对各委员会职责的相关规定来看，各委员会没有独立的决定权；薪酬与考核委员会行使职权时相应的监督机制及问责条款缺失，等等。笔者认为，问题的关键在于实质意义上的独立性，欠缺独立性保证的独立董事所构成的薪酬委员会自然难以发挥其作用。从法律位阶低、权利配置低，甚至从薪酬委员会缺乏监督机制和问责条款出发来研究如何发挥薪酬委员会制度的作用均过于理论化和理想化。在我国，薪酬委员会运作所需的外部环境与制度安排均是不足的。

从长远的角度考虑，制度建设自然应当最大限度地全面、具体并符合前瞻性的要求。但是，还应考虑当下作用的发挥。笔者妄度，官方没有响应学术界广泛呼吁在《中华人民共和国公司法》等基本法律中建立专业委员会制度，而是以缺乏强制性效力的《上市公司治理准则》等文件对专业委员会制度等进行规定，恰好说明了当前的条件并不齐备。进而造成，薪酬委员会的职能定位不明确，缺乏决定权，实质上的独立与薪酬决定的权力将在长期内难以赋予，即便赋予也难以实际行使。甚至于，如果对薪酬委员会成员对薪酬决策承担过于严苛的责任，可能难以寻找独立董事担任委员会的成员。

薪酬委员会作用的发挥，在于两方面因素的协调与配合，即薪酬委员会在薪酬决定中地位的拔高和独立性，二者相辅相成。仅有具有独立性的独立董事组成的薪酬委员会，如无薪酬制定、考核的权力，又何来权力作用的发挥呢？仅有薪酬制定、考核的权力，如无独立性为保证，只能沦为实权者的代言人。

针对薪酬委员会的独立性有三方面的考量：成员的独立性；薪酬委员会，以及提名委员会的独立性。薪酬委员会的成员主要以独立董事构成，成员的独立性主要指独立董事的独立性。提名委员会与薪酬委员会的独立性当前也难以实现，独立地提名董事人选、独立行使调查权，独立聘用薪酬顾问等权力均难以实现。

从发达国家薪酬委员会的构成和运转程序来看，如何确保薪酬委员会的独立性、决策程序的公正性是关键。各国家均强化了薪酬决策隔离机制以确保薪酬委员会的独立性与公正性，美国的规定较为丰富、细致，其关于薪酬委员会组成人员的独立性、公正性、专业性的要求及透明化的运作程序颇值借鉴。笔者认为，可以尝试以上市公司治理的指引性文件对薪酬委员会在薪酬制定过程中的职权进行详细的规定，建议上市公司加以遵循或对另行的做法进行说明，当薪酬委员会具有可实际操作的薪酬制定权力时，才有排除高管人员的干预的可能。而不至于因指引的粗糙而需要公司自行细化操作规程，最大限度地切断高管干预薪酬制定的可能。为保证薪酬委员会在薪酬制定过程中的公平、合理，应要求其对薪酬政策与方案有说明、披露义务。例如，应当对薪酬激励所依据的绩效指标、企业长期目标等进行调查，对高管表现与企业业绩的关系形成调查分析报告，并进行披露；对高管薪酬总额、构成比例等逐一说明；高管的各项收入依据的一一说明。如此，既能避免薪酬委员会自己偏离公平合理的要求，又能尽可能地避免高管的干预。最后，应对薪酬委员会的工作情况进行评估，以约束薪酬委员会成员全面、合适地履行其职责，引入广大投资者与普通民众的监督，并随着条件的成熟逐步建立和推行对薪酬委员会成员的问责机制❶。当薪酬委员会的权力具有实现可能，其成员的独立性才有意义。并且，也能对提名委员会的独立性起到增强的作用。

---

❶ 目前我国现有规定中只是对董事义务责任做了一般性规定，鲜有对薪酬委员会或者其委员失职或者决策错误进行责任追究方面的个性化规定，由独立董事出任的薪酬委员会成员与内部董事的不完全相同性，决定了独立董事的法律责任不同于内部董事，也决定了独立董事承担的法律责任有其特殊性，但是现有的法律法规却对此没有一个明确的规定和解释，缺乏有效的问责机制。参见官欣荣.上市公司高管薪酬的商法规制[M]. 华南理工大学出版社，2015：85-87。

程序的正当性是薪酬委员会的独立性和作用的发挥的保证。现行《中华人民共和国公司法》与《中华人民共和国证券法》系上市公司运行的两大制度基石，其未对高管薪酬的决定程序作出原则性、指导性的规定。发达国家的相关制度和规定比我国完善，例如，2003年英国颁行了《公司治理的合并守则》，并纳入伦敦证券交易所的上市规则，其对经营者的薪酬设计、控制程序做出了具体的要求[337]。2003年年末，全美公司董事协会蓝带委员会发布了《经营者薪酬和薪酬委员会的作用》[338]，同月美国商业圆桌会议也发布了《经营者薪酬：原则和评论》，分别就经营者薪酬设计和控制提出了5项和6项原则[339]。我国的规定主要针对股权激励。2016年，我国《上市公司股权激励管理办法》正式施行，取代了2006年施行的试行办法，该办法中对股权激励计划的制定程序做了全面的规定，对作为上市公司高管薪酬主要构成部分的股权激励进行了程序上的全面规范，值得肯定。当然，其作用的发挥又须与薪酬委员会的独立性等相互配合，方有实效。

7.2.4.3 建立独立董事库，实现独立董事的独立性

为保证独立董事的独立性，法律做出了相应的制度安排，例如，我国2016年《上市公司股权激励管理办法》将独立董事移除了激励对象的范围。但是，独立董事从上市公司获得报酬使得他们的独立性仍然受到质疑。基于此，声誉激励的支持者认为，可用声誉激励来保证独立董事的独立性。声誉激励机制具有一定激励作用，但是，不能过于夸大，作为理性的经济人，仅依靠声誉激励机制是不能保证独立董事的独立性的。

如何最大限度地排除独立董事同股东之间存在的潜在利益冲突，减少代理的成本，以及独立董事在公司事务履行中存在的偷懒行为、道德风险和逆向选择等是现今的独立董事制度难以解决的。在没有独立性保障的情况下，当面临风险时，独立董事也只有"用脚投票"，辞职是唯一的选择。

可以建立独立董事库制度，以保证独立董事的独立性。国有上市公司聘请的独立董事应当按规则从独立董事库里产生，并建议非国有上市公司的独立董事从独立董事库中按规则产生。

为解决独立董事的独立性问题,首先需要回答:谁会聘任与自己作对的人为独立董事呢?忠言逆耳,能聘请敢于与自己作对的人有,但是为少数;至于在薪酬问题上则更少。基于此,应当由国务院国有资产监督管理委员会牵头,联合工商联、各种协会、科研机构以及高等院校等,成立全国性的独立董事库及其分库,将有信誉、能力的专家、学者、政府退休官员、企业高管按照设计标准吸纳入库,在国有上市公司选择独立董事时不能自由选择,需要按照地域、行业等标准在独立董事库中进行随机的选择。各国有上市公司应当向独立董事库缴纳聘任独立董事的相关费用,由独立董事库决定独立董事的聘任、考核和报酬的支付,独立董事对独立董事库负责。对于非国有上市公司而言,鼓励其在独立董事库中按照规则选择独立董事。设立独立董事库的目的是实现独立董事的独立性,有了独立性的保障才能发挥作用,才能保证由独立董事组成的薪酬委员会独立,依法依规对上市公司高管薪酬政策、形式、标准和制定程序拥有独立的决策权力。独立董事库能最大限度地保障独立董事的独立性,是建立独立董事发挥作用、承担责任的基础。

需要指出,上市公司的独立董事常常为社会名流、大学教授、退休官员,以及大型企业的高管等,他们通常身兼数职,对于独立董事职责的履行常常力不从心,也无力去收集足够的薪酬谈判方面的信息。再则,他们在自身知识结构方面也存在着局限性。独立董事自身的局限性需要通过薪酬顾问提供的咨询服务来补强。薪酬顾问应由薪酬委员会独立聘请,自行决定薪酬顾问的服务条款,尤其是相关费用,保证薪酬顾问独立向薪酬委员会负责。不仅如此,所聘请的薪酬顾问与上市公司之间的业务来往,薪酬顾问的解职等都必须加以披露。我国2016年出台的《上市公司股权激励管理办法》中第35、36条等对独立财务顾问也做出了规定,值得肯定,不过仅是针对股权激励方案的管理要求,应当对上市公司高管薪酬决定中的薪酬顾问的聘请工作做出相应规定。

7.3 上市公司高管薪酬信息披露制度

7.3.1 信息披露制度的现状

1993年4月，我国国务院颁布了《股票发行与交易管理暂行条例》，第59条规定："公司董事、监事和高级管理人员简况、持股情况与报酬"属于上市公司的年度报告中应当加以披露的内容之一，此即我国上市公司高管薪酬信息披露的最早的相关规定，为我国证监会随即发布的《公开发行股票公司信息披露实施细则（试行）》提供了原则性的指导，有着重大的意义。

2005年修订的《中华人民共和国公司法》修订后的第117条规定："公司应当定期向股东披露董事、监事、高级管理人员从公司获得报酬的情况。"第142条规定："公司董事、监事、高级管理人员应当向公司申报所持有的本公司股份及其变动情况"，这是我国首次在法律上对高管薪酬信息的披露所作出的正式规定，以原则为主，缺乏具体的细节。2005年修订的《中华人民共和国证券法》没有明确提出高管薪酬信息披露的要求，但第54条和第66条中都要求应当公告或在年报中记载董事、监事、高级管理人员的姓名及其所持有的本公司的股票和债券情况。

我国上市公司高管薪酬信息披露的相关规定是以部门规章为主体的。从1998年开始，我国证监会便开始强制要求上市公司对其高管人员的薪酬信息进行披露。目前，我国的上市公司高管薪酬信息集中披露在其年报中，公司年报中有关高管人员薪酬信息披露的主要依据为《公开发行证券的公司信息披露内容与格式准则第2号——年度报告的内容与格式》（2016年修订，以下简称《年度报告的内容与形式第2号》）与《公开发行证券的公司信息披露内容与格式准则第3号——半年度报告的内容与格式》以及《上市公司股权激励管理办法》（2016年修订）。

《年度报告的内容与形式第2号》的相关规定最为全面，其颁布于2001年，经历多次修订，最近一次在2016年12月。在薪酬构成项目的披露上，该准则的第53条要求每位现任及报告期内离任的董事、监事和高级管理人员在报告期内从公司获得的税前报酬总额，以及全体合计金额均须加以披露，并说明是否在公司关联方存在获取酬劳的情形。但是，对于这些报酬总额的各项具体的构成项目，如基本工资、奖金、补贴、津贴、职工福利费和各项保险费、年金、公积金以及以其他形式从公司获得的报酬金额，则是无须披露的。

《公开发行证券的公司信息披露内容与格式准则第3号——半年度报告的内容与格式》第37条、第51条对半年度报告规定与《年度报告的内容与形式第2号》对于年度披露的规定要求大致相同。

我国对上市公司股权激励的管理办法在2006年试行，十年后，即2016年出台了正式办法。正式办法用了第六章整一章，共13条的篇幅对上市公司股权激励计划的信息披露做出了要求。其规定上市公司实行股权激励，应当准确、真实、完整、及时、公平地披露或者提供信息，不得存在虚假记载、误导性陈述或重大遗漏的情形。最大的特点为对股权激励计划自董事会审议通过时起，实施过程中的每个环节，如取得批复文件、股权激励计划的变更、通知召开股东大会、股东大会审议通过股权激励计划及相关议案、分次授出权益、重新定价、调整数量等全过程，以及终止实施股权激励等全都需要进行信息披露，即需公布相关内容，如董事会决议、股权激励草案内容、独立董事、监事会意见、律师的意见、独立财务顾问报告等，该办法第65条还对上市公司应当在定期报告中股权激励实施信息的具体披露要求做了规定。

《上市公司股权激励管理办法》在信息披露上做了有益的尝试，但更多强调的是程序性的披露，对实质内容的披露主要集中在第61条，该条对会计处理方法、公允价值确定方法、涉及估值模型重要参数取值的合理性、实施股权激励应当计提的费用及对上市公司业绩的影响等做出了披露要求。另有第62

条对激励对象获授权益、行使权益的条件是否达成的审议；第63条对于限制性股票回购方案审议的董事会、股东大会决议等应及时公告。该办法的第65条对定期报告中期内股权激励实施情况的披露要求较为齐全，共列举了期内激励对象的范围等九项内容，值得肯定。另外，部门规章方面还有一些零散的规定。

需要提及的是交易所的披露规则虽然是自律性的规定，但对上市公司高管薪酬信息披露也具有一定的约束力。

我国上市公司高管薪酬信息披露制度框架已经确立，并在逐步完善的过程中。相关的部门规章对我国上市公司高管薪酬信息披露制度的主体，涉及薪酬决策依据、制定程序、薪酬总额，以及关联交易❶、股权激励❷等各个方面均做出了披露要求。

综上，我国上市公司高管薪酬信息披露规制主要以规章和规则来实现，对公开发行证券募集说明书和招股说明书中的薪酬披露，上市公司年报等各类报告的撰写要求对高管薪酬披露的形式、内容等均做出了要求。高管薪酬的信息在年报中的披露要求最明确，规格也最高，在公开发行证券的募集说明书与招股说明书发布时，只规定了应当简要地罗列薪酬情况。《中华人民共和国公司法》中关于定期向股东披露或向股东大会报告高管薪酬的规定，过于原则，没有细致、明确的要求，缺乏可操作性。而《中华人民共和国证券法》的规定更多是为了落实公开原则而触及了高管薪酬信息披露的原则性内容。

---

❶ 在关联交易方面，由财政部2006年2月15日修订的《企业会计准则第36号——关联方披露》将"关键管理人员薪酬"确定为关联交易的披露内容。

❷ 在股权激励方面，在股权激励方面，2005年11月13日证监会颁布了《关于提高上市公司质量的意见》。同年，证监会还颁布了《上市公司股权激励管理办法（试行）》，对股权激励做出进一步规定，将股票期权和限制性股票列为股权激励的披露对象。在2006年9月证监会颁布的《国有控股上市公司境内实施股权激励试行办法》和2007年12月17日证监会颁布的《公开发行证券的公司信息披露内容与格式准则第2号<年度报告的内容与格式>》中，对限制性股票、股票期权两种形式的股权激励实施的具体情况做出了详细规定。2016年，《上市公司股权激励管理办法》出台，同样明确了其为两种基本的股权激励形式，需要进行信息披露。

7.3.2 存在的问题

7.3.2.1 立法重视程度不够

我国对上市公司高管薪酬信息披露的立法重视程度不够。据报道，2016年沪、深两市上市公司数突破3052家，总市值达55万亿人民币[340]，已经成为市场的中坚力量。与此同时，上市公司高管薪酬不断创造新高，多次引发民众的热议。我国的基本法律对上市公司高管薪酬的信息披露相关规定过于原则，除了《上市公司股权激励管理办法》之外，以证监会为主的监管机构所发布的规章性文件细化不够，也没有对薪酬信息提出全面披露的要求。换句话说，立法机关和监管部门没有针对上市公司高管薪酬信息披露的专门规定，有规定的部分存在立法层级较低，内容粗糙、监管力度欠缺的情况。相应地，相当数量的上市公司的高管薪酬未予披露，如有学者对2015年度上市公司董事长年薪的披露状况进行了统计和研究，其中，未披露的家数为88家，占有效样本的3.13%；总经理年薪未披露的数量为838家，占有效样本的29.84%❶。而上市公司会主动地将高管薪酬信息超出披露规则的要求做出更为细致的公开则是罕见的。

7.3.2.2 信息披露内容分散，不利于信息的收集

当前，我国的上市公司高管薪酬信息的主要披露渠道为年报。《年度报告的内容与形式第2号》对上市公司年报有具体的要求，上市公司需按要求进行信息披露，但各家在具体章节名称上大同小异。通常情况下，"重要事项""股本变动及股东情况""董事、监事、高级管理人员及员工情况""财务报告"等部分常会涉及高管的薪酬信息。由于高管薪酬的信息分布在年报的不同文件之中，不便于投资者收集、分析相关的信息，特别是对于非专业人士，将零散的信息整合成具有价值的决策依据，有着相当大的难度，成本极高。

---

❶ 参见上海荣正投资咨询有限公司2016年5月30日发布的《中国上市公司高管薪酬与持股状况综合研究报告》（2016年）。

7.3.2.3 信息披露规则较为原则，缺乏可操作性

从具体的披露内容来看，我国信息披露规则的设计受到德国摘要披露的影响，较为原则、笼统、概括，缺乏具体的可操作性。例如，在重要事项中对股票期权激励计划情况进行披露时，仅是对股票期权激励计划履行的相关程序及总体情况、行权价格调整情况及履行的程序、行权情况等以寥寥数语做出极其笼统的介绍。《上市公司股权激励管理办法》对此提出了新的要求。至于财务报告中的术语则更为专业、数据更为晦涩，难以为普通人认识掌握。

我国证监会仅要求上市公司对每位高管报酬总额的披露，虽然须对总额所包含的内容做出说明，但无须披露构成总额的各项组成内容的具体金额。因此也就只能知道其薪酬的形式，无从知晓其薪酬的结构及比例。另外，证监会仅规定了高管的当期薪酬须进行披露，对于延期薪酬、退休计划、在职消费等没有披露的要求。如此的披露设计对上市公司的约束程度是极低的，上市公司经常采用不完全的薪酬信息披露方法，设法掩饰高管收益，对于退休金、额外津贴、在职消费等项目常避而不谈；至于高管薪酬与公司业绩的关联性、与员工平均工资水平的对比也讳莫如深，一直未做要求。

上市公司年报虽然也要求披露高管的股权激励信息，但在现任及报告期内离任的董事、监事、高级管理人员年初与年末持有本公司股份、股票期权、被授予的限制性股票数量、年度内股份增减的变动量及增减的变动原因的披露要求根本无法满足全面地揭示相关信息的需求。《上市公司股权激励管理办法》的第65条规定上市公司应当在定期报告中披露报告期内股权激励的实施情况，共9项，对股权激励计划信息的公布要求更为具体、全面。但是，第65条仅针对股权激励薪酬信息，上市公司高管整体薪酬信息公布规则不宜操作的现状仍然没有改变。

7.3.2.4 披露工具单一，效果欠佳

从披露工具的使用上看，我国上市公司薪酬信息披露采用的工具单一，效果欠佳。《年度报告的内容与形式第2号》第10条规定，"公司在编制年度报告时可以图文并茂，采用柱状图、饼状图等统计图表，以及必要的产品、服务和

业务活动图片进行辅助说明，提高报告的可读性"。但上市公司在对高管薪酬的信息进行披露时很少主动地使用表格，仅在"董事、监事和高级管理人员持股变动"处有涉及薪酬的情况时进行了列举，其他披露的内容大多以简要的、概扩性的文字性叙述进行表达，缺乏直观性，不易认知。这种披露模式以简单的数据或概括性的解释进行披露，缺乏直观性，不利于信息需求者的收集和分析。

7.3.2.5 薪酬制定依据和程序的披露过于笼统，透明程度低

《年度报告的内容与格式2号》的第36条要求披露的仅是薪酬委员会的审核意见，至于薪酬方案的制定过程、薪酬标准以及政策等在上市公司的年报中并没有相应的披露义务。此外，薪酬委员会的组成人员相关信息及履职情况也没有进行公开披露的要求。《年度报告的内容与格式2号》的第53条规定，在年度报酬情况中应披露董事、监事和高级管理人员的报酬决策程序、确定依据以及实际的支付情况。该规定极其笼统，并不具有指导和要求的作用。例如，在年报的董事会报告中常常会对专门委员会的工作情况进行披露，但寥寥数语，常为讨论并审议了高级管理人员的调整、高管薪酬等内容，薪酬与提名委员会与管理层保持着顺畅沟通，多次听取了管理层的工作汇报等内容。作为具有强制性的规则要求，《年度报告的内容与格式2号》第60条也仅仅是"鼓励公司详细披露报告期内对高级管理人员的考评机制，以及激励机制的建立、实施情况。"或许是立法者对中国上市公司董事会中的专门委员会的地位和作用有着实际的、理性的认识，实际上，各上市公司的专门委员会的工作的确也无可圈点之处。《上市公司股权激励管理办法》在薪酬制定依据和程序的披露规定上有了长足的进步，但仅系对股权激励的要求，且实施效果有待观察。

7.3.2.6 瑕疵披露责任不到位

上市公司高管对公司享有控制权，为谋求自我利益，虚假记载、误导性陈述或者重大遗漏等瑕疵信息披露行为经常在其影响下发生。我国《证券法》（2013年）的第193条对瑕疵披露的法律责任规定不到位，不利于遏制高管薪酬瑕疵披露的行为。不仅如此，信息披露的实际操作者通常为董事会秘书与信

息披露的责任主体,即与董事长相分离,造成责任主体不明确,容易导致操作者基于个人利益等特殊目的而实施不当披露的行为。

我国刑法第161条(2011年)对违规披露、不披露重要信息构成犯罪的行为进行处罚的力度尚不及《证券法》的规定严厉,仅规定对直接负责的主管人员与其他直接责任人员,处三年以下有期徒刑或拘役,并处或单处2万元以上20万元以下罚金。可见,刑法就财产罚的处罚力度尚不及证券法的严厉。至于2016年的《上市公司股权激励管理办法》,受到其位阶的限制,第67条仅规定了责令改正、监管谈话、出具警示函等行政措施,对于涉及违法犯罪的,仍然按照《证券法》予以处罚,或依法移交司法机关追究刑事责任。

总的来说,我国立法机关和行政监管机构对上市公司高管薪酬信息的披露仍然不够重视,只是将其作为应披露的众多普通信息看待,并未将高管薪酬视为上市公司的特殊披露事项予以特别规制。目前,《年度报告的内容与格式第2号》是规范主体,对薪酬决策程序、确定依据有披露要求,是目前针对上市公司高管薪酬信息披露最为具体的要求,但同样原则性过强,对薪酬的政策、构成、委员会成员的独立性等方面均未触及。不仅如此,我国的披露规则仅要求披露报告期内高管已经从公司领取的薪酬,缺乏披露报告期之前数年的薪酬比较数据的要求,也没有针对递延薪酬和未来的薪酬激励计划的披露要求,明显的规则漏洞常被利用。2016年的《上市公司股权激励管理办法》对股权激励薪酬形式的信息披露要求有了长足的进步,但由于针对面过窄,未能全面促进我国上市公司高管薪酬信息披露制度的进步。

7.3.3 解决的建议

詹尼斐·希尔认为,高管薪酬系公司治理的核心问题,薪酬信息的充分披露,是有效地规制高管薪酬、提高公司治理水平的关键[341]。信息强制披露能促进信息的不对称,增加高管寻租成本和高管薪酬的透明度,从而降低股东的监督成本,促进股东价值的最大化。虽然高管薪酬信息披露制度并不直接作用于高管薪酬的结构和水平,只是一种间接的程序性规制,但程序性公正的缺失正是公司高管薪酬问题之关键所在[342]。高管薪酬的决策程序公正,能够有效地防范自我交易、自我激励,有利于促进高管薪酬实质性公正的实现。充分的薪酬信息披露被广泛认为是有效地规制高管薪酬的关键所在[343],高管薪酬信息的披露的关键意义在于为本身存在利益冲突的薪酬决策过程取得合法化的一种途径[344]。

不仅如此,随着全球化投资时代的到来和我国综合国力的提高,我国企业正致力于全球布局,国际市场中公司高管薪酬披露的标准性做法会不可避免地对我国上市公司"走出去"产生重要的影响,不充分披露高管薪酬信息将在一定程度上影响公司治理形象,也影响该国的投资吸引力[345]。围绕着我国上市公司高管薪酬信息披露存在的问题,笔者提出了以下建议。

(1)提升立法重视程度,以《中华人民共和国公司法》和《中华人民共和国证券法》为基础,制定专门的信息披露规则,全面规范上市公司的高管薪酬信息披露

应当提高对上市公司高管薪酬信息披露的立法重视程度,参考发达国家的具体做法,结合我国的国情,对《中华人民共和国公司法》和《中华人民共和国证券法》进行修订,建立全面的、完整的和科学的信息披露制度,并不断完善,应适时出台专门的上市公司高管薪酬信息披露规则,对薪酬制定的依据、程序、内容及构成进行全方位的披露。专门的上市公司的高管薪酬信息披露规则体系应是上市公司的薪酬信息披露制度施行的基石,甚为重要。当前我国对这一问题的重视体现在政府机构对中央企业等国有企业负责人以及金融企业高管薪酬数额的限制上,这或许是对议案缺失的补充,但是,其起不到信息披露的作用,也无法对非国有上市公司起到约束作用。不仅如此,作为行政性的手段,当市场背景改变后,难以继续发挥其作用。应当提升立法重视程度,以《中华人民共和国公司法》和《中华人民共和国证券法》为基础,制定专门的信息披露规则,全面促进上市公司高管薪酬信息披露的深度和广度。

(2)要求全面披露和集中披露,给予市场主体最为全面的信息和便捷的了解途径

世界各国上市公司高管薪酬信息的披露规则均朝着全面披露与集中披露发

展。我国当前所采取的分散披露、摘要式的披露明显已经不能够满足投资主体对于上市公司的高管薪酬信息的需求，弊端愈发明显，全面披露为各国上市公司高管薪酬信息披露规则改革的方向，我国也应当朝此方向努力。

在美国，上市公司高管薪酬信息的披露规则要求，高管所有当期薪酬项目都应给予披露，并且要求统一披露在薪酬概述表中，薪酬概述表应所列出的明细项目都有明确的规定，包括基薪、奖金、股票、期权、激励性薪酬、企业年金固定收益计划的精算价值变化，以及递延薪酬在当期的收益等所有其他薪酬均被明文规定，全需披露。全面的披露将高管薪酬计划变得更加的透明，不仅将各项收入的具体情况尽数的展现于众，还把高管薪酬从制定到执行、从薪酬依据到薪酬结构，都充分地暴露在市场的监督之下，从而最大限度减少高管的机会主义行为。

我国证监会仅仅要求上市公司披露每位高管薪酬总额，并对总额包含的项目加以简单说明，无须披露各项项目的具体金额，自然无从知晓其薪酬的具体结构与比例。另外，仅须披露高管的当期薪酬，对于延期薪酬、退休计划等并没有披露的要求。根据美国的经验，养老金计划、退休薪酬以及其他离职后的薪酬，包括养老金福利、不合格递延薪酬以及其他潜在的雇佣终止后的报酬均为披露目标，不得遗漏。2008年后，因为金融危机而接受政府救助的公司还必须披露任何职员从公司所获得的超过25000美元的额外津贴。不仅如此，公司CEO、CFO以及其他三位获得最高薪酬的高管的薪酬信息也要单独披露，且要披露他们所获得的任何形式薪酬的信息，这就让位高权重者成为重点的监督对象。

我们应当在要求披露高管薪酬总额的同时，还应增加对高管薪酬的组成部分和各部分的具体数额的披露，逐项披露高管薪酬的全部构成要素，以及实际的数额，即分项具体披露基本工资、奖金、福利津贴、职务消费、保险费、公积金、股票期权、限制性股票、股票增值权、养老金等福利计划的具体金额，以及它们在薪酬总额中所占比例等。

进行全方位的披露是非常有必要的，可以最大限度地对上市公司利用各种手段对高管提供巨额薪酬形成有效的约束。例如，我国没有要求在年报等定期报告中披露高管的养老金计划，该漏洞可能被高管利用，为自己设定巨额的离职或者退休金福利计划，从而引发"黄金降落伞"问题。我国应当对高管退休金计划进行公开，将养老金计划：养老金福利、延期支付和其他潜在的退休后的报酬作为有别于高管当期薪酬的薪酬形式单独加以披露。再如，对在职消费而言，无论是否将其视为薪酬形式，均应对相关信息加以披露。目前的《关于规范中央企业负责人职务消费的指导意见》与《进一步规范央企负责人薪酬管理的指导意见》只是针对国有企业的高管的指引性原则，并不适用于所有的上市公司，不具有强制性披露的效力。在我国，职务消费由于信息披露制度缺失成为高管改善收入的重要途径。作为上市公司主体的国有上市公司尤其值得强调，建议在国有上市公司年度报告中设置公开职务消费的专门项目，对交通工具、通信设施、商务招待、食宿差旅、境内外考察、培训等费用的年度预结算信息进行全面、具体的披露。如何将在职消费在公司年报等文件中予以披露，也是立法者应该着重解决的问题。

值得指出的是，股权激励作为一种重要的长期激励手段，股权激励计划的应用将越来越普及，成为高管问题薪酬集中爆发的领域。经过10年试水，我国于2016年出台了正式的《上市公司股权激励管理办法》，可以预计股票期权等中长期激励收入在上市公司高管薪酬中所占的比重会不断攀升，落实股权激励管理办法，实现股权激励计划及其执行情况的信息全面披露是十分必要的。

我国对股权激励计划的基本信息，如有效期、授权日、可行权日，报告期内的行权价格的各次调整情况，经调整后的最新行权价格，以及股权激励计划的会计处理方法等均已经要求上市公司须进行披露。不过，具体规则仍然简单，如披露高管股权激励的基本信息，现任及报告期内离任的董事、监事、高管人员在年初与年末所持有的本公司的股份、股票期权、被授予的限制性股票数量、年度内股份增减的变动量及变动原因、股权激励计划激励措施在期内的具体实施情况等披露要求难以满足全面地揭示高管薪酬信息的需求。美国股权激励计划的信息主要是用基于激励计划的薪酬授予表、年底未完成的权益薪酬表、期权与股票的获得表进行着披露。相关的规定异常详尽，甚至于股权的当期价值等均需要进行披露，体现了动态性披露的要求。美国这种坚持披露股票期权的静态构成、动态变化，并强调股票期权现金价值的做法非常值得我国借鉴[346]。

总之，所谓全面披露，应当将上市公司的薪酬政策，制定的依据、程序、过程，会议商讨等信息进行具体披露。例如，披露同行业同类公司高管的平均薪酬水平与本公司普通职工的平均收入水平，能够增加高管薪酬横向与纵向的比较内容，极大幅度地提高上市公司高管薪酬的透明度。而以图表简明扼要的形式披露高管薪酬和公司业绩的相关度则可将透明度推向极致。当前，我国上市公司高管薪酬信息，包括股权激励计划的披露要求对于制定依据和制定程序过于笼统，可以鼓励上市公司自愿采用薪酬报告与分析的做法，为将来做出强制性要求奠定基础。

（3）完善披露工具，以统一标准的图表形式为基础，结合叙述性的描述进行注解

我国高管薪酬信息披露规则中，没有对披露工具的强制要求。相比之下，美国的披露形式体现出了丰富、相互配合的特点。美国上市公司进行高管薪酬信息的披露有三种工具：薪酬讨论与分析、表格披露与叙述性的描述。三种不同的披露工具需要针对不同的披露信息进行使用，而且被有机地结合了起来。三种披露工具相互配合，无论是在内容上，还是在形式上，都极大程度地提高了对高管的薪酬信息的可理解性与信息披露的灵活性[347]。

美国的实践已经证明，单一的图表工具或叙述性描述均不能较好地解决披露问题，最终走向了二者结合的路径。我国可以用图表的形式将上市公司高管薪酬信息直观地表达出来，如采用美国薪酬汇总表的形式细化高管薪酬的信息，辅以叙述性描述让普通投资者了然于胸，用简洁、平实的语言披露高管的薪酬信息，并列出相应标准与规则，以方便普通投资者从披露的信息中收集所需情报。

(4) 强化股权激励相关信息的披露

2016年的《上市公司股权激励管理办法》用了一章的篇幅，总计13个条文对上市公司股权激励的信息披露做出了的规定，要求实行股权激励的上市公司，应当真实、准确、完整、及时、公平地披露或者提供信息，不得有虚假记载、误导性陈述或者重大遗漏。正式管理办法对上市公司高管薪酬信息披露制度的建设做出了极其有益的补充。

《上市公司股权激励管理办法》要求上市公司自股权激励计划草案出台、变更、行权价格重定，董事会对激励对象获授权益、行使权益的条件是否成的审议、股权激励终止等各个环节均需要披露。同时，专业机构出具的法律意见、独立财务顾问意见（如有）等也在股权激励计划的众多环节中被要求且需披露。

尽管如此，股权激励信息披露规则仍需改进。例如，美国上市公司股权激励薪酬信息的披露规则规定，每个接受股权激励的高管姓名、授予股权的数量、每股行权价或底价，以及股权计划的有效期等常规信息需要进行披露外，还要求薪酬委员会对公司决定高管报酬的政策，以及报酬与公司业绩的关系做出分析报告。该报告必须包括上一年度支付与高管的薪酬信息和薪酬决定的评价因素与具体标准；对上一年度高管薪酬与公司业绩的关系应做出详细的说明，并披露股权激励计划的实施对公司的费用及利润形成的影响；提交关于公司累积股东的总收益与证券市场业绩指标比对的图表，即公司业绩图表。其中，被标准普尔指数编入的公司必须以指数为基准，未被该指数包含的公司可以采用其他市场指标，如在同一证券交易所上市或有相近股本总额的公司。提供业绩图表的目的在于，反映公司在整个市场中的地位。

可以说，美国上市公司高管薪酬信息披露的要求已经极其细微。这些信息的披露对公司实施股权激励计划有着积极的意义，使激励对象及社会公众对公司的行为能进行及时有效的监督。

借鉴美国等国外的优秀经验，我国在股权激励信息披露内容的要求可以规定对各个接受股权激励的高管进行具体评价的因素和标准、股权激励计划的绩效考核指标（如股价、每股盈利、净利润增长率等）、与同行业的企业相比所处的位置；高管努力之外的、能影响公司业绩的因素、报酬的具体数目、薪酬构成部分中与公司业绩挂钩的内容；各个高管的决策范围与公司业绩之间的关系、增加对未来业绩的信息披露等均有必要披露。

（5）完善违规披露责任体系

违反信息披露规则需承担法律责任。我国规定的责任是以警告与罚款为主，集中表现为行政处罚手段的使用，如在《上市公司信息披露管理办法》中，设置了专章进行规定。2016年《上市公司股权激励管理办法》第67条规定已经有了突破。我国应当以此为契机，对上市公司高管薪酬信息强制披露责任体现进行完善，建立行政处罚、刑事处罚及民事责任等包含在内的责任体系，形成对上市公司高管薪酬信息虚假披露行为的高压约束。

我国当前的违规披露责任体系的不健全与信息披露的制度不完善有关。如果有严格的披露要求，自然需要体系化的责任体系作为支撑。当上市公司及其高管有着多种可能可以避免履行信息披露义务时，处于后台的责任体系难以发挥作用。当年美国安然等商业巨头财务造假，违反披露规则，正是由于缜密的披露义务体系难以迂回，只能以造假等极端手段实现高管私利的满足。当然，随之激活的是责任体系，在系列责任的组合拳打击之下，违法主体均受到了严厉的制裁。我们应当不断完善违规披露责任体系，对上市公司高管薪酬信息披露义务提供有力的保障。

7.4 上市公司高管薪酬的司法介入

1993年11月，《中共中央关于建立社会主义市场经济体制若干问题的决定》颁布，确立了我国建立社会主义的市场经济体制的总体规划。建立市场经济体制需要对最重要的市场主体——国有企业全面进行改制，以建立适应社会主义市场经济要求的，产权清晰、权责明确、政企分开与管理科学的现代企业制度。1993年12月，我国第一部公司法颁布，为现代企业制度的建立奠定了法律基础。随着改革开放的持续进行，企业高管与普通职工的收入差距不断扩大，高管薪酬问题日益凸显。对国企改革过程中出现的薪酬问题更倾向于用政策工具来加以调整，而对民营企业则主要表现在对企业主创造的财富的合法性认定上。2005年《中华人民共和国公司法》修订，我国公司法律制度对公司高管的义务类型进行了明确的规定，其第148条第1款规定："董事、监事、高级管理人员应当遵守法律、法规和公司章程，对公司负有忠实义务和勤勉义务"。第152条正式设立了股东代表诉讼制度。就上市公司高管薪酬问题而言，股东代表诉讼通常针对董事、高级经理人员，即本书界定的上市公司高管人员。

7.4.1 司法介入的制度基础

我国上市公司高管薪酬的司法介入是以股东代表诉讼制度为核心构筑的。我国公司法律制度的早期，对董事等高管信义义务的规定主要为忠实义务，即强调对公司高管贪婪和自私人性的抑制。随着公司法律理论研究和实践的深入，逐步认识到忠实义务对于公司资产、利益的增加缺乏作用，只能实现资产保值的作用，应当鼓励管理者合理运用权力服务于公司和股东，成为遵守商事判断规则的经营者，为公司和股东创造更多的价值，勤勉义务与忠实义务的共同作用才能起到制度的目的[348]。

1993年的《中华人民共和国公司法》没有规定股东派生诉讼。2005年的修订确立了股东派生诉讼制度。该法第152条❶规定了股东对董事、高管以及其他人员有损害公司利益的行为，在公司拒绝或者懈怠提出诉讼以维护公司利益时，公司的股东可以以自己的名义依法提出诉讼，维护公司权益。第152条分为3款对股东代表诉讼的提起依据、主体资格与前置条件等进行了规定。第1款规定了董事、高级管理人员有本法第150条规定的情形，即违反信义义务，连续持股180日以上，单独或合计持有公司1%的股份的上市公司股东，可以以书面的形式请求监事会提起诉讼。而作为原告资格的认定，应当连续180日

---

❶ 2013年，我国《公司法》第3次修正后为第151条。

以上单独或合计持有公司1%的股份。第2款规定了董事会或监事会在收到股东申请后拒绝起诉，或自收到起诉请求之日起30日内未提起诉讼的，或情况紧急、不立即起诉将会导致公司的利益受到难以弥补的损害的，股东有权以自己的名义向人民法院直接提起诉讼。第3款的规定针对的是他人侵犯公司合法权益提起诉讼的情形。

上市公司高管薪酬的司法介入在股东代表诉讼制度提供了制度可能后，仍然以上市公司高管薪酬的相关立法规定为补充，而我国的规定不完善，难以为司法介入提供充分依据。关于上市公司高管薪酬的法律规定，见于2005年修订的《中华人民共和国公司法》第38条第（2）项关于有限公司股东会决定董事、监事的报酬的规定（上市公司董事高管的薪酬参照执行，即由股东大会决定），以及（参照执行的）第47条第（9）项关于有限公司董事会决定经理、副经理等有关人员的报酬的规定。另有2008年的《企业国有资产法》第27条规定履行出资人职责的机构应按照国家相关规定，确定其任命的国家出资企业的管理者薪酬的标准。相关规定均太过笼统，也没有相关细则对薪酬决定的程序及合理化标准进行规范，为高管薪酬的司法审查实践提供明确指引。就上市公司高管薪酬而言，《中华人民共和国公司法》关于董事（经理）的注意义务的规定同样过于原则，对于薪酬安排中的董事失职审查难以妥当问责[349]。

对公司薪酬决策的合法性审查是通过决议瑕疵诉讼来进行的，效果有限。决议程序上的瑕疵主要集中在会议召集程序、表决方式等未能满足法律和章程的要求；而内容上的瑕疵主要表现为薪酬决策的内容中有违反法律行政法规的效力性强制规范，或者公司章程的相关规定。对此，股东可以派生诉讼请求法院确认相关决议无效或撤销决议[350]。针对上市公司高管薪酬而言，难以从法律的强制性规范中寻找无效的依据。相较而言，如果转而寻求撤销之诉的帮助，以相关决议违反上市公司章程的规定或违反决议做出所需的程序，得到支持的可能性更大。只不过，在公司章程常常没有准确规定的情况下，仅剩的违反程序之路常因股东大会或董事会完全可以依照程序另行决议，做出类似内容的决议而失去意义。可见，上市公司高管薪酬的司法介入所能提供的对高管薪酬的曝光，对董事会形成的压力较其裁决更具有现实意义。

我国的国有上市公司高管薪酬的规制路径尚有行政手段。行政手段对司法介入也不能提供必要的审查依据。一方面，法院在案件的审理工作中，更乐意遵从的是上级法院，尤其是最高人民法院的相关指导意见，而非其他部门的政策性文件的规定；另一方面，政出多门的各种政策规定并未在指导原则和具体规则上相互形成协调与一致，在某种程度上给案件审理造成了混乱。

7.4.2　三大标准、商事判断规则与薪酬合理性

公司高管需承担信义义务，即忠实和注意义务。忠实义务的核心在于以公司利益作为行为的最高准则，任何与公司利益相左的行为，不论是为了他人还是自己的利益，均是对忠实义务的违反，例如上市公司高管自定高薪的行为。而勤勉义务指向的是高管是否为了公司利益如履薄冰、殚精竭力，但困难在于高管工作是以脑力劳动为绝对构成部分，很难从外观行为判断高管行为的性质。较忠实义务而言，勤勉义务是否得到履行，更难于判断。针对高管信义义务的履行和判断，形成了围绕上市公司高管薪酬司法介入的争论，尽管对高管薪酬司法介入有不同的观点，但不能否认的是高管薪酬涉及的因素众多，要对高管薪酬的合理性做出判断在客观上通常是难以做到的。美国形成并发展了高管薪酬正当性判断的三大标准，并产生了商事判断规则，对上市公司高管薪酬的合理性判断都维持在极为有限的限度内。

三大标准中，违反忠实义务标准在最初适用时异常严格，董事违反忠实义务做出的高管薪酬决策是一律无效的。随后放弃了一律无效的做法，形成了程序公正审查，即对程序公正的高管薪酬决定的效力不轻易否定。程序公正审查无法应对董事和高管和二为一的情况，此时必须对自定薪酬的公平合理性进行实质性审查。对于忠实（自我交易）进行实质性审查的原因在于不能对自我交易一概否认，同时有审查可能性，即自我交易是否公平合理具有相当程度的审查可能，换句话说，实质性审查存在查清的可能，而不像勤勉义务那样难以厘

清。至于上市公司高管薪酬的支付已经过无利害关系的独立董事或股东的批准时，就没有司法审查的必要了。

显然，引入这样的薪酬审查标准是相对容易实现的。我国的公司法规定了公司的董事、高管人员不得违反章程规定或者未经股东大会的同意，与本公司签订合同或进行交易。显然，我国公司法将能否自我交易交由公司自主决定。公司通过章程，或股东大会对高管自我交易的行为进行明确。不足之处在于，如果公司章程或者股东大会决议对高管自我交易表决事项并没有对程序的公正、内容的公平与合理、高标准的有效表决等方面做出规定或要求的话，自我交易将会失去实质上的公平合理性。就此可以借鉴国外的做法，对于自我交易，要么进行实质性的公平合理审查，要么交易决议取得无利害关系的独立董事或股东的同意。这样的做法有其合理性。一方面，通过与勤勉义务的审查标准对比可知，勤勉义务审查标准要求高管善意地相信已经收集充分信息并为公司利益做出的决策没有明显过错，忠实义务是对高管借助自我交易谋利行为的约束，更多的不是去探求高管的内在意思，而是通过交易结果是否公平来反映，如此自然简单多。但是，简单、有效得以程序公正、内容公平合理来实现。我国法律的规定表达了合乎公司章程或活动股东大会同意的自我交易即是合法的观点，这样是不足以认定交易结果的公平合理性。因为章程或股东大会决议均可能是在控股股东的控制下完成的，我们应当引入对自我交易是否公平合理的实质性审查标准。另一方面，公平合理的实质性审查虽然相对勤勉义务的审查实现更为现实，仍然是有难度的。国外衍生出了一种既符合实际情况，也符合法律要求的做法，即非利害关系的独立董事或股东的认可，我国完全可以借鉴。

就浪费标准而言，其经过均衡原则的发展，在合理性审查上不断退让。笔者以为，所谓退让实际上是在20世纪30年代以后，随着美国经济的复苏和蓬勃发展，上市公司高管薪酬问题退出公众视线后，直至90年代再次引发了人们关注的期间，法院认识到了薪酬数额的合理性难以判断的事实，面对薪酬结构的复杂多变，市场规律的自我运转和经营判断的专业性，法官放弃了对薪酬合理性的实质审查，退让是在审判和现实冲突之间做出的理性选择，退让是对市场的敬畏，实际上，这也是真正的认知。通过美国法院倾向的改变，可以看到，即便仍然在实质内容审查上不断努力，最终得出意思自由、理性的人不会认同的结论，这样的"标准"也是缺乏现实基础的。当然，这一切并非意味商事判断规则完全放弃了对上市公司高管薪酬问题的介入，缺乏公正决定程序的薪酬、存在主观恶意或欺诈，以及不合法合规的自我交易，都是商事判断规则的例外情形。

我国没有商事判断规则的传统，一直以来执着于社会主义公平正义理念的追求，加之对市场经济的认同和接受时间较短，以市场经济中的所谓规律来对人民司法进行限制，在中国存在先天的正当性不足。但是，面对上市公司高管薪酬数额的合理性，我国有对审查标准的认识和共识。于是，审判实践的现实就是既不能随意移植商事判断规则，又没有行之有效的符合中国特色的社会主义上市公司高管薪酬正当性和合理性的审查标准。当然，不可否认的是我国股票市场重新设立时间晚，公司上市实践经验有限，以及国有上市公司前期还受到了股票分置的影响等，种种影响因素使得因上市公司高管薪酬而发生的司法介入实践极少，对司法进步的作用有限❶。笔者认为，该矛盾很难解决，一方面，我国引入商事判断原则受到传统文化、经济体制、审判文化等因素的影响和制约，商事判断原则在我国缺乏生存发展的土壤；另一方面，商事判断原则指引下的司法实践常表现出对高管薪酬合理性实质性审查的避让。换句话说，商事判断原则形成了绝大多数情况下高管薪酬问题的避风港。引入该原则反而可能会出现有利于高管们的局面，会遭受超过国外法院面临的更多诟病和压力。即便从长远的角度来看，寄希望于在原产国对上市公司高管薪酬飞速增长都未产生有效抑制作用的商事判断原则，在我国能起到明显的作用是难以实现的。

在中国，对于国有上市公司而言，现阶段薪酬行政化确定手段是可行的，应当由履行出资人职责的主体来对国有上市公司高管薪酬数额的合理性提供判

---

❶ 上市公司高管薪酬问题的司法介入是不易实现的。有研究人员通过整理某段时期内的诉讼案件样本发现，41个股东代表诉讼的案例当中只有1个是针对股份有限公司提起的，即深圳市中泰来投资控股股份有限公司与黄明皓损害公司利益责任纠纷上诉案，该公司非上市公司，而其他案件都是涉及有限责任公司的。参见沈兴玲.董事违反勤勉义务诉讼研究[D].西南政法大学，2015：6、10。

断标准。2014年8月29日,中共中央政治局审议通过《中央管理企业负责人薪酬制度改革方案》,指出中央企业负责人的基本年薪根据上一年度央企在岗职工年平均工资2倍确定,绩效年薪不得超过基本年薪的2倍,任期内激励收入不得超过年薪总水平的30%。负责人的薪酬水平最高不得超过普通职工平均工资水平的8倍。将高管薪酬水平限制在普通员工薪酬水平的一定倍数内的做法并非我国独有,如挪威,垄断性国有(或国有控股)上市公司高管薪酬与工龄10年左右普通员工的差距不得超过5倍,其他竞争性国有上市公司、非民营上市公司应参照执行,可根据市场效益适当放宽[351]。另如前述德国自俾斯麦时代形成的政府管理经济事件的官僚遗风,在高管薪酬问题上也体现出了中央集权倾向的政治和经济理念,高管薪酬水平的合理性在法院的积极干预下,显得更为公平,更易于为民众接受。在德国,大公司往往有着以平等为导向的公共服务的态度,折射出德国法律政策和社会文化方面广泛存在着比美国更倾向于财富平等分配的理念,与美国CEO的薪酬水平是普通员工的531倍相比,德国CEO的薪酬水平是所在公司普通员工薪酬水平的11倍即是很好的说明[352]。再者,可以采用限定国有上市公司全体高管薪酬总额与公司利润比例的做法,来对高管薪酬进行合理的限定;对薪酬构成中的激励性薪酬,如中长期激励收益与高管薪酬及公司业绩之间的比例进行限定;对高管离职补偿的数额与其近年来的年薪比例进行限定;对其在职消费按照职位或与年薪的比例进行限定。需要强调,所谓公司高管薪酬的总额指全体高管薪酬的数额总和,至于高管内部分配的合理性则不予审查。通过种种限定来实现对上市公司高管薪酬总额的抑制,保持其与我国国民经济发展和国民收入水平的一致性,实现公平的法律文化。当然,上市公司高管薪酬应充分反映经济增长水平和企业的业绩水平,体现出高管们的贡献程度,不能漠视高管创造财富的能力和贡献。对于国有上市公司中的职业经理人、非国有上市公司中的高管,可以按照市场规律来确定他们的薪酬水平。但是,对薪酬构成中不同薪酬形式的比例限定、对高管薪酬与公司业绩之间的比例限定等做法同样值得非国有上市公司借鉴。

7.4.3 存在的问题

7.4.3.1 股东代表诉讼的原告资格门槛过高，诉讼难以提起

《中华人民共和国公司法》第151条对有限责任公司的股东提起代表诉讼没有持股要求，而上市公司原告股东应当连续持有公司1%的股份达到180天以上，如此立法的目的通常是为遏制恶意诉讼，维护公司和社会利益。但是，股东代表诉讼制度的设立目的是为了公司与股东的利益，将本归公司行使的诉权交由股东行使，股东从诉讼中并不能得到直接的利益。可见，制度的设计应当满足遏制恶意诉讼和支持中小股东诉讼两重目的。《中华人民共和国公司法》第151条对原告股东的资格限定只实现了遏制恶意诉讼的目的。以万科A为例，2017年9月29日的总市值为2897.78亿元人民币，1%的股份价值约为28.97亿人民币；重庆百货同一天的市值为109.48亿元人民币，1%的股份价值约为1.09亿元人民币。如果说这二者都尚有可能发生中小股东提起代表诉讼的可能，对于如同中国石油那样的巨无霸，其在同一日的总市值为14623.38亿元人民币，1%的股份价值约为146.2338亿元人民币。显然，要达到公司法的要求是极为困难的。小股东即便发起诉讼并获胜，受偿对象为公司。当公司不予分红，或侵害公司权益的董事、高管在败诉后依然控制着公司，小股东就难以得到赔偿[353]。无疑，面临如此条件，最为理性的表现是冷漠、"用脚投票"或"搭便车"的行为。简单限制手段并不能实现其目的，受限制的是真以公司利益为目的的股东，而对滥诉行为的发生却不能遏制[354]，这应当是现实中鲜见上市公司的股东提起股东代表诉讼的最重要的原因。

7.4.3.2 前置程序的设置不合理

公司法追求的首要目标是效率，应减少或避免因股东滥诉而给公司正常经营带来损害。为了实现效率目标，需要给管理层创造有利的经营条件，使其能专心于决策，保证合理风险的商业行为能正常做出，前置程序可以在一定程度上防止购买诉讼和恶意诉讼对公司经营管层产生的负面影响[355]。为股东行使

代表诉讼提起权设置前置程序等限制，正是为了减少或防止股东滥诉[356]。

前置程序的具体要求为股东在向法院起诉前，需要先穷尽公司的内部救济。一方面，通过内部救济程序的作用，有可能将矛盾在内部解决；另一方面，通过前置程序对诉讼目的进行排查，避免股东恶意诉讼的发生。就后者而言，公司的内部排查是否还需要法院进行实质性审查，即如果公司内部排查认为股东起诉不当时，法院是否对起诉直接予以驳回；还是需要对公司内部排查的结论进行审查以便决定诉讼能继续进行否，各国的做法不一。

《中华人民共和国公司法》的第151条规定，董事会和监事会对被告为对方成员时进行前置审查，即交叉审查；高级经理人员为被告时系由董事会进行审查。如此规定的缺陷是明显的，即高级经理人员常具有董事身份，即便对审查进行回避也无法解决"董董"相护的问题；董事与监事之间，也存在"董监"相护的情形。再有，我国公司法规定，股东在书面请求被拒绝，或交付书面请求之日起30日后就可自行提起诉讼，可见，前置审查程序只能起到延缓股东发起派生诉讼的作用而已。

就上市公司高管薪酬问题而言，其中涉及的高管为董事及高级经理人员，二者常为利益共同体，当董事会懈怠于审查，超过30日时限时，股东可以自行提起派生诉讼。可见，对前置审查的时限规定反而有利于派生诉讼的提起。但是，这样的效果已经偏离了前置程序的目的，恐怕也不是立法者有意而为。

7.4.3.3 诉讼费用负担沉重，股东难以承受或不愿承受

发起股东派生诉讼，需要时间、精力以及金钱成本的支出，即便胜诉，只能避免对诉讼费的承担而已，如此形成了股东提起派生诉讼的又一障碍。而购买诉讼与恶意诉讼则不同，通过以诉讼为手段，要挟被告进行补偿，能换来高额收益❶，诉讼费的承担等情况并不能阻止其步伐。

---

❶ 现实中提起的代表诉讼常常成了个别股东的"利器"，造成了董事经营管理过程的紊乱。从派生诉讼的结果来看，很多案件是以庭外和解或公司出钱的方式"堵住原告律师的嘴"。参见Jones, An Empirical Examination of the Resolution of Shareholders Derivative and Class Action Lawsuits, 60 Boston University Law Review, 1980, 542-544.

法院受理诉讼案件，需要依据标的额的大小，根据相应的标准收取诉讼费用，针对高管薪酬的股东代表诉讼常涉及巨大的标的额，诉讼费用极高，中小股东很难承受相关成本，无疑抑制了派生诉讼的提起。再则，股东如果胜诉也不能直接获得经济利益，败诉则要自行承担经济支出，面对高成本低回报的预期，提起诉讼的股东自然就很少了。相对封闭公司而言，上市公司股东更愿意承担可控损失而采取"用脚投票"的措施。

7.4.4 解决的建议

7.4.4.1 降低原告资格的门槛，改变股东派生诉讼难以提起的现状

在英美等国，往往对股东代表诉讼中的原告持股数量不做要求。英国《公司法》第260条规定：只要持有公司的股票，即可提起股东代表诉讼[357]。因为，股东的持股比例大小并不能保证其所提起的股东代表诉讼的目的一定是符合公司利益的[358]，而且，持股的比例限制很容易被规避。例如，恶意的股东可以联合其他股东共同起诉从而避免持股比例的限制。不同于恶意诉讼的股东，小股东缺乏联合其他的股东提起代表诉讼的动力与实力。为降低股东代表诉讼的门槛，各国公司法纷纷对持股比例要求做出了一定的修改。如德国《关于公司完善和股东诉讼现代化的法律》（2005）的第148条第1款规定，总计持股的价值为100000欧元，或者持有公司的股份达1%的中小股东就有资格提起代表诉讼，相对于《德国股份公司法》（1998）规定的中小股东诉权资格的界定放宽了很多❶。日本也曾要求过起诉股东的持股比例，但由于实践效果欠佳，就改为现在的最低持股期限以及正当性目的限制。日本现行《商法典》第267条规定，连续6个月持有公司股份的股东就可以提起派生诉讼。韩国公司法规定，提起派生诉讼的上市公司股东，必须持有0.01%以上的股份[359]。可以看

---

❶ 《德国股份公司法》（1998）第147条对中小股东行使诉权的资格认定是持公司股达1/10，特殊情况下也要求最低达到1/20或持股500000欧元。参见 Hans C. Hart. The enforcement of directors' duties in Britain and Germany: A Comparative Study with Particular Reference to Large Companies[M]. Peter Lang, Bern, 2004, 302.

到，放宽原告股东的资格条件是普遍趋势。

我国应借鉴降低原告股东资格门槛的做法，将持股比例进行大幅度的降低。但应当保留连续持股份达到180天以上的要求。鉴于我国股市投机现象严重的特点，可以借鉴美国的做法，要求在所诉的不当行为发生时原告股东应当持有公司股份❶，以及在整个诉讼中保持股东身份，即美国法规定的连续持股要件[360]。如果派生诉讼的原告不再是公司的股东，则他将丧失维持或继续诉讼的资格。

7.4.4.2 完善前置程序的设置，切实发挥其作用

前置程序完善的核心在于保证前置审查机构的独立性，交叉审查制度不能实现。在美国，通常以独立董事成立特别诉讼委员会（SLC）对股东先诉申请进行审查。

我国法律没有规定特别诉讼委员会制度，也没有明确规定法院能否对前置审查的结论再进行审查，只要公司拒绝股东请求，股东派生诉讼即可提起。在美国，特别诉讼委员会常常拒绝股东的先诉申请并能得到法院的支持（差文献），法院推翻其做出的不起诉决定多以特别诉讼委员会缺乏独立性为由❷。我国应考虑在国有上市公司高管薪酬问题上由行使出资人职责的机构来进行前置

---

❶ 同时持股要件。特拉华州的《普通公司法》（General Corporation Law）第327条规定，"股东必须在被诉具体交易行为发生时持有公司股份，或者在起诉后依法受让股份而成为股东"。依法受让即如继承、赠与、合并、强制执行等情形而发生的股份转让。General Corporation Law§327：In any derivative suit instituted by a stockholder of a corporation, it shall be averred in the complaint that the plaintiff was a stockholder of the corporation at the time of the transaction of with such stockholder complains or that such stockholder. 美国《标准公司法》规定，提起派生诉讼的原告，必须在被告侵权行为发生时具有股东资格。MBCA, §7.41（1）.

❷ 特别诉讼委员会缺乏独立性的情形有如，(1)董事会或特别诉讼委员会的成员参与了侵权行为，或是侵权行为人已经控制了公司；(2)董事会或者特别诉讼委员会在做出决策前缺乏足够的论证和调查；(3)董事会或者特别诉讼委员与公司董事会或实际控制人有利益联系或缺乏善意。当特别诉讼委员会的独立性被推翻时，股东前置程序的义务即被免除。参见E.J.Pan. "Rethinking the Board's Duty to Monitor",（2011）Jacob Burns Institute for Advanced Legal Studies, Working Paper No.299, 12.

审查，至于民营上市公司，可以考虑设置特别诉讼委员会，避免股东进行滥诉，并在化解内部问题上起到一定作用。

7.4.4.3 改善诉讼费用体制，合理降低原告的负担

对诉讼费负担问题，我国可以借鉴大陆法系国家的一些做法，例如，日本和韩国将股东派生诉讼案件界定为非财产性案件，一律按照固定数额收取案件受理费用。现今，日本认为应当将股东派生诉讼请求权界定为非财产请求权。因为其目的是维护公司的整体利益而非个人的利益，如果将股东派生诉讼界定为财产权请求，自然会导致高昂的诉讼费用，从而影响股东派生诉讼提起权的行使。

再者，从诉讼费的分担机制来看，各国公司法及其司法实践的大体做法是原告胜诉，由公司承担诉讼的费用；原告股东在败诉时需自行承担诉讼费用。如《日本公司法》（2005）第852条第1款即规定了股东胜诉（含部分胜诉）的情形下公司支付相关费用数额内或该薪酬范围内被认为适当的金额[361]。胜诉时由公司承担诉讼费明显是具有合理性的，但在原告善意提起诉讼且败诉时无条件地要求其承担诉讼费用，同样缺乏科学性。应当增设对原告股东善恶意图的审查机制❷，结合前置程序中审查机构对先诉申请的回应，以普通人视角判

---

❶ 对特别诉讼委员会的作用认识并不一致："各类委员会不是必设机构，很多情况下只是公司吸引投资者的手段而已，事实上各类委员会并未像预想中那样发挥作用。"参见 L.E.Talbot. "Progressive Corporate Governance for the 21st Century"，（2012）Routledge Press，135.例如，美国法明确赋予公司不起诉决定具有阻止诉讼的效力，英国虽未明确公司不起诉决定的效力，但它却是法院决定是否许可代表诉讼的重要参考依据。参见李小宁.公司法视角下的股东代表诉讼——对英国、美国、德国和中国的比较研究[M].法律出版社，2009：32-33.在这种状况下，委员会的作用显然是有限的。"在决定派生诉讼方面，美国的特别诉讼委员会因其所作之建议一般均为法院所接纳而成为事实上的决定者，但在实践中，特别诉讼委员会因经常作出否定诉讼的建议而导致其独立性和中立性备受质疑。参见林少伟.派生诉讼内在逻辑的拷问[J].河北法学，2013（4）.为保护公司和公司多数股东的利益，英美等国普遍都规定了实质意义的派生诉讼法院许可制度，即股东提出的派生诉讼不仅程序上要"穷尽公司内部救济"，还须经法院审查和许可后，才能正式进入诉讼程序。参见胡宜奎.股东代表诉讼诉权的权利基础辨析——兼论我国股东代表诉讼制度的完善[J].政治与法律，2015（9）：143-150.

❷ 如日本《公司法》第847条规定，如果原告股东提起股东派生诉讼是为了追求该股东个人或者第三人的不正当利益，则该股东不得提起派生诉讼。德国《股份公司法》第147条规定，原告提起股东代表诉讼的目的必须是正当的原则性规定。

断该回应是否全面、具体，能足以打消疑义。尽管存在善意，但在疑义足以打消的情况下仍然提起诉讼，无疑也应承担相关费用。如果存在善意，且对先诉申请的回应不足以打消（普通人）的疑义，仍应当由公司承担全部或一定比例费用。

7.4.4.4 完善薪酬取回权制度，落实新的司法介入路径

在我国，2006年《中华人民共和国企业破产法》第36条规定：（破产）债务人的董事、监事和高管利用职权从企业获得的非正常收入和所侵占的企业财产，破产管理人应当追回，这是我国法律首次对高管非法所得进行追回做出的规定。但是，破产案件中的管理人追缴公司高管利用职权而从企业获取的非正常的收入通常与企业高管面临破产威胁，发生恶意攫取公司财产的行为相关，与上市公司高管薪酬追回制度的背景是有区别的。上市公司高管薪酬取回权主要针对股票期权收入的追回，股票期权的授予日到行权日有相当长的时间限制，企业破产法中界定的非法处置公司财产等的限制难以对其适用。国资委2009年发布的《中央企业负责人薪酬管理暂行办法》规定对于超过核定标准发放企业负责人收入的，责令企业收回超标准发放的部分仅适用于中央企业。2010年银监会发布《商业银行稳健薪酬监管指引》第16条关于商业银行应制定绩效薪酬延期追索、扣回的规定适用面同样有限，只适用于商业银行。

2016年的《上市公司股权激励管理办法》第68条规定初步建立起了我国上市公司高管薪酬的取回制度，应当不断加以完善，例如，上市公司高管获得的不当离职补偿也应属于追回范围，还应该规定适当的追溯期等。第68条最后一款规定了董事会（代表公司）行使收回权。国有上市公司的取回权的行使主体除了董事会之外，还可以规定行使出资人职责的部门也有权行使，以加大取回权制度施行的力度。对董事会怠于行使职权时也应进行完善，以有效应对"董董"相护、拖延取回等行为。

7.5 上市公司股权激励制度

7.5.1 股权激励制度的现状

7.5.1.1 我国股权激励制度的沿革和发展

以股权激励员工的做法早已有之。早在19世纪20年代，山西票号就发明了身股制，又称顶身制度，票号将股本分为银股和顶身股两种：银股为东家出资；掌柜和伙计以人力入股的称顶身股。顶身股和银股一样，享有同等分红的权利，但不承担亏损，由东家根据职务、工龄、贡献、工作态度等进行分配，因此随着时间的推移，顶身股会渐渐增多，甚至超过银股。这种顶身股制度与西方的员工持股（Employee Stock Ownership Plans，ESOP）甚为相似，它把经理与员工的利益与票号同东家的利益紧密相连，发挥了积极的激励作用[362]。

至20世纪70年代末，传统的单一的按劳分配制度已经造成了严重的"大锅饭"现象，既挫伤了个人的积极性，也致使了企业的运转效率低下。随着改革开放的推进，中共十三大报告指出："社会主义初级阶段的分配方式不可能是单一的。我们必须坚持的原则是，以按劳分配为主体，其他分配方式为补充。"自此，我国收入分配方式从计划向市场经济分配方式逐步转变，公民获得的其他合法收入也得到了认可和保护。

国有企业也积极地迈入了全面改革的进程。为了实现多赢的目标，国企采取过承包、租赁、奖金等各种激励形式，21世纪初还进行过MBO，但效果有限。

1993年，万科公司推出了与股票期权计划极为相似的《职员股份计划规范》，期限为9年，分为两期实施，由于欠缺相应的法律环境而最终流产。

1999年上海市《关于对本市国有企业经营者实施期股（权）激励的若干意义（试行）》规定，可以对国有资产控股股份有限公司和国有资产控股的有限责任公司中的经营者进行期股（权）激励，此即所谓的上海模式。该阶段算得上比较成熟的股权激励模式分为三类：武汉的年薪延期兑现、上海的虚拟股票及北京的期股。这些薪酬激励形式让企业的高管持有了一定的股票，虽然算不上是严格的股票期权，但对我国的股权激励形式起到了积极探索的作用。

自2005年始，随着股权分置改革的推进，相关法律法规的不断完善，我国上市公司的股权激励实践进入了快速发展时期。2005年10月，《中华人民共和国公司法》《中华人民共和国证券法》均进行了修订，在资本制度、公司股票、股份回购，以及高管人员任职期内转让股票等方面都有所突破，为股权激励制度的实行打通了基本的法律障碍。

2005年年底，证监会颁布《上市公司股权激励管理办法（试行）》，其以促进与规范上市公司股权激励机制的发展为目的，第一次对上市公司的股权激励进行了界定，并对激励方式、条件、对象、信息披露、决定程序等进行了规定，为我国的上市公司股权激励制度的建设提供了明确的政策指引与操作规范，奠定了必要的法律基础。

国资委、财政部于2006年1月、2006年9月分别颁布了《国有控股上市公司（境外）实施股权激励试行办法》与《国有控股上市公司（境内）实施股权激励试行办法》，对国有上市公司推行股权激励计划做出了更具体的规定。2008年，证监会发布了1、2、3号《股权激励有关事项备忘录》，规定持股5%以上的主要股东、实际控制人等原则上不能成为股权激励的对象；上市公司监事不得成为激励对象；对激励对象范围合理性，即在股权激励计划备案材料中逐一分析其与上市公司业务或业绩的关联程度，并做了规定。

2016年8月13日，我国证监会颁布的《上市公司股权激励管理办法》正式施行，经过10年试水，上市公司的股权激励制度正式确立。

在建立股权激励制度的尝试过程中，也出现过侵蚀国家和社会利益的现象，存在很多问题。在试行办法生效后，首先推出股权激励计划的企业即以国有上市公司为主，随即爆发了天价薪酬的现象，引发了国家的重视和管控。随着时间的推移，对国有上市公司股权激励仍有着严密的管控要求，而非国有上市公司股权激励计划的实施数量远远超过了国有上市公司❶。民营上市公司2006—2010年实施股权激励数所占比重分别为45%、25%、62.5%、64%、80%，而国有控股上市公司所占比重分别为36%、75%、25%、29%、15%，呈现明显的此消彼长之势[363]。

根据上海荣正投资咨询有限公司发布的《中国企业价值报告（2017）》，自2011年起，每年公告推出股权激励的上市公司均在100家以上。如今，股权激励已经成为国家的正式制度，有力地推动了我国上市公司高管薪酬改革的深入，推动着国企改革和现代企业制度的建设，但也存在着不可忽视的副作用，有待在实践中完善。

我国上市公司高管薪酬的构成具有固定薪酬多、浮动薪酬少，短期薪酬多、长效激励少等特点，实施股权激励计划有助于减少高管的短期行为，增强高管薪酬与公司业绩的相关性，助力上市公司代理问题的解决。当然，我国上市公司股权激励取得繁荣景象的当下，貌似市场化与合法化的背后隐藏着大量问题，部分公司的股权激励已被扭曲为公司管理层牟取暴利的寻租工具和市场买单的管理层盛宴[364]。随着股权激励计划的推行，中国上市公司的股权逐步分散，上市公司内部控制权争夺现象不断发生。暂且不对行政力量在控制权角逐中的决定性作用进行评价，在中国股市已现类似美国股权分散背景下的董事会中心主义（高管层控制公司）的个例，股权激励对高管薪酬政策、薪酬结构的影响，对上市公司股权结构分散的催化作用值得研究和重视。在国有企业改革深入的背景下，国有上市公司对股权激励计划的推行或缓或急，值得深思。

---

❶ 在2005年，共有7家上市公司推出股权激励方案，2006年增至40家。这一批企业中，国有控股公司占据主导地位，如中信证券、格力电器、深振业、伊利股份等。"由于尚未遭遇后来的政策限制，这少数幸运公司得以享受到后来无法复制的巨大利益"，参见：宫玉松.上市公司股权激励问题探析[J].经济理论与经济管理，2012（11）：78-73.大量的中小型民有企业借助中小板（2004年）、创业板（2009年）的推出得以上市，实施股权激励公司的数量大幅增加。2008年有73家公司推出股权激励方案，2009年、2010年和2011年依次为30、98和193家。其中的主力无疑属中小板、创业板的上市公司。2012-2016年，中小板推行股权激励的公司数量稳步增多，分别有49、65、83、67和86家次。截至2017年5月20日，中小板公司累计推出股权激励方案538家次，累计推出员工持股计划296家次，中小板已然成为多层次资本市场中实施股权激励和员工持股计划最为活跃的板块，参见：中小板公司推行股权激励增强发展动力[N].中国证券报，2017-06-03，A02版。

7.5.1.2 制度异化与问题薪酬

上市公司股权激励制度自20世纪中后期在美国普遍采用,并扩展到全球以来,在各国经济发展中起到了积极的作用。股权激励制度能得到全面的认可和推行,源于其被视为解决代理成本高的最有效方法,因为它能有效地促进股东与高管利益的一致[365]。与此同时,上市公司股权激励制度异化,形成了问题薪酬,损害了公平与效率[366]。

20世纪90年代初,我国股市重启、上市公司审批工作开始,2006年,我国上市公司股权激励制度即掀开了帷幕,各上市公司纷纷尝试,掀开了我国上市公司高管薪酬激励的新篇章。股权激励制度与股权分置改革在当时存在着交叉,目光敏锐者发现了其中的玄机。如伊利股份在股改的第二天公布股权激励计划,股价因股改飙升,但行权价是以前一日的收盘价来确定的,高管或因激励暴富。2007年,还是伊利股份,其以净利润加上期权的费用作为净利润来核算企业净利润的增长率,从而达到了条件以实施股权激励。其净利润为4.39亿人民币,但股权激励费用高达4.6亿元人民币,直接导致公司亏损,这显然与股东实施股权激励的初衷相背离。而其他如平安集团高管马明哲在2007年收入达到6000余万元人民币,格力电器高管朱洪江2009年4000余万元人民币的年收入等均是股权激励产生的[367]。这引发了社会各界的热议和政府的关注。

当整个资本市场处于牛市时,各上市公司股票价格大多随市上涨,高管可以依计划行权获得激励薪酬。当处于熊市时,市场下行、股价持续下跌,高管们纷纷推动公司对股票期权进行重新定价来维护自身利益。当股票期权的激励方式不再是最适宜的激励方式时,各上市公司纷纷另行采取了限制性股票的激励方式❶❷,这样的趋势如同美国当年一般。

---

❶ 2011年以来限制性股票方式明显增多。2012年5月推出股权激励方案的21家公司中,有13家实行限制性股票方式。限制性股票的授予价格远低于市场价格,参见宫玉松.上市公司股权激励问题探析[J].经济理论与经济管理,2012(11):78-73.

❷ 上海荣正投资咨询有限公司发布的《中国企业价值报告(2017)》显示,截至2016年年底,共有910家上市公司公告了股权激励计划方案,呈现逐年递增的态势。其中有363家上市公司选择期权工具,占总公告家数的39.89%,有463家上市公司选择了限制性股票工具,占总公告家数的50.88%,有84家上市公司选择了期权加限制性股票的复合型工具,占总公告家数的9.23%。其中,限制性股票工具占比50.88%,已经超过期权工具。选择限制性股票和复合型工具的上市公司家数呈现直线上升趋势,特别是2012—2016年,4年间选择限制性股票工具的上市公司家数呈现明显的几何增长态势。

股权激励制度是以业绩评价为基础的，有效的业绩指标考核体系是顺利实施股权激励的保证，对激励对象能否获得行权资格及行权时的标准等均需要结合企业业绩客观衡量。目前我国上市公司股权激励计划的考核指标主要为企业销售收入、净利润、每股收益、资产回报率、净资产收益率等财务指标，较为单一。随着对传统业绩评价体系的认知深入，人们认识到了传统评价方法的局限性，使用过于单一的绩效考核的指标会大幅度降低股权激励行权的难度，难以衡量激励对象工作的真实水平。不仅如此，在以股价为核心衡量指标的情况下，财务指标还很容易被高管人员操纵和修改，从而影响股价，这加剧了委托代理的风险，容易造成管理层的短期行为，对公司价值的创造产生不利的影响，不符合股权激励制度注重长期发展的目标，这是传统业绩评价体系的一个重要缺陷。

　　当主要或仅以财务指标来对高管绩效实施考核时，上市公司高管能借用财务手段对股票期权的规则进行利用，达到利己目的。在财务舞弊中被利用的财会规则主要为权责发生制等会计准则，其可以达到虚增利润和操纵股价的目的。例如，提前确认收入以增加当期利润；延迟确认费用以减少当期成本；再如未将股票期权价值计入公司成本，以利润自然增加。除此之外，为了获取超额的收入，以关联交易或虚假交易虚增利润；指令提供不同程度的虚假财务报告，拉高股价等行为在我国较为普遍。

　　2016年《上市公司股权激励管理办法》第11条规定，绩效的考核指标应当包括公司的业绩指标和激励对象的个人绩效指标。第11条还对公司的业绩指标如何确定规定了指导性的要求，如当上市公司以同行业可比公司相关指标作为公司业绩指标对照依据时，选取的对照公司不少于3家。至于激励对象的个人绩效指标，由上市公司自行确定。《上市公司股权激励管理办法》第11条的规定仅是指导性、建议性的要求，并未使用表达强制性的立法语言。

　　还需要指出的是，上市公司的业绩与公司的长期发展、宏观经济环境、行业变化、国家政策等一系列的因素都有着联系，公司业绩的增长未必是高管在激励计划作用下做出的成绩，股权激励计划的实际激励效果常常难以客观衡量。例如,一家公司的股票价格可能因与高管自身努力和决策无关的原因而上涨,比如利率和汇率发生变化等。一项有关美国近10年间的股票价格变动的调研发现,只有30%的股价变动与公司经营状况相关,而另外的70%都是市场原因造成的[368]。再如,当整个资本市场处于牛市或熊市时,几乎所有上市公司的股票价格都呈持续上涨或下跌之势,更难以认定高管的成绩。

不合理的业绩考核指标还有助于高管操纵股权激励计划,上市公司高管为谋取利益而操纵股权激励方案的道德风险日益显现❶。在我国上市公司实施股权激励计划的初期,即有一些公司通过做低业绩、打压股价的方式来压低行权价格,随后适时释放股价,从而使得激励对象可以获取暴利。2006年实施股权激励的一些公司,由于行权价格很低,甚至以每股净资产定价,激励对象收割了丰厚甚至巨额回报。例如,某药业于2006年推出股权激励方案,后经多次分红送转,行权价格已降至1.66元人民币,激励对象以极低的成本获取了期权,以伺机出售[369]。《上市公司股权激励管理办法(试行)》第24条已规定,行权价格不应低于下列价格中的较高者,即股权激励计划草案摘要公布前1个交易日的公司标的股票的收盘价;股权激励计划的草案摘要公布之前30个交易日内的公司标的股票的平均收盘价。但是,第24条为建议性质的规定,没有约束力,上述企业的做法完全无视了管理办法的建议。2016年《上市公司股权激励管理办法》的规定仍然是建议性质的,仅增加了上市公司可以采用其他方法确定行权价格,但应在股权激励计划中对定价依据及定价方式做出说明的要求而已。

下文将围绕《上市公司股权激励管理办法》(2016,以下使用的新规、办法等若无特别说明,均指该正式办法)股权激励的运行规则来对对制度异化与问题薪酬的出现作进一步说明,主要包括股权激励的行权价、重新定价、窗口期、递延支付等规则来展开。

---

❶ 厦门大学吴育辉和吴世农2010年对82家上市公司股权激励计划草案的研究发现,尽管这些公司的盈利能力和成长性较好,但是股权激励方案的绩效考核指标都异常宽松,有利于公司高管获得和行使股票期权,体现出明显的高管自利行为。参见吴育辉、吴世农.企业高管自利行为及其影响因素研究[J].管理世界,2010,(5):141-149.

(1) 行权价

《上市公司股权激励管理办法》尽管规定了股权激励计划草案公布前20、60以及120个交易日的交易均价均可以作为行权价格的底线，较原来单独规定的30个交易日的标的股票平均收盘价更为客观，并提供了选择，但是，新规在做出行权价格不得低于股票票面金额后，只是要求行权价在原则上不得低于要求时限内的交易均价，同时，还允许以其他方法确定行权价格。此举无疑在保持了不得低于股票票面金额的做法外，实际上放开了行权价的确定规则，上市公司在实践中自然会产生各种各样为了维护激励对象利益的定价方式。这与对行权价格进行约束的做法相悖，我国允许上市公司自定行权价格的方法无疑给予上市公司极大的权力。再有，上市公司对选择在何时公布股票期权激励计划并没有限制。例如，激励计划的推出大多选择在股市低迷、公司股价低廉之时，可以大幅降低行权价格。而当股市复苏，又有利于搭上股价上扬的顺风车，实现利益最大化。法律难以变化莫测的市场情况为标准来对上市公司推出激励计划的时间进行约束❶。仅仅确立不得低于股票票面价格的底线能否实现对行权价的科学、客观的控制，还有待实践的检验，恐不良企业难以自律，证监部门后续监管的压力非常大。

(2) 重新定价

2016年《上市公司股权激励管理办法》第59条规定：对权益价格或数量进行调整时要进行公告。实际上延续了试行办法中上市公司可以重新确定股票期权的行权价格的规定，且对可适用的股权激励计划没有约束性规定。当行权价格在市场持续低迷，行权价出现持续高于现时股价时，不重新定价则不再具有激励效用，重新定价有其客观基础。但是，必须以严格的程序来控制高管控制公司随意重新定价，满足个体利益的可能。第59条仅规定调整议案经董事会审议通过后，上市公司应当及时披露董事会决议公告，同时公告律师事务所

---

❶ 2016年的股权激励管理办法第17条规定，上市公司启动及实施增发新股、并购重组、资产注入、发行可转债、发行公司债券等重大事项期间，可以实行股权激励计划。此类期间通常会激发股票价格的上扬，此类期间形成的股票期权的行权价会较高，有利于公司等的利益。另外，明确规定能避免重大事项期间能否退出股权激励计划的分歧。

意见，改变了2006年试行办法中上市公司调整行权的价格或股票期权数量的，应当由董事会做出决议并由股东大会审议批准，或者股东大会授权董事会决定的规定。这样改变后，行权价的重新确定一定程度上无异于新的股权激励计划的提出，重新定价议案不经过股东大会的审议批准，仅需董事会审议，定权行为更为随心所欲。新规放弃了程序上对重新定价公正性的保障性规定，恶意修改原行权价格的行为将会因新规的条件放宽而易于发生。

(3) 窗口期

对于行权时期的要求，即窗口期的规定是问题薪酬产生的又一因素。在美国，为了避免上市公司的股票价格在业绩报告期间的非正常波动，防止经理人操纵公司的股票价格，美国《证券交易法》做出硬性的规定，即激励对象只能在窗口期内行权，或者出售股票。窗口期是指每季度收入、利润等指标公布后的第3个工作日始，直至每季度的第3个月的第10天终止。如果激励对象在离职前根据公司的特殊规定提前行权时，公司有权以行权价对授予股票实施回购。我国仅在新规的第9条规定了股票期权的授权日、可行权日、行权有效期和行权安排应当在股权激励计划中载明，而在2006年试行办法的第27条规定窗口期。新规为何去掉窗口期的规定，笔者未能查获相关解释，笔者认为窗口期作为限制高管的自利行为的重要规定，不宜去掉❶。

(4) 递延支付

就递延股票支付来说，业绩股票激励计划具有典型的递延支付性质。激励对象在达到业绩目标后获得的奖励股票不能马上处置，须持有一段时间后才能出售。业绩股票激励计划一方面能实现对高管的激励，另一方面将高管能够实现的报酬水平与公司股票的价格水平联系起来，形成了对公司高管的长期性激

---

❶ 2016年的股权激励管理办法的改变非常大，删除了一些股权激励计划进行限制的条款，给予了上市公司极大的自由。如试行办法第26条规定，上市公司在下列期间内不得向激励对象授予股票期权：（一）定期报告公布前30日；（二）重大交易或重大事项决定过程中至该事项公告后2个交易日；（三）其他可能影响股价的重大事件发生之日起至公告后2个交易日。该规定被删除的同时，新规还特别规定：上市公司启动及实施增发新股、并购重组、资产注入、发行可转债、发行公司债券等重大事项期间，可以实行股权激励计划（第17条）。类似做法能否经受住考验，还有待实践的验证。

励。但是，我国上市公司在递延支付的实践中，偏重于支付时间要件的满足，只要规定时间届满，高管大多均能获得丰厚的绩效薪酬。递延支付计划的设计缺乏科学的、严格的考核标准要求，很大程度上造成薪酬支付与公司业绩的割裂。

应当对业绩股票激励计划的考核在时间条件之外，强化业绩评价，增强激励与业绩的一致性，做到激励名至实归。在递延支付激励计划中还应设立薪酬追回条款，对没有完成计划而又发放的股票，上市公司有权追回。这在国外的上市公司薪酬激励计划中得到了重视，如德意志银行在2012年专门成立了递延薪酬追回小组，对违反薪酬计划发放的股票实施清查和追回行为。我国2016年《上市公司股权激励管理办法》第20条规定也为参与激励计划的各方约定薪酬追回条款等权利义务扫清了障碍。其规定上市公司应当同激励对象签订协议，确认股权激励计划的内容，并依照本办法约定双方的其他权利义务。

7.5.1.3 限制性股票与股票期权

在股东的压力下，目前对基于业绩的期权薪酬的采用有所增加。但公司显然更愿意用限制性股票而非减少意外之财的期权来代替传统期权。这种模式并不奇怪：限制性股票的授予倾向于增加而非减少意外之财[370]。在20世纪末21世纪初，股票期权带来的上市公司高管薪酬丑闻让该制度蒙羞。例如，在股票期权的行权价确定问题上，美国上市公司大多采取的是平价期权（At the Money），即行权价等于公司股票在授予日的价格。除了平价期权外，还有价内期权（In the Money），即行权价低于授权日股票收盘价，如此可以在授予当时就让高管获得收益，没有上市公司高管会采用这样明显利己的方法确定股票期权的行权价。当然，就价外期权（Out of the Money），即行权价高于授权日的股票价格会让受激励的高管面临着更高的成本负担，自然也是不会采用的。于是，在美国，平价期权是大多数上市公司在确定股票期权行权价时采用的标准。根据2016《上市公司股权激励管理办法》第29条规定给上市公司高管造就了极为宽泛的自利空间。

首先，股票票面金额即是印刷在股票票面上的金额，股票票面金额总值即为公司的注册资本总额。根据《中华人民共和国公司法》第127条的规定：股票发行的价格可以按票面金额或超过票面的金额发行。但是，不得低于票面金额。可见，在我国是不允许股票折价发行的。在实践中，新股发行通常伴随着鲜花、掌声和绚丽的业绩，多数情况下都为溢价发行，以票面金额确定行权价意味着可以在很多情况下实现价内期权，即授予之时高管即已经获利。

其次，该条规定，以票面金额为标准确定期权的价格原则上不得低于下列价格较高者。该补充要求是原则性的要求，即可以被突破。另外，第（一）种情形确定的股权激励计划草案公布前1个交易日的公司股票交易均价给公司高管带来了具有完全控制性的时间选择要求，高管完全可以根据有利于自己的情形下，如先公布利空消息，造成股价下降，随即在预期低位价格形成的第二日公布股权激励计划。这种情形在已经上市多年的上市公司中更容易发生。例如，A上市公司已经上市多年，其股票票面金额为10元，经过多年发展，其股票价格已经达到100元每股。为了推行股权激励计划，其在公布激励方案之前发布利空消息，造成股价下跌，假如连日下跌后，某日收盘价跌至70元每股的预期价位，即可在第二日发布股权激励计划草案。如此，其可以将股票期权的行权价定为70元每股，因为它满足了不低于股票票面金额，且原则上不得低于股权激励计划草案公布前1个交易日的公司股票交易均价的要求。随后，为了行权而公布利多消息，如重组、并购等❶，其股票价格上升至100元每股，即恢复多年来形成的股票内在价值是没有悬念的，甚至会上涨至更高价位，高管们坐收渔利同样没有了悬念。当然，如此规定对新上市公司有一定的约束力，因为新上市公司的股价有可能与股票票面金额更为接近。当然，我国《上市公司股权激励管理办法》（2016）并未规定上市后达到多长的年限方可推出股权激励计划。但第7条规定了上市公司具有下列情形之一的，不得实行股权激励，其第（三）项要求，上市后最近36个月内出现过未按法律法规、公司章程、公开承诺进行利润分配的情形。可见，要满足股权

---

❶ 根据2016年《上市公司股权激励管理办法》第17条的规定，上市公司启动及实施增发新股、并购重组、资产注入、发行可转债、发行公司债券等重大事项期间，可以实行股权激励计划。

激励计划推出的时限要求至少为3年，此时的上市公司，有可能出现业绩表现突出，股价上涨的可能。当然，出现跌破发行价（包括票面价格）的上市公司也是存在的。

传统期权能带来意外之财的缺点在一定程度上是可以完善的，例如，将行权价格指数化，使得期权行权价格不仅仅依赖公司自身股价来确定，而是需要根据行业或更广泛的市场波动上升或下降❶。再如，对上市公司的业绩考核确定更为科学的、全面的标准，避免单一的以财务指标标准，促进高管为更为综合性的目标努力，促进公司和股东的利益增长。传统股票期权的缺陷在一定程度上是可以克服的，但是，各上市公司纷纷转向了用限制性股票代替传统期权，新的股权激励计划其实包含着更大的意外之财因素。

正如杰西·弗里德等指出的，尽管限制性股票通常不被称为"期权"，但事实上它就是期权。他们还举例说明了限制性股票的期权性，以及其能为激励对象带来更高的收益：假设公司向高管发行一份期权，当日股票的市场价为100美元。如果期权平价发行，则其行权价为100美元。如果该高管后来在股价为V美元时行权，则该高管的收益为V美元减100美元。与此不同，如果一股限制性股票在卖出时股价为V美元，则该高管的获益为V美元。因此，一股限制性股票其实就是一份行权价为0美元的期权将行权价从100美元降至0美元使意外之财问题变得更严重。这种降低增加了一个业绩不如业内同行但其公司股票随市场上涨的高管的意外之财。的确，它使一个业绩不佳的高管即使在股价低于其授予价格时也能获得意外之财。

在我国，《上市公司股权激励管理办法》（2016）第23条规定了限制性股

---

❶ 不同的指数选取的企业范围不同，对市场的反映是从不同角度来观察的。比如上证指数（上证综指）采取的本股是全部上市股票，包括A股和B股，反映了上海证券交易所上市股票价格整体的变动情况。再如中证指数有限公司开发的中证500指数，其样本股是扣除沪深300指数样本股及最近一年日均总市值排名前300名的股票，剩余股票按照最近一年（新股为上市以来）的日均成交金额由高到低排名，剔除排名后20%的股票，然后将剩余股票按照日均总市值由高到低进行排名，选取排名在前500名的股票作为其样本股的指数，综合反映的是沪深证券市场内小市值公司的整体状况。结合上市公司的具体情况采纳不同的指数决定期权的行权价格能在一定程度上过滤掉市场整体上扬等情形给高管带来的意外之财。

票的价格确定方法。限制性股票的授予价格的确定类似于股票期权行权价格的确定，只是这种利益的分割更为直接。仍旧前述例子说明，股票票面金额为10元的A上市公司的股票价格达到100元每股时推行股权激励计划，其在公布激励方案之前发布利空消息，造成股价下跌，假如连日下跌，某日收盘价跌至70元每股，随即在第二日发布股权激励计划草案。如此，其可以将限制性股票的授予价格定为35元每股，因为它满足不低于股票的票面金额，且原则上不得低于股权激励计划草案公布前的1个交易日的公司股票交易均价50%的要求。随后故技重施，发布利多消息，股票价格恢复至100元每股甚至更高，自然可以收获颇丰。

对于限制性股票，支持者会说，被授予这种股票的高管受到限售期的限制，不得在期限内出售股票，如此他们会更为关注上市公司长期价值。但实际上，我国《上市公司股权激励管理办法》对与限制性股票授予日与首次解除限售日之间的间隔的限制仅为12个月。应当注意到，解除限售的条件如何确定呢？解售条件属于商业判断，需要各家上市公司自行决定。至此，应都能明白为何上市公司在股票期权受到不断的非议后，自然而然地选择了限制性股票。

7.5.2 存在的问题

现代上市公司高管问题薪酬主要源自股权激励，股权激励的实施应当以全面、完善的制度为保障，否则可能会成为利益输送的重要途径。我国国企改革既要与市场接轨，提高效率，又要避免国有资产的流失。21世纪初，随着股权分置改革的推进和全流通时代的到来，国有上市公司掀起了MBO的热潮，但短短几年便被叫停。2006年，上市公司股权激励掀开帷幕，国有上市公司又成为排头兵。不断曝光的天价薪酬引发了国人对国有资产流失、中小股东利益被侵吞的担忧和热议。2008年金融危机的爆发，人们对上市公司，尤其是国有上市公司高管的巨额薪颇有意见，国务院各部门，甚至中共中央均对国有上市公司高管，尤其是中央企业负责人的薪酬做出限薪令。但是，深化改革的趋势是必然的，上市公司高管薪酬激励制度建设的步伐也不能停止。只不过，与股权激励制度相比，上市公司高管薪酬制度中的其他制度建设显得滞后。本部分对我国股权激励制度存在的问题进行了梳理。

7.5.2.1 相关法律法规仍不健全，未能形成全面、系统的制度保障

我国上市公司股权激励制度的调整规范都集中在部门规章中，《中华人民共和国公司法》《中华人民共和国证券法》一直没有正面回应。当然，随着基本法律的不断完善，一些股权激励制度面临的障碍也得以清除。例如2014年《中华人民共和国公司法》将注册资本实缴登记制度改为认缴登记制度，为公司设置库存股，为高管激励提供的股票解决了来源问题。而根据《中华人民共和国商业银行法》《中华人民共和国证券法》规定，商业银行、证券公司仍然实行法定资本制度。2013年修正的《中华人民共和国证券法》仍然禁止证券从业人员买卖持有股票，也是证券公司股权激励制度面临的重大障碍。不仅如此，相关法律、法规，如税收、会计等方面对股票期权费用的处理，公允价值的计算方法的统一等仍然存有争议，有待完善。还需指出的是，当前司法实践仍然将上市公司高管与公司之间的矛盾界定为劳动关系，适用劳动法律进行解决也是不妥的。

7.5.2.2 上市公司治理结构不完善，薪酬委员会（独立董事）、监事会的作用难以实现

自《中华人民共和国公司法》颁布以来，各家公司，尤其是上市公司纷纷成立了股东大会、董事会、监事会三会共治的公司治理结构。但是，直至今日，仍不够完善。从整体上来看，我国大多数的上市公司系国有企业改制而来，国有股一股独大，没能形成相互制约与平衡。非国有上市公司治理也不够完善，创始人股东在公司治理中起着主导作用。在我国一些上市公司中，要么股东缺位，内部人控制企业；要么创始人股东一股独大，虽然具备了形式完备的公司治理结构，但未能实现有效的公司治理。就董事会而言，独立性不强，董事维护的是其代表的股东的利益。在国有上市公司中，如果履行出资人主体职责的主体强势，董事会处处受制，独立性弱。在非国有上市公司中，创始人股东控制了董事会，董事会成为"橡皮图章"。

根据上市公司治理的规则指引，董事会下设的薪酬委员会即是起草高管薪酬方案（包括股权激励计划）的专门委员会。股权激励计划的制订是相当复杂的一项工作，薪酬委员会难以独立完成该任务，其可以聘用薪酬顾问（公司），来帮助制订薪酬方案和股权激励计划。薪酬顾问受公司及高管的影响颇深，靠公司获取顾问事宜的报酬，甚至其他更多顾问业务的薪酬顾问，难以听命于薪酬委员会的。为了克服各种困难，在美国形成了独立董事主导薪酬委员会的状况，我国也借鉴了这一做法。但事实是，即便在美国，以独立董事为主甚至全部由独立董事组成的薪酬委员会并未能维护公司、广大投资者的利益。没有上市公司董事会会聘任既不相识又难以沟通的人士担任独立董事的。换句话说，独立董事的独立性大多也仅仅是满足形式上的独立要求而已。至于监事，2016年的《上市公司股权激励管理办法》虽然取消了试行办法认可监事可以成为激励对象的做法，但是，得到所谓独立制订性支持的监事，以及同样不能成为激励对象的独立董事❶并不能完全胜任薪酬方案制定过程中与高管的角力与制衡的。当前，中国上市公司监事与独立董事的独立性难以实现。在股东缺位或股东强势的上市公司，董事会成员与高级经理人员角色交叉，形成"董董"相护、"董高"相护的局面，而委以监事与独立董事重任的做法，无异于缘木求鱼。

7.5.2.3 资本市场和经理人市场尚不成熟，股权激励计划效用的发挥有限

中国的股票市场自20世纪80年代末开始试点，并随着上海证券交易所（1990年12月19日）和深圳证券交易所（1991年7月3日）的正式开业而掀开帷幕。经过30多年的发展，仍然不够成熟，现在的中国资本市场是一个新兴+转轨的资本市场，有效性不足，尤其是上市公司信息披露缺乏强有力的制度措施加以保证，市场严重缺乏有效信息。基于此，股票交易以投机性交易为主，庄家操纵股市严重，股票价格与价值严重脱节，股权激励制度的实践效果大打折扣。令人担心的是，众多激励对象——上市公司高管们掌握着优势的信息和

---

❶ 一般认为，支付给独立董事报酬包括支付固定的津贴和会议费，独立董事一般不参与公司股票期权计划，但并不反对独立董事持有公司股份。根据我国《上市公司股权激励管理办法》的规定，独立董事不能列为激励对象。

多样化的手段，可能加入操纵股价的队伍中，利用掌握的权力和优势信息对股权激励中的行权、信息发布等环节进行恶意利用，实现其利己目标。

就经理人市场而言，我国尚处于起步阶段，缺乏形成充分竞争的环境。上市公司选择、委任、更换职业经理人仍然难以完全实现市场化。国有上市公司通过行政手段来实现对控制权配置的主导做法不利于经理人市场的成熟。经理人市场与资本市场等相比较，更具有依附性，即其难以通过自身的发展运动实现进步和完善，对其他基础性制度的依赖是经理人市场成熟的重要特点，我国的经理人市场的完善将是一个长期的过程。

7.5.3 解决的建议

7.5.3.1 完善与股权激励相关的法律、法规，改善上市公司股权激励的外部法律环境

2016年，《上市公司股权激励管理办法》施行，股权激励办法在试行十年后终获正名，这表明经过十多年的试行，立法机关对全面推行上市公司股权激励充满信心。但是，股权激励规范层级仍然较低，有两方面的原因，一方面，对股权激励在国有上市公司中的推行会否导致国有资产流失、国有股权重不断降低、公司员工与高管收入差距的巨幅扩大等的担心仍然存在。另一方面，对股权激励进行法律法规层面的全面制度供给与否，实际上也无须纠结。在我国，规章形成的效用，与法律法规常常是一致的，只是在法律工作者看来，缺乏了法律支撑的上市公司的股权激励制度少了些许稳定性和法治味道。在上市公司的高管看来，十多年来的股权激励试水实际上取得了重大突破，相信国有上市公司也会更大范围地推行股权的激励计划。

上市公司股权激励计划的推行，需要外部法律环境的支持。《中华人民共和国公司法》和《中华人民共和国证券法》对股权激励制度缺乏基础性的规定，应当对股权激励制度进行正面回应。对《中华人民共和国商业银行法》和《中华人民共和国证券法》进行调整，或以更为谨慎的做法，即明确商业银行、证券公司可以虚拟股票等激励形式推行激励计划等。证监会应联合税务总局等部门在税收、会计等方面对所涉及的股权激励相关事宜，如公允价值的计算方

法等做出指导性的建议，逐步解决上市公司各行其是的现状。2016年，《上市公司股权激励管理办法》明确了高管与上市公司间的股权激励关系为普通合同关系，此为进步之处，应顺势而为，对上市公司高管与公司之间的劳动关系进行特殊化处理。持续地、全面地营造上市公司股权激励所需的外部法律环境，是一项长期的、艰巨的任务，将为我国上市公司股权激励制度作用的全面发挥提供不可替代的保障。

7.5.3.2 坚持完善公司治理，逐步提升薪酬委员会（独立董事）、监事会的作用

实施股权激励，科学、规范的现代企业制度是基础，完善的公司治理是前提。不够健全的公司治理结构和较低的公司治理水平使得上市公司的股权激励机制严重扭曲，激励效果只能停留在较低的水平，甚至出现负激励的现象。为此，应当不断完善公司治理，加强薪酬委员会（独立董事）、监事会建设，充分发挥薪酬委员会和监事会的作用，促进上市公司的高管薪酬股权激励制度的目的实现。

《上市公司股权激励管理办法》做出了大量的新规定。值得强调的是第40条，其规定："上市公司召开股东大会审议股权激励计划时，独立董事应当就股权激励计划向所有的股东征集委托投票权。"如此进一步强化了独立董事代表股东对管理层监督的作用，新规加强了内部的监督机制。应当对于征集委托投票权的实施提供指导性的意见，要求上市公司提供必要的便利，如必要的经费、公司网站的使用、上市公司信息发布网站的协调等，以制度保障切实提升中小股东对公司薪酬治理的参与程度，促进股权激励制度目的的达成。

新规在规定独立董事和监事监督权利的同时，相关法律法规还应当就独立性保障措施进行优化，以切实发挥内部监督作用。为此，笔者建议，可由国务院国资委牵头，建立全国性的独立董事库，国有上市公司的独立董事须从库里以随机抽取等方式产生，对非国有上市公司则为建议性质的规定。该制度的核心即通过对独立性的保障，来真正发挥独立董事在公司薪酬治理中的作用。

7.5.3.3 不断完善我国资本市场、经理人市场，提高市场的有效性，为股权激励计划的实施提供保障

股权激励计划的有效实施，需要有效的市场中股票价格对公司业绩的真实

反映，也即股权激励计划需要在有效的证券市场中实施，才能获得预期的激励效果。我国的股票市场为弱效市场，常常发生股票价格与价值偏离的现象，而不少偏离现象系上市公司高管为使股权激励达到利己的目的而促成的。

在弱效市场中，控制权收购不宜实现，经理人面临的并购压力小，缺乏有效的外部约束。弱效市场难以培养出大量的优秀职业经理人，也就难以形成有效的经理人市场，企业与经理人之间的双向选择难以真正实现。在我国，不少上市公司还具有一定程度的垄断性，对经理人市场的发展所起到的积极作用极为有限。我们应采取各种措施，提升市场的有效性，这一过程极为艰巨，与我国的政治经济体制改革、国有企业改革等密切相关，相关研究内容庞大，仅作为股权激励计划的完善手段提及而已。

7.5.3.4 加强监管，有力保障制度作用的发挥

欠完善的监管体系不利于股权激励制度作用的发挥，应当通过各种手段加强股权激励计划实施过程中的监管。对上市公司推行股权激励存在监管过度的观点，笔者不敢苟同。股权激励实践中，在存在着制度漏洞、监管漏洞、市场失灵较为严重，高管自利、短期行为频发的情况下，放松监管对中小股东的利益和证券市场的规范化将会带来严重伤害。虽然在2015年4月，证监会将股权激励纳入取消调整的备案类事项中，不用再报会审批[1]，但是，这并不意味着监管工作的放松，对上市公司内部实施的流程应进行适度的监管，通过各种方法防止财务造假和操纵股价行为的发生；应加大股权激励计划实施中违法违规行为的处罚力度。在监管过程中，要充分发挥评估师、会计师、律师及咨询顾问等中介机构的作用，提升中介机构的责任意识，协助监督，形成对股权激励计划制定和实施的全方位监督。应当将限制性股票激励方式纳入重点监管范

---

[1] 2016年《上市公司股权激励管理办法》将试行办法中有关证监会审批的内容删除，贯彻了不再对股权激励计划审批的原则。试行办法第33条规定，董事会审议通过股权激励计划后，上市公司应将有关材料报中国证监会备案，同时抄报证券交易所及公司所在地证监局。第34条规定，中国证监会自收到完整的股权激励计划备案申请材料之日起20个工作日内未提出异议，上市公司可以发出召开股东大会的通知，审议并实施股权激励计划。在上述期限内，中国证监会提出异议的，上市公司不得发出召开股东大会的通知审议及实施该计划。

围，要求上市公司规定更严格的绩效考核条件，设置更长的解锁期，强力遏制管理层过分自利倾向和投机行为。

7.5.3.5 将上市公司与高管的股权激励争议列为普通合同纠纷

《最高人民法院关于修改〈民事案件案由规定〉的决定》（2011）没有将股权激励纠纷的单独案由列出，实践中的做法不一。笔者以为，应当明辨高管与上市公司之间的关系属性，尤其是股权激励争议的属性，应当是普通合同纠纷，而非劳动争议。

将上市公司高管与公司之间针对股权激励发生的纠纷定性为劳动合同关系纠纷是不妥的。2016年的《上市公司股权激励管理办法》第20条明确，上市公司应当与激励对象签订协议，确认股权激励计划的内容，并依照本办法约定双方的其他权利义务，对股权激励计划中双方的关系认定起到了积极的作用，更加确定了其普通合同关系的属性。立法机构或最高人民法院应当通过立法或司法解释，将股权激励纠纷案件界定为普通合同纠纷，符合事实，有利于纠纷的解决。

8　结语

上市公司高管薪酬问题愈演愈烈,已经成为全球性的公司治理难题。自改革开放与资本市场重建以来,我国的上市公司高管薪酬问题愈发突出,高额薪酬,甚至巨额薪酬不断出现,引发了各界的关注。上市公司高管薪酬问题是该类公司的共性,源于其公众性与股权的分散化所形成的经理层对公司的实质性控制。随着股票期权激励形式的出现,上市公司高管薪酬的激励大幅提升,且具有一定的隐蔽性,或者称为合理性。换句话说,上市公司高管薪酬形式的不断增加是对市场客观变化的真实反映,体现了高管薪酬制度理论和实践的发展。但是,股票期权制度扭曲了上市公司高管薪酬激励制度,代理问题不仅没能得到解决,更有严重的趋势,上市公司高管薪酬激励制度的设计偏离了正轨。

在中国,随着改革的深入,高管薪酬成为上市公司,尤其是国有上市公司改革中顶层设计的关键部分。高管薪酬激励制度的设计,是一个利益分配过程中各方主体利益冲突与调谐的过程。2016年《上市公司股权激励管理办法》的正式出台,股权激励作为上市公司高管薪酬激励制度的正式组成部分,我国上市公司高管薪酬问题的解决面临着机遇与挑战。

上市公司高管薪酬制度在各国收入分配制度中均属重要的组成部分,上市公司的收入分配关系着股东、高管及相关利益主体的权益,反映社会对效率、秩序和公平正义的追求。各国都进行着积极的探索,既取得了卓有成效的成果,也有尚难以克服的困难。当前,我国正处于加快经济发展方式转变、全面深化各项改革的关键时期。中共十八届三中全会《关于全面深化改革若干重大问题的决定》提出了形成合理有序的收入分配格局的目标,我国上市公司高管薪酬制度的建设和完善是目标实现的重要保障。

上市公司高管薪酬制度的终极目标，为减少代理成本，促进代理问题的解决，增进股东、高管及有关利益主体的利益。合理化的薪酬既能实现该目标，又能增进高管利益的实现。但是，当薪酬制度异化时，高管薪酬的合理化又成为法律规制的重点。围绕上市公司高管薪酬而展开的理论研究和制度的创立与完善，均是围绕薪酬合理化的目标进行的。其中的难点在于薪酬形式与水平的磋商是以市场为基础进行的，薪酬数额合理与否的判断是商业经营判断问题，外周的力量无从判断。

在高管薪酬合理化的追求过程中，形成了薪酬决定、信息披露、司法介入等几大法律板块，以及股权激励、股东话语权、薪酬取回权、合理性保证义务等法律制度。同时，税法和会计规则还从所得税和成本杠杆的角度参与了对上市公司高管薪酬的调控。不同的薪酬法律制度或机制产生的背景不同，规制原理不同，作用大小各异。税法和会计规则、股东诉讼在高管薪酬问题上的作用有限。税法和会计规则对高管和公司的确能形成一定的负担和压力，但是，即便不考虑弄虚作假等因素，对高管个人所形成的负担都可能被转嫁到公司。至于股东诉讼，因条件苛刻难以提起，而法官也难以判断薪酬的合理性，薪酬问题的最后一道防线作用有限。

薪酬决定和信息披露制度是促进薪酬合理化的关键。薪酬决定是薪酬问题的起点，如能通过决定机制有效控制高管薪酬水平，无疑是在源头上一定程度上解决了问题，而如何增加股东在薪酬议案上的权力是关键。围绕着这样的思路，在我国上市公司的高管薪酬决定中，股东大会与董事会共同决定高管薪酬，即股东大会决定高管薪酬的形式及总额，而董事会决定具体的分配事宜应当是正确的选择。而信息披露制度能够在相当程度上促进薪酬合理化。信息披露制度在上市公司高管薪酬问题解决中的地位和作用在于，上市公司高管薪酬问题并非薪酬数额的高低，而是薪酬决策程序合理与否的问题。薪酬形式及数额的决定从本质上来看，是商业决策问题，有如法官等第三者是难以判断的，故而，解决上市公司高管薪酬问题的关键是从薪酬决定的程序合理性出发，推定薪酬决定程序的优化，符合法律规定与市场公认合理的程序形成是薪酬问题解决的关键，而这一切的重点即在于信息公开。信息公开对单个企业来说有其不合理之处，因为高管薪酬政策、计划与方案等无疑属于企业秘密，同时，信息公开会形成棘轮效应等高管相互攀比和论证其薪酬合理性的依据，但两害相权取其轻，信息公开的作用无疑是积极的、有效的。充分的信息披露对于解决代理问题的内源性矛盾——信息不对称具有决定性的作用。而阳光是最好的防腐剂，信息披露制度的完善能有效地促进薪酬的合理化与高管薪酬问题的解决。

我国上市公司在国民经济中的地位非常重要，其中，国有上市公司又是主要力量。国有上市公司治理的完善是国家治理体系和治理能力现代化的重要推动力量。完善社会主义市场经济制度，加快国企改革步伐，建立有效的公平交易机制是我国国有上市公司高管薪酬问题解决的基础和前提，各项薪酬制度和机制的建立和完善是国有上市公司高管薪酬合理化的法律保障，而行政性的薪酬控制手段在国有上市公司薪酬治理中的作用目前还不能否定。

需要指出的是，上市公司股权激励制度正是天价薪酬现象形成的关键。股权激励制度对于增进高管与公司目标的一致性，促进代理问题的解决具有关键意义，但是，股权激励的运行规则容易被利用，且难以通过内在因素的优化进行改变。如何结合外在因素设计股权激励的规制规则是问题解决的关键。例如，如对民营上市公司不加以更多的约束尚可接受的话，对国有上市公司而言，除了对激励份额与公司股份之间做出比例限制之外，应当将激励份额的（估算）价值与薪酬总额之间也进行比例上的限制，即公司股份与薪酬总额均进行的双重限制。

正如本书的开篇所指出的，我国上市公司的主体是国有企业，在现阶段必须关注国有上市公司的财富如何在理论上延续全民所有的旗帜，且在实践中不被高管攫取创设法律保障机制。21世纪初，我国国有企业MBO改制证明了这种掠夺行为的存在，2016年《上市公司股权激励管理办法》的正式出台，确立了股权激励为上市公司的高管薪酬激励制度正式的组成部分，全面推行股权激励"名正言顺"，但是，上市公司股权激励制度异化，形成了问题薪酬，损害了公平与效率的他国实践值得我们警醒。

在股权激励形式中,股票期权是最先被采用的形式,的确起到了一定的促进公司发展的作用。由于税收和会计规则的改变,在形成股票期权激励制度的美国,自2005年开始的期权费用化改革,要求上市公司将股票期权报酬作为费用在财务报表中列支,使得公司盈利降低,限制性股票逐步获得了上市公司的青睐,但股票期权仍然是上市公司高管薪酬激励形式中的重要类型。本书围绕《上市公司股权激励管理办法》(2016)中股权激励的运行规则进行了分析,主要包括股权激励的行权价、重新定价、窗口期、递延支付等规则,对制度异化与问题薪酬做出了说明。

相信经过长期的理论研究、制度建设与完善,辅之以更多技术手段对上市公司高管的努力成绩进行客观的揭示,将来能在高管付出与企业业绩之间建立科学的、客观的、可衡量的评价标准,从而尽可能地解决薪酬问题,最大限度地发挥薪酬激励机制在企业发展和社会进步中的积极作用。

致谢

本书系从我的博士论文而来。2011年初夏，在获知考博分数后，我给张舫老师发了封邮件，表达了多年来的学习愿望，并在邮件的末尾说道，希望能够跟随他"好好学习，天天向上！"老师回信说，"如无意外，今后可以一起好好学习，天天向上了"。面试结束时，老师点了点头，"答得不错"。看得出，对我这样一名"青年老教师"，老师还是认可的，自然也有着一份期望。从那时起，我的内心产生了要做出表率的想法，以优异的成绩毕业无疑是最为恰当的方式。在课程修完后，在老师的指导下，以"上市公司高管薪酬法律制度研究"为题，确定了毕业论文的主题和方向。该选题在当时金融危机爆发，引发了全球又一轮关注的背景下，既有新颖性，又可满足理论、实践的价值要求，好好学习，如期完成论文的写作及答辩工作成了人生又一阶段性目标！

谁知，自入学至今已近六年半的时间，2017年的严冬方将来到答辩席前，这段路走得如此漫长！噫吁嚱，悠悠苍天，此何人哉：2013年，女儿重病，带着她外出就医一年半后回到故乡，当年的豪言壮语早已荡然无存，放弃的念头内由心生。"可惜了，兴东。"2015年初秋，老师与振华专程赶来贵阳看望吉祥时对我说道，当中充满深深的关切和鼓励。前行路漫漫兮，命运跌宕前途不可知；而就此留步又愧对师长、同学。再则，每每想到吉祥念及父亲是博士时的骄傲笑容，内心更为挣扎。完成论文，除了给老师和吉祥一个交代，也为自己的担当给出了最佳解释。但实际上内心仍然充满顾虑，首尾两端。踯躅前行中，有宋老师的当头棒喝，有各位老师的谆谆教诲，内心愈发坚定。最终，在老师的指导下，经过前后四稿的淬炼，如期完成论文，并获答辩，一年有余的写作终获回报。再多辛苦也不嫌多，唯一遗憾的是陪吉祥的时间少了些，对她的平衡训练没有达到理想的强度。

人生坎坷，一路走来，确有不易。更为难得的是张舫老师的鼓励、支持和指导，法学院众多老师的不吝赐教，以及朱俊、樊振华等同学的大力支持，论文终成。此时此刻，心情难以言表，唯有寥寥数语，感谢生命中的每一位师长、朋友，以及妻子默默无闻的奉献和家人的期盼与鼓励，希望生命中与你们有更多的交集，共享畅意人生！感谢吉祥，能与你共度人生，无怨无悔！祝你身体健康、天天向上！

臧兴东

二零一八年三月

参考文献

[1] 卢西恩·伯切克,杰西·弗里德.无功受禄——审视美国高管薪酬制度[M].赵立新,等,译.法律出版社,2009:2.

[2] 卢西恩·伯切克,杰西·弗里德.无功受禄——审视美国高管薪酬制度[M].赵立新,等,译.法律出版社,2009:56.

[3] 艾拉·T.凯,斯蒂文·范·普腾.企业高管薪酬[M].徐怀静,等,译.华夏出版社,2010:38.

[4] 杨继东.高管薪酬影响因素研究:理论与证据[M].中国人民大学出版社,2013:22.

[5] 郎咸平.公司的秘密[M].东方出版社,2008:93-94.

[6] 冉春芳.高管权力、能力与高管超额薪酬研究[M].西南财经大学出版社,2016:14.

[7] JENSEN M,MECKLING W,Theory of the firm:managerial behavior,agency costs,and ownership structure[J]. Journal of Financial Economics,1976,4.

[8] 郁光华.从代理理论看对高管报酬的规范[J].现代法学,2005(2):181-187.

[9] 卢西恩·伯切克,杰西·弗里德.无功受禄——审视美国高管薪酬制度[M].赵立新,等,译.法律出版社,2009:111-124.

[10] 艾拉·T.凯,斯蒂文·范.普腾.企业高管薪酬[M].徐怀静等译.华夏出版社,2010.

[11] MURPHY K. Explaining executive compensation:managerial power versus the perceived cost of stock option[J]. University of Chicago Law Review,vol.69,no.3(summer 2002),850.

[12] HOLMSTRÖM B,KAPLAN S. The state of U.S. corporate governance:what's right and what's wrong?"[J]. Journal of Applied Corporate Finance,vol.15,no.3(2001),8-20.

[13] CORE J E,GUAY W R,THOMAS R S. Is U.S. CEO compensation inefficient pay without performance?[J]. Ssm Electronic Journal. 2005,103(6):1142-1185.

[14] 罗伯特·C.克拉克.公司法则[M].胡平,等,译.工商出版社,1999:162.

[15] 卢西恩·伯切克,杰西·弗里德.无功受禄——审视美国高管薪酬制度[M].赵立新,等,译.法律出版社,2009.

[16] Randall S. Thomas. MARTIN K J. The effect of shareholders proposals on executive compen-

sation[J]. University of Cincinnati Law Review,1999,67.

[17] BAINBRIDGE,STEPHEN M,is 'say on pay' justified?[J]. (2009). Regulation,Vol.32,No.1, 42-47.

[18] Andrew Lund. Say on pay's bundling problems[J]. Kentucky Law Journal,2011,99.

[19] CHEFFINS B R,THOMAS R S. Should shareholders have a greater say over executive pay?: Learning from the US experience[J]. Journal of Corporate Law Studies,2001,1(2):277-315.

[20] Nathan Knutt. Executive Compensation Regulation:Corporate America,Health Thyself[J]. Arizona Law Review,2005,47.

[21] MURPHY K. Politics,economics,and executive compensation[J]. 63 University of Cincinnati Law Review 1995,713-715.

[22] JEFFREY N,GORDON. Executive compensation:if there's a problem,what's the problem? The case for 'compensation disclosure and analysis'[J]. Columbia Public Law & Legal Theory Working Papers,2005,No.0590.

[23] GOPALAN S. Say on Pay,and the SEC Disclosure Rules:Expressive Law and CEO Compensation[J]. 35 Pepperdine Law Review,2007-200.

[24] FRIED J M,SHILON N. Excess-Pay Clawbacks[J]. Journal of Corporation Law,Vol. 36, 2011,722-751.

[25] THOMAS R S,MARTIN K J.Litigating challenges to executive pay:an exercise in futility[J]. 79 Washington University Law Quarterly. 2001,576.

[26] 詹尼斐·希尔. 澳大利亚董事及高级职员的报酬披露制度[M].《商事法论集》(第6卷),法律出版社,2002:271.

[27] 施廷博. 上市公司高管薪酬监管法律制度研究[D]. 华东政法大学博士论文,2014:11.

[28] HILL,JENNIFER G. What reward have ye? Disclosure of director and executive remuneration in australia[J]. Corporate Governance:An International Review,Vol.5,No. 2,1997,60.

[29] JENNIFER G. HILL. YABLON C M. Corporate governance and executive remuneration:rediscovering managerial positional conflict[J]. University of New South Wales Law Journal,2002, 25.

[30] SHEEHAN K. The regulatory framework for executive remuneration in australia[J]. Sydney Law Review,2009,31.

[31] THOMAS R S. Lessons from the rapid evolution of executive remuneration practices in australia:hard law,soft law,boards and consultants.[EB/OL].(2016-10-16).http://papers.ssrn.com/so13/papers.cfm?abstract_id=1777229.

[32] CHEFFINS B R. The metamorphosis of "germany inc.": The case of executive pay[J]. American Journal of Comparative Law, 2001, 49.

[33] BAHAR R. Executive compensation: is disclosure enough? Conflicts of interest: corporate governance and financial markets[J]. Kluwer Law International, 2008.

[34] MCCLENDON J K. Bringing the bulls to bear: regulating executive compensation to realign management and shareholders' interest and promote corporate long-term productivity[J]. Wake Forest Law Review, 2004, 39.

[35] SEPE S M. Making sense of executive compensation[J]. Delaware Journal of Corporate Law, 2011, 36.

[36] Jennifer G Hill. New Trends in the Regulation of Executive Remuneration[J]. Directions in Trouble Times, Ross Parsons Centre of Commercial, Corporate and Taxation Law, 2009.

[37] Guido A. Ferrarini, Niamh Moloney. Executive Remuneration and Corporate Governance in the EU: Convergence, Divergence and Reform Perspective[J]. European Company and Financial Law Review, 2004, 1.

[38] FERRARINI G A, MOLONEY N. Executive remuneration in the EU: The context for reform [J]. Oxford Review of Economic Policy, 2005, 21.

[39] FERRARINI G A, MOLONEY N, UNGUREANU M C. Executive remunertion in crisis: a critical assessment of reforms in europe[J]. Journal of Corporate Law Studies, 2010, 10.

[40] CHEFFINS B R, THOMAS R S. The globalization(americanization)of executive pay[J]. Berkeley Business Law Journal, 2004, 1.

[41] THOMAS R S. International executive pay: current practices and future trends[M]. Edward Elgar Publishing, 2009.

[42] 郁光华. 从代理理论看对高管报酬的规范[J]. 现代法学, 2005(2): 181-187.

[43] 吴国基. 中国上市公司高管薪酬的公司法规制[J]. 湖南农业大学学报, 2004(2): 79-82.

[44] 傅穹, 于永宁. 高管薪酬的法律迷思[J]. 法律科学: 西北政法学院学报, 2009(6): 123-130.

[45] 朱羿锟. 经营者薪酬: 正当性危机与程序控制[J]. 法学论坛, 2004(6): 5-10.

[46] 朱羿锟. 经营者自定薪酬的控制机制探索[J]. 河北法学, 2006: 34.

[47] 罗培新. 公司高管薪酬: 制度积弊及法律应对之限度——以美国经验为分析视角[J]. 法学, 2012(12): 69-79.

[48] 郑观. 欧美主要国家上市公司董事薪酬制度之变迁[J]. 环球法律评论, 2015(1): 55-70.

[49] 周云帆,朱羿锟.经营者薪酬的信息披露机制探微[J].南方经济,2005(4):18.

[50] 樊健.上市公司高管薪酬追回制度之研究:美国经验与中国借鉴[M].王保树.商事法论集.法律出版社,2012,22:83-99.

[51] 樊健.上市公司股东的薪酬建议权初探[J].环球法律评论,2012(6):134-149.

[52] 郑观.上市公司管理层薪酬制定中的股东话语权——股东咨询性投票制度及对我国的借鉴意义[J].当代法学,2012(4):39-46.

[53] 陈南男.金融危机背景下高管薪酬法律规制新论[J].特区经济,2009(9):252-254.

[54] 李华,童超.中国商法年刊:商法视野中的社会责任[M].北京:知识产权出版社,2010(1):65-70.

[55] 黄再胜.企业高管薪酬规制理论研究:动因、实践与启示[J].外国经济与管理,2009(8):19-20.

[56] 黄再胜,王玉.公平偏好/薪酬管制与国企高管激励———一种基于行为合约理论的分析[J].财经研究,2009(1):16-27.

[57] 傅穹,于永宁.高管薪酬的法律迷思[J].法律科学:西北政法学院学报,2009(6):123-130.

[58] 张锋学,官欣荣.高管薪酬的司法介入——美、英、澳之比较[J].大连理工大学学报(社会科学版),2013(2):96-101.

[59] 李荣,段莉.公司高管薪酬合理性审查的新路径[J].人民论坛,2013(17):74-75.

[60] 朱羿锟.论高管"问题薪酬"的董事问责[J].现代法学,2010(4):173-181.

[61] 赵康生,周萍,刘玉博.管理层持股、所有权性质与公司诉讼风险[J].软科学,2017(5):60-65.

[62] 丁勇.高管薪酬法律规制的结构性思考——德国立法及其启示[J].证券法苑,2012(2):41-44.

[63] 秦萌,李荣.德国高管薪酬法律规制立法实践及对我国的启示[J].中国商贸,2013(29):56-57.

[64] 刘昌黎.日本企业高管的薪酬水平及其未向国际高水平靠拢的原因[J].日本问题研究,2009(2):8-15.

[65] 朱羿锟.论高管"问题薪酬"的董事问责[J].现代法学,2010(4):173-181.

[66] 朱羿锟,等.高管薪酬:激励与控制[M].法律出版社,2014.

[67] 常浩娟.国有上市公司高管薪酬制度研究[D].石河子大学,2005.

[68] 刘超.国有上市公司高管薪酬的法律规制[J].知识经济,2013(3):33-34.

[69] 赵艳杰. 论国有上市公司高管薪酬的法律规制[J]. 商场现代化, 2016(8):251-252.

[70] 蒋科. 国家出资人代表考评机制的法律构造[J]. 湖南社会科学, 2016(4):88-93.

[71] 彭真明, 方妙. 国有企业经营者薪酬的法律规制——一个程序视角的分析[J]. 法律科学, 2011(1):162-169.

[72] 朱敏. 中国上市公司高管股票期权激烈有效性研究[M]. 西南财经大学出版社, 2014: 29-30.

[73] 朱敏. 中国上市公司高管股票期权激烈有效性研究[M]. 西南财经大学出版社, 2014: 29-30.

[74] LUBLIN J S. With Options Tainted, Companies Award Restricted Stock[J]. Wall Street Journal, March 3, 2003, B1.

[75] HOLDERNESS C, KROSZNER R, SHEEHAN D. Were the good old days that good? Evolution of managerial stock ownership and corporate governance since the great depression[J]. Journal of Finance 54(1999):434-468; John J. McConnel and Henri Servaes, "Additonal Evidence on Equity Ownership and Corporate Value"[J]. Journal of Financial Economics 27 (1990):591-611.

[76] LEONHARDT D. Report on executive pay: will today's huge rewards devour tomorrow's earnings?[N]. New York Times, April 2, 2000, sec. 3, 1.

[77] JOHNSON S A, TIAN Y S. The value and incentives effects of non-traditional executive stock optionss plans[J]. Journal of Financial Economics 2002(57):25-26.

[78] 卢西恩·伯切克, 杰西·弗里德. 无功受禄——审视美国高管薪酬制度[M]. 赵立新, 等, 译. 法律出版社, 2009.129-130.

[79] MEULBROEK L K. Executive compensation using relative-performance-based options: evaluating the structure and costs of indexed options[J]. Social Science Electronic Publishing, 2001, 1-3.

[80] 卢西恩·伯切克, 杰西·弗里德. 无功受禄——审视美国高管薪酬制度[M]. 赵立新等译. 法律出版社, 2009.126-180.

[81] 万国华, 张崇胜. 独立董事股权激励可行性法律问题探讨[J]. 产权导刊, 2017(1):48-52.

[82] 欧阳小明, 陈敏, 傅伯文. 股权激励中限制性股票与股票期权对比分析[J]. 会计之友, 2017(6):20-23.

[83] 王宇. 股权激励法律规制研究[D]. 华东政法大学, 2016:27.

[84] 李爱华, 范思遥, 赵小忠. 我国上市公司股权激励实施中存在的问题及改进建议[J]. 商

业会计，2017（5）：88-90.

[85] 官欣荣，刘嘉颖.国有企业实施员工持股计划的法治思考[J].南方金融，2017（1）：79-86.

[86] 范围.公司股票期权激励争议处理研究[J].当代法学，2016（2）：102-109.

[87] 张晓晨.债权激励：我国公司高管薪酬改革的新探索[J].法商研究，2017（4）：61-70.

[88] 李维安.为推动公司治理向有效性阶段迈进提供指引[J].董事会，2017（1）：56.

[89] 邱茜.中国上市公司高管薪酬激励研究[M].山东大学出版社，2013：6.

[90] 冉春芳.高管权力、能力与高管超额薪酬研究[M].西南财经大学出版社，2016：5.

[91] HAMBRICK D C, Mason P A. Upper echelons: the organization as a reflection of its top managers[J]. Academy of Management Review, 1984(9)193-207.

[92] 刘俊海.公司法[M].中国法制出版社，2008：156.

[93] 刘银国.基于公平正义视角的国有企业高管薪酬制度研究[M].经济科学出版社，2014：26.

[94] 束小江，宗延军.略论美国公司治理结构制度[J].河北法学，1996（6）：104-106.

[95] 张开平.英美公司董事法律制度研究[M].法律出版社，1998：115.

[96] 郎咸平.公司的秘密[M].东方出版社，2008：110.

[97] 平田光弘，李维安.日本公司治理：变革与启示[J].南开管理评论，1998（6）：5.

[98] 李明辉.日本的独立董事制度及其启示[J].世界经济研究，2005（3）：79.

[99] 高明华.上市公司高管薪酬指数报告[M].经济科学出版社，2013：17.

[100] 王永虎.劳动法视野下公司高管忠实义务及权利保护法律适用问题研究[EB/OL].(2016-11-17).http://whjhq.gov.cn/714/readnews.asp?id=264.

[101] 问清泓.论高级管理人员劳动关系调整[J].中国人力资源开发，2010(8):82-86.

[102] 谢增毅.劳动关系的内涵及雇员和雇主身份之认定[J].比较法研究，2009(6):80.

[103] WEILER P C. Governing the wrokplace: the future of labor and employment law[M]. Harvard University Press, 1993,159.

[104] 肖红艳.公司高管人员的劳动法律适用问题[D].华侨大学,2014:19.

[105] 张翼飞.公司管理人员的劳动法适用问题研究[D].华东政法大学2012:26.

[106] 张翼飞.公司管理人员的劳动法适用问题研究[D].华东政法大学2012:26.

[107] WEISS M, SCHMIDT M. Labour law and industrial relations in germany[J]. Kluwer Law International, 2008,45.

[108] DAVIES. Perspectives on Labour Law[M]. Cambridge University Press, 2004, p88.

[109] EMANUEL S L. Corporations(4th Edition)[M]. Aspen Law & Business, 2002, p54.

[110] 小艾尔弗雷德·D·钱德勒. 看得见的手——美国企业的管理革命[M]. 重武, 译. 商务印书馆, 1987:48.

[111] 赵玲. 公司治理:理论与制度[M]. 法律出版社, 2009:2.

[112] 沃尔芬森. 现代公司[M]. 自由出版社, 1984:3.

[113] 谢增毅. 劳动关系的内涵及雇员和雇主身份之认定[J]. 比较法研究, 2009(6):80.

[114] CHARLES R, KELLEY T O, ROBERT B. Thompson, corporations and other business associations(5th Edition)[M]. Aspen Publishers, 2006, p143.

[115] WEISS M, SCHMIDT M, Labour law and industrial relations in germany[J]. Kluwer Law International, 2008, p50.

[116] MONKS A G, MIAOW N. Corporate governance 3rd[M]. Blackwell Publishers, 2001, 191.

[117] 王云泽. 公司高管劳动法制度保护的排除与适用[J]. 萍乡学院学报, 2016(1):37-41.

[118] 王云泽. 公司高管劳动法制度保护的排除与适用[J]. 萍乡学院学报, 2016(1):37-41.

[119] EMANUEL S L. Corporations(4th Edition)[M]. Aspen Law & Business, 2002, B76.

[120] 陈思明. 现代薪酬学[M]. 立信会计出版社, 2004:17.

[121] 根田正树. 会社役员の報酬規制と最近の動向[J]. 月刊民事法情報213号, 2004:61.

[122] 朱敏. 中国上市公司高管股票期权激烈有效性研究[M]. 成都:西南财经大学出版社.2014:34-35.

[123] 118 17 C.F.R.§ 229.402(c).

[124] 朱敏. 中国上市公司高管股票期权激烈有效性研究[M]. 成都:西南财经大学出版社, 2014:14-15.

[125] 朱敏. 劳动资本化及其激励效应[J]. 经济学家, 2001(2):128.

[126] 周其仁. 市场里的企业:一个人力资本与非人力资本的特别合约[J]. 经济研究, 1996(6):71-79.

[127] 罗伯塔·罗曼诺. 公司法基础(第二版)[J]. 罗培新, 译. 北京:北京大学出版社, 2010:456.

[128] 冉春芳. 高管权力、能力与高管超额薪酬研究[M]. 成都:西南财经大学出版社, 2016:46.

[129] 亚当·斯密. 国民财富的原因和性质的研究[M]. 唐日松, 译. 华夏出版社, 2012:718.

[130] 张正堂. 企业家报酬的决定理论与实证研究[M]. 北京:北京经济管理出版社, 2003:49.

[131] 罗伯塔·罗曼诺. 公司法基础(第二版)[J]. 罗培新, 译. 北京:北京大学出版社, 2010:456.

[132] LAZEAR E,RANK S R Order tournaments as optimum labor contracts[J]. Journal of Political Economy,1981,89(5):841-874.

[133] 冉春芳.高管权力、能力与高管超额薪酬研究[M].成都:西南财经大学出版社,2016:18.

[134] 朱敏.中国上市公司高管股票期权激烈有效性研究[M].成都:西南财经大学出版社,2014:12.

[135] MONKS A G, MINOW Nell. Corporate Governance, 3rd [M]. Blackwell Publishing, 2001, 221-225.

[136] IRA T.KAY,. CEO pay for performance:the solution to "managerial power"[J].Corporation Law,Vol.30,2005.

[137] BAINBRIDGE S M. Executive compensation:who decides?[J]. Texas Law Review,Vol.83, 2005.

[138] GORDON J N. Executive compensation:if there's a problem,what's the remedy? the case for "compensation discussion and analysis"[J]. Journal of Corporation Law,Vol.30,2005.

[139] 施延博.上市公司高管薪酬监管法律制度研究[D].华东政法大学,2014:2.

[140] CONWAY J. Golden Parachute Tax Gross-Ups:Weathering the Strom?[EB/OL].(2016-6-20) http://www.cravath.com/files/Uploads/Documents/Publications/3251629_1.

[141] 朱羿锟,等.高管薪酬:激励与控制[M].北京:法律出版社,2014:1.

[142] 张育军.上海证券交易所联合研究报告[M].上海:上海人民出版社,2010:186.

[143] 朱羿锟,等.高管薪酬:激励与控制[M].法律出版社,2014:3.

[144] 朱羿锟,等.高管薪酬:激励与控制[M].法律出版社,2014:1.

[145] 林其玲,葛文婕.苹果CEO薪酬达3.78亿美元 1年=富士康工人6万年[N].新京报,2012-4-10.

[146] HILL, G JENNIFER. Regulating executive remuneration:international developments in the post-scandal era[J]. Corporate & Securities Law,2006.

[147] HILL, G JENNIFER. Regulating executive remuneration:international developments in the post-scandal era[J]. Corporate & Securities Law,2006.

[148] 卢西恩·伯切克,杰西·弗里德.无功受禄——审视美国高管薪酬制度[M].赵立新,等,译.法律出版社,2009:15.

[149] 卢西恩·伯切克,杰西·弗里德.无功受禄——审视美国高管薪酬制度[M].赵立新,等,译.法律出版社,2009:15-16.

[150] BEBCHUK L A, FRIED J M. Executive Compensation as an Agency Problem[J]. Economic

Perspectives,Vol.17,2003.

[151] Delaware Super Court,746A. 2d244.

[152] 卢西恩·伯切克,杰西·弗里德. 无功受禄——审视美国高管薪酬制度[M]. 赵立新,等,译. 北京:法律出版社,2009:37.

[153] BEBCHUK L A, GRINSTEIN Y. The growth of executive pay[J]. Oxford review of economic policy,Vol.21,2005.

[154] CEO Compensation in the Post-Enron Era:Hearing Before the Committee on Commerce,Science, and Transportation, 108th Congress, 2003[EB/OL].(2016-6-18).http://commerce.senate.gov/public/?a=Files.Serve&File_id=bab239d3-607e-4920-b508-c1b1e9c72640.

[155] CHEFFINS B R, THOMAS R S. The Globalization(Americanization)of Executive Pay,[J]. Berkeley Business Law,Vol.1,2004.

[156] 德勤中国高管薪酬研究中心. 2011-2012年度中国企业高管薪酬调研报告(序)[EB/OL]. (2016-7-11).https://wenku.baidu.com/view/d8ab3f0b844769eae009ed85.html.

[157] 阿道夫·A.伯利,加德纳·C.米恩斯. 现代公司与私有财产[M]. 甘华鸣,等,译. 商务印书馆,2005:78.

[158] 阿道夫·A.伯利,加德纳·C.米恩斯. 现代公司与私有财产[M]. 甘华鸣,等,译. 商务印书馆,2005:78.

[159] 李荣. 公司高管薪酬法律规制研究[M]. 北京:经济管理出版社,2013:21.

[160] 钱弘道. 法律经济学的理论基础[J]. 法学研究,2002(4):14.

[161] 官欣荣. 上市公司高管薪酬的商法规制[M]. 广州:华南理工大学出版社,2015:48.

[162] 沈宗灵. 比较法研究[M]. 北京:北京大学出版社,1998:122.

[163] 布莱恩·R.柴芬斯. 公司法:理论、结构和运作[M]. 林华伟,等,译. 北京:法律出版社,2000:135.

[164] 官欣荣. 上市公司高管薪酬的商法规制[M]. 广州:华南理工大学出版社,2015:49.

[165] 李荣. 公司高管薪酬法律规制研究[M]. 北京:经济管理出版社,2013:110.

[166] 陈益民,祝青. 我国上市公司高管薪酬合理性评价[J]. 中国人力资源开发,2013(3):58-61.

[167] 朱羿锟等. 高管薪酬:激励与控制[M]. 北京:法律出版社,2014:20-34.

[168] 官欣荣. 上市公司高管薪酬的商法规制[M]. 广州:华南理工大学出版社,2015:59.

[169] 施天涛. 公司法论[M]. 北京:法律出版社,2005:339.

[170] 张开平. 英美公司董事法律制度研究[M]. 北京:法律出版社,1998:282-283.

[171] 卢西恩·伯切克,杰西·弗里德. 无功受禄——审视美国高管薪酬制度[M]. 赵立新,等,译.

法律出版社,2009:283.

[172] 张开平.英美公司董事法律制度研究[M].北京:法律出版社,1998:289.

[173] 王靖林.高管薪酬制度研究——基于美英高管薪酬制度得到的启示[D].华东政法大学,2012:30.

[174] GOPALAN S. Say on pay and the sec disclosure rules: expressive law and CEO compensation [J]. Pepperdine University School of Law,2008,207.

[175] 官欣荣.上市公司高管薪酬的商法规制[M].广州:华南理工大学出版社,2015:140.

[176] 布莱恩·R.柴芬斯.公司法:理论结构和运作[M].林伟华,等,译.北京:法律出版社,2000:714.

[177] 弗兰克·伊斯特布鲁克,丹尼尔·费希尔.公司法的经济结构[M].张建伟,罗培新,译.北京:北京大学出版社,2005:67.

[178] 卢西恩·伯切克,杰西·弗里德.无功受禄——审视美国高管薪酬制度[M].赵立新,等,译.法律出版社,2009:2.

[179] 李建虎.试论国有企业经营者薪酬决定主体的法律完善[J].商品与质量,2011(3):95-96.

[180] 官欣荣.上市公司高管薪酬的商法规制[M].华南理工大学出版社,2015:63.

[181] 李荣.公司高管薪酬法律规制研究[M].经济管理出版社,2013:131-133.

[182] GEVURTZ F A. A Disney in a Comparative Light[J]. American Journal of Comparative Law, 2007,55(3):469.

[183] 王保树.商事法论集[M].法律出版社,2012(21):451.

[184] 末永敏和.现代日本公司法[M].金洪玉,译,人民法院出版社,2000:151.

[185] 王保树.商事法论集[M].北京:法律出版社,2012(21):450.

[186] 李松哲.韩国公司法[M].吴日焕,译.北京:中国政法大学出版社,2000:444-446.

[187] 小艾尔弗雷德·D.钱德勒.看得见的手——美国企业的管理革命[M].重武,译.北京:商务印书馆,1987:3.

[188] 小艾尔弗雷德·D.钱德勒.看得见的手——美国企业的管理革命[M].重武,译.北京:商务印书馆,1987:9.

[189] 张开平.英美公司董事法律制度研究[M].法律出版社,1998:36.

[190] 张开平.英美公司董事法律制度研究[M].法律出版社,1998:37.

[191] 张开平.英美公司董事法律制度研究[M].法律出版社,1998:37-37.

[192] BEBCHUK L A. The case for increasing shareholder power. harvard law review[J]. Harvard Law Review,Vol. 118,No. 3,833,2005,833.

[193] 张开平. 英美公司董事法律制度研究[M]. 法律出版社,1998.135-136.

[194] 李荣. 公司高管薪酬法律规制研究[M]. 经济管理出版社,2013:21.

[195] BAINBRIDGE S M. Executive compensation:who decides?[J]. 83 Tex.L.Rev. 2005:1615-1616.

[196] THOMPSON R B. Iinsider trading,investor harm and executive compenastion[J]. 50 Case W. Res.291,1999:301-304.

[197] Donald C. Langevoort,"The Human Nature of Corporate Boards:Law, Norms, and the Unintended Consequences of Independence and Accountability,"[J]. Georgetown Law Journal.2001(89).797.

[198] Heller V. Boylan, Heller v. Boylan, 29 N.Y.S.2d 653, 1941 N.Y. Misc. LEXIS 2131 (N.Y. Sup. Ct. 1941).

[199] Shareholder Vote on Executive Compensation Act, H.R. 1257, 110th Cong.(as introduced Mar. 1,2007). F4.1.

[200] Shareholder Vote on Executive Compensation Act, H.R. 1257, 110th Cong.(as introduced Mar. 1,2007). F4.1.

[201] 黄顺芳. 微软授权投资者对高管薪酬有表决权今年首行使[EB/OL].(2016-7-4).http://it.sohu.com/20090921/n266886889.shtml.

[202] 王靖林. 高管薪酬制度研究——基于美英高管薪酬制度得到的启示[D]. 上海:华东政法大学,2012:30.

[203] 官欣荣. 上市公司高管薪酬的商法规制[M]. 华南理工大学出版社,2015:140.

[204] 施廷博. 上市公司高管薪酬监管法律制度研究[D]. 华东政法大学,2014:187.

[205] BURGESS K,MILNE R. European investors balk at director pay[M]. Fin.Times,2009:15.

[206] CEO薪酬揭密[J].HR管理世界,2006(5).

[207] CEO薪酬揭密[J].HR管理世界,2006(5).

[208] 郑观. 上市公司管理层薪酬制定中的股东话语权——股东咨询性投票制度及对我国的借鉴意义[J]. 当代法学,2012(4):39-46.

[209] 金家宇. 全球领先企业薪酬激励新思维[J]. 董事会,2012(8):57-60.

[210] KAPLAN, STEVEN. Executive compensation and corporate governance in the u.s.:perceptions,facts and challenges[J]. Chicago Booth Research Paper,2012:12-42.

[211] MOON,Sang-II. Recent improvements in corporate governance through executive compensation reform[EB/OL].(2011-2-9).https://ssrn.com/abstract=1758664.

[212] BAINBRIDGE, STEPHEN M. Is say on pay'justified?[J]. Regulation, Vol. 32, No. 1, 2009, 42-47.

[213] 王靖林.高管薪酬制度研究——基于美英高管薪酬制度得到的启示[D].华东政法大学, 2012:31.

[214] 丹尼斯·吉南.公司法[M].朱羿锟,等,译.法律出版社,2005:285-286.

[215] MURPH K. Top executive are worth every nickel they get[J]. Harvard Business Review, 1986, 125.

[216] 吴建斌.现代日本商法研究[M].人民出版社,2003:386.

[217] 王作全.完善公司法人治理机制的有益探索——简论日本设置委员会公司制度[J].青海社会科学,2006(4):106-107.

[218] 卢西恩·伯切克,杰西·弗里德.无功受禄——审视美国高管薪酬制度[M].赵立新,等,译.法律出版社,2009:67.

[219] 罗伯特·C.克拉克.公司法则[M].胡平等,译.工商出版社,1999:115.

[220] 詹尼斐·希尔.澳大利亚董事和高级职员的薪酬披露制度[A].史晨霞,译.王保树.商事法论集(26)当代法学[C].法律出版社,2002:279.

[221] M FARRELL. A Role For the Judiciary in Reforming Executive Compensation: the Implications of Securities and Exchange Commission v. Bank of America Corp[J]. 96 Cornell Law Review, 2010, 169-201.

[222] 卢西恩·伯切克,杰西·弗里德.无功受禄——审视美国高管薪酬制度[M].赵立新,等,译.法律出版社,2009:67.

[223] SEC Release No. 34-1823(Aug. 11, 1938)[3 FR 1991].

[224] SEC Release No. 34-3347(Dec. 18, 1942)[7 FR 10653].

[225] SEC Release No. 34-4775(Dec. 11, 1952)[17 FR 11431].

[226] SEC Release No. 33-6003(Dec. 4, 1978)[43 FR 58151].

[227] SEC Release No. 33-6486(Sept. 23, 1983)[48 FR 44467].

[228] SEC Release No. 33-6962(Oct. 16, 1992)[57 FR 48126].

[229] SEC Release No. 33-8732A(Aug. 9, 2006)[71 FR 53158].

[230] SEC Release No. 33-8732A(Aug. 9, 2006)[71 FR 53158], .53168.

[231] SEC Release No. 33-8732A(Aug. 9, 2006)[71 FR 53158], 53257-53258.

[232] 17 C.F.R.§ 229.402(c).

[233] 17 C.F.R.§ 229.402(d).

[234] 17 C.F.R.§ 229.402(f).

[235] 17 C.F.R.§ 229.402(g).

[236] 17 C.F.R.§ 229.402(h).

[237] 17 C.F.R.§ 229.402(i).

[238] 17 C.F.R.§ 229.402(a)(2).

[239] SEC Release No. 33-8655(Jan. 27,2006)[71 FR 6542],6615.

[240] 17 C.F.R.§ 229.407(e)(1).

[241] 17 C.F.R.§ 229.407(e)(2).

[242] 17 C.F.R.§ 229.407(e)(4).

[243] 17 C.F.R.§ 229.407(e)(5).

[244] MARTIN J S. The house of mouse and beyond: assessing the sec's efforts to regulate executive compensation[J]. Delaware Journal of Corporate Law, Vol.32, 2007.

[245] MARTIN J S. The house of mouse and beyond: assessing the sec's efforts to regulate executive compensation[J]. Delaware Journal of Corporate Law, Vol.32, 2007.

[246] WARREN J. Casey Sabino Rodriguez, new executive compensation disclosures Under Dodd-Frank[EB/OL].(2010-8-2).https://www.daypitney.com/insights/publications/2010/08/new-executive-compensation-disclosures-under-dod.

[247] Report of the high level group of company law experts on a modern regulatory framework for company law in Europe[R]. Belgium: Brussels, 2002.

[248] Report of the high level group of company law experts on a modern regulatory framework for company law in Europe[R]. Belgium: Brussels, 2002.

[249] ROACH L. The directors' remuneration report regulations 2002 and the disclosure of executive remuneration[J].Company Lawyer, 2004, 25(5), 142.

[250] Code of Best Practice, para.5.26.

[251] HILL J G. What reward have ye? disclosure of director and executive remuneration in australia [J]. Company and Securities Law Journal, 1996, 14.

[252] 黄福宁. 上市公司经理人员薪酬的法律规制[D]. 中国政法大学, 2005: 102.

[253] FERRARINI G, MOLONEY N, Vespro C. Executive Remuneration in the EU: Comparative Law and Practice[J].Social Science Electronic Publishing, 2003(6), 25.

[254] HIGH LEVEL GROUP, Report of high level group of company law experts on a modern regulatory framework for company law in europe[R]. chapter iii, para.4.2.

[255] 胡田野. 欧洲公司法最新改革与发展[EB/OL].[2016-10-9].http://policy.mofcom.gov.cn/section/news!fetch.html.

[256] 郭广坤. 论我国上市公司高管薪酬披露制度[D]. 江西财经大学,2014:24-25.

[257] SON H, MOORE M. Banker pay fueled risk that hobbled economy, crisis panel says[EB/OL]. (2011-01-27).http://www.bloomberg.com.

[258] Commission of the European Communities(2008), Directive 2006/48/EC of the European Parliament and of the Council Commission of the European Communities, Brussels[EB/OL]. http://ec.europa.eu/internal_market/financial-markets/docs/proposal/sfd_fcd_proposal_en.pdf, Last visited on 20, Nov. 2016.

[259] Albie Brooks. AUSTRALIA: COMMENTARY ON NEW REMUNERATION DISCLOSURE RULES[J]. Company Lawyer,2001,22(2),60-62.

[260] HEALY M P, PALEPU G K. Information asymmetry, corporate disclosure, and the capital market. A review of the empirical disclosure literature[J]. Accounting and Economics, Volume. 31,issues1-3,September 2001,405-440.

[261] 波斯纳. 法律的分析(下)[M]. 蒋兆康译. 北京:中国大百科全书出版社,2003:678.

[262] 李荣. 公司高管薪酬法律规制研究[M]. 北京:经济管理出版社,2013:133.

[263] 王建文,张宇,熊敬. 公司高管重大经营决策失误民事责任研究[M]. 北京:法律出版社,2012:12.

[264] 张开平. 英美公司董事法律制度研究[M]. 法律出版社,1998:149.

[265] 张开平. 英美公司董事法律制度研究[M]. 法律出版社,1998:181-182.

[266] HICKS A, GOO S H. Cases and materials on company law[M]. Blackstone Press, 1994, 305-307.

[267] 卢西恩·伯切克,杰西·弗里德. 无功受禄——审视美国高管薪酬制度[M]. 赵立新,等,译. 北京:法律出版社,2009:67.

[268] 罗伯特·C.克拉克. 公司法则[M]. 胡平等译. 工商出版社,1999:115.

[269] 张开平. 英美公司董事法律制度研究[M]. 法律出版社,1998:239-242.

[270] 李建虎. 试论国有企业经营者薪酬决定主体的法律完善[J]. 商品与质量,2011(3):95-96.

[271] 秦萌,李荣. 德国高管薪酬法律规制立法实践及对我国的启示[J]. 中国商贸,2013(29):56.

[272] 李荣. 公司高管薪酬法律规制研究[M]. 经济管理出版社,2013:131-133.

[273] 李荣.公司高管薪酬法律规制研究[M].经济管理出版社,2013:133.

[274] 罗伯特·C.克拉克.公司法则[M].胡平,等,译.北京:工商出版社,1999:59.

[275] CORE J,GUAY W R,THOMAS R S. Is U.S. CEO compensation inefficient pay without performance? [J]. Michigan Law Review,2005,103.

[276] 卢西恩·伯切克,杰西·弗里德.无功受禄——审视美国高管薪酬制度[M].赵立新,等,译.法律出版社,2009:39.

[277] 李荣.公司高管薪酬法律规制研究[M].经济管理出版社,2013:111.

[278] 矢沢惇.取締役の報酬の法的規制.企業法の諸問題[M].商事法務研究会,1981.。

[279] ROSENBERG D. Galactic stupidity and the business judgment rule[EB/OL].(2016-10-8). http://law.bepress.com/cgi/viewcontent.cgi? article=5078 & context=expresso.

[280] 李荣.公司高管薪酬法律规制研究[M].经济管理出版社,2013:113.

[281] 卢西恩·伯切克,杰西·弗里德.无功受禄——审视美国高管薪酬制度[M].赵立新,等,译.法律出版社,2009:185-186.

[282] 朱羿锟,等.高管薪酬:激励与控制[M].法律出版社,2014:201-207.

[283] HILL J. What reward have ye? disclosure of director and executive remuneration in australia[J]. Company and Securities Law Journal,1996,14.

[284] 朱羿锟,等.高管薪酬:激励与控制[M].法律出版社,2014:207.

[285] 李荣.公司高管薪酬法律规制研究[M].经济管理出版社,2013:115.

[286] 胡宜奎.股东代表诉讼诉权的权利基础辨析——兼论我国股东代表诉讼制度的完善[J].政治与法律,2015(9):148.

[287] 孙莲莲.英国股东派生诉讼制度之改革研究[D].上海:华东政法大学,2015:26.

[288] NEILL A O,Reforming the derivative suit[J]. New Law,2007,p66.

[289] 李荣.公司高管薪酬法律规制研究[M].北京:经济管理出版社,2013:119.

[290] 沈四宝.最新美国标准公司法[M].北京:法律出版社,2006:84.

[291] 李荣.公司高管薪酬法律规制研究[M].北京:经济管理出版社,2013:120.

[292] 官欣荣.上市公司高管薪酬的商法规制[M].广州:华南理工大学出版社,2015:177.

[293] 罗伯特·C.克拉克.公司法则[M]. 胡平等译. 工商出版社,1999:162.

[294] 李荣.公司高管薪酬法律规制研究[M].北京:经济管理出版社,2013:125-126.

[295] 李荣.公司高管薪酬法律规制研究[M].北京:经济管理出版社,2013:126.

[296] RAGSDALE M E. Executive compensation:will the new sec disclosure rules control "exces-

sive" pay at the top [M]. 61 UMKC L. Rev. 1993:537-548.

[297] 丁丁. 商事判断规则研究[M]. 长春:吉林人民出版社,2005:70.

[298] BAINBRIDGE S M. Executive compensation: who decides?[M]. 83 Tex. L. Rev. 2005: 1615-1616.

[299] Robert B Thompson. Iinsider Trading, Investor Harm and Executive Compenastion[M]. 50 Case W. Res. 291,1999:301-304.

[300] 卢西恩·伯切克,杰西·弗里德. 无功受禄——审视美国高管薪酬制度[M]. 赵立新,等,译. 法律出版社,2009:20-39.

[301] 罗伯特·C. 克拉克. 公司法则[M]. 胡平等译. 工商出版社,1999:199.

[302] 美国法律研究院. 公司治理原则:分析与建议(上)[M]. 楼建波等译. 法律出版社,2006:291.

[303] LOEWENSTEIN M J. The conundrum of executive compensation[J]. Wake Forest Law Review,2000,35:20-22.

[304] 丁丁. 商事判断规则研究[M]. 吉林人民出版社,2005:39.

[305] 高桥均. 股东代表诉讼的理论与制度改进[M]. 梁爽,佐藤孝弘,等,译. 北京:法律出版社,2013:189.

[306] 李荣. 公司高管薪酬法律规制研究[M]. 经济管理出版社,2013:127.

[307] 李荣. 公司高管薪酬法律规制研究[M]. 经济管理出版社,2013:130.

[308] 甘培忠,楼建波. 公司治理专论[M]. 北京大学出版社,2009:11.

[309] 李建伟. 高管薪酬规范与法律的有限干预[J]. 政法论坛,2008(3):107-116.

[310] DEFINA A,HARRIS T C,RAMSAY I M. What is reasonable remuneration for corporate officers? an empirical investigation into the relationship between pay and performance in the largest australian company[M]. Company and Securities Law Journal,1994,112:343.

[311] 柴芬斯. 公司法:理论、结构和运作[M]. 林华伟,等,译. 北京:法律出版社,2001:728.

[312] 李荣. 公司高管薪酬法律规制研究[M]. 北京:经济管理出版社,2013:131.

[313] 官欣荣. 上市公司高管薪酬的商法规制[M]. 广州:华南理工大学出版社,2015:177.

[314] 官欣荣. 上市公司高管薪酬的商法规制[M]. 广州:华南理工大学出版社,2015.

[315] 秦萌,李荣. 德国高管薪酬法律规制立法实践及对我国的启示[J]. 中国商贸,2013(29):56-57.

[316] 李东燕. 对经理股票期权制几个问题的探讨[J]. 北京工商大学学报(社会科学版),2002(6):60.

[317] JOANN S, LUBLIN. With options tainted, companies award restricted stock [J]. Wall Street Journal, 2003(3), B1.

[318] 胡玲. 中美高管薪酬制度比较研究[M]. 经济管理出版社, 2013:56-57.

[319] 胡玲. 中美高管薪酬制度比较研究[M]. 经济管理出版社, 2013:47.

[320] LEWELLEN W, LODERER C, MARTIN K. Executive compensation and executive incentive problems: An empirical analysis[J]. Journal of Accounting & Economics, 1987, 9(3): 302-303.

[321] HALL B J. What you need to know about stock options[J]. Harvard Business Review, 2000, 78.

[322] EFENDI J, SRIVASTAVA J, SWANSON E. Why Do Corporate Managers Misstate Financial Statements? The Role of Option Compensation and Other Factors[J]. 85 Financial Economics, 667-708.

[323] 胡玲. 中美高管薪酬制度比较研究[M]. 北京: 经济管理出版社, 2013:59.

[324] 罗莱娜. 股票期权制度中的公司法问题探析[EB/OL]. http://china.findlaw.cn/gongsifalv/gongsi-falunwen/7700-3.html. 转引自官欣荣. 上市公司高管薪酬的商法规制[M]. 华南理工大学出版社, 2015:210。

[325] 德勤中国高管薪酬研究中心. 2011-2012年度中国企业高管薪酬调研报告 2012(6):35.

[326] 王一丹. 日本公司法新股预约权研究[D]. 吉林大学, 2010:11.

[327] 张汉华. 借鉴外国经验推进我国国有企业经营者年薪制建设[J]. 当代亚太, 2002(8):18.

[328] 高明华, 等. 中国上市公司高管薪酬指数报告[M]. 北京: 经济科学出版社, 2013:133.

[329] 高明华, 等. 中国上市公司高管薪酬指数报告[M]. 北京: 经济科学出版社, 2011:187.

[330] 高明华, 等. 中国上市公司高管薪酬指数报告[M]. 北京: 经济科学出版社, 2013:55.

[331] 高明华, 等. 中国上市公司高管薪酬指数报告[M]. 北京: 经济科学出版社, 2013:106.

[332] 高明华, 等. 中国上市公司高管薪酬指数报告[M]. 北京: 经济科学出版社, 2011:180.

[333] 朱羿锟, 等. 高管薪酬:激励与控制[M]. 北京: 法律出版社, 2014:11.

[334] 唐宁玉. 高管薪酬:让人羡慕让人忧[N]. 新闻周刊, 2009-4-22.

[335] 朱羿锟, 等. 高管薪酬:激励与控制[M]. 北京: 法律出版社, 2014:13.

[336] 李建伟. 公司制度、公司治理与公司管理——法律在公司管理中的地位与作用[M]. 北京: 人民法院出版社, 2005:196-197.

[337] 施廷博. 上市公司高管薪酬监管法律制度研究[D]. 华东政法大学, 2014.

[338] 马德林. 股权制衡下合谋、激励与高管薪酬问题研究[M]. 南京: 东南大学出版社,

2011:43.

[339] 官欣荣.上市公司高管薪酬的商法规制[M].广州:华南理工大学出版社,2015:81-82.

[340] 戴少刚.上市公司高管报酬之法律规制:美国经验及其比较借鉴[D].清华大学,2007:74.

[341] 官欣荣.上市公司高管薪酬的商法规制[M].广州:华南理工大学出版社,2015:80.

[342] 李寅.国有企业高管薪酬法律规制研究[D].湖南师范大学,2014:30、35.

[343] 许家旺.高管薪酬制度"救赎"[J].董事会,2010(1):92-93.

[344] The conference board commission on public trust and private enterprise. executive compensation issues:a rationale[J].当代财经,2005(2):77-81.

[345] National association of corporate directors' blue ribbon commission. executive compensation and the role of the compensation committee.[J].当代财经,2005(2):77-81.

[346] Business roundtable. executive compensation:principles and commentary.[J].当代财经,2005(2):77-81.

[347] 周汉民.上市公司应成为供给侧结构性改革主力军[N].联合时报,2017-7-7.

[348] HILL J. "What Reward Have Ye?" Disclosure of Director and Executive Remuneration in Australia[J]. Company and Securities Law Journal,1996(14),32.

[349] 朱羿锟.经营者薪酬的正当性与程序公正[A].梁慧星.民商法论丛(第34卷)[C].法律出版社,2006:127.

[350] HILL J. "What reward have ye?" disclosure of director and executive remuneration in australia[J]. Company and Securities Law Journal,1996(14).P232.

[351] 邓辉,张怡超.公司高管薪酬信息披露制度功能之辩证[J].当代法学,2010(6):55-63.

[352] 詹尼斐·希尔.澳大利亚董事和高级职员的薪酬披露制度[A].史晨霞译.王保树.商事法论集·26·当代法学[C].法律出版社,2002:279.

[353] 张怡超.美国经理报酬信息披露制度改革及对我国的启示[J].河北法学,2009(10):157-166.

[354] 查靖.中美高管薪酬披露规则比较[M].财会通讯,2009(10):121-123.

[355] 徐晓松,徐东.我国《公司法》中信义义务的制度缺陷[J].天津师范大学学报,2015(1):52.

[356] 官欣荣.上市公司高管薪酬的商法规制[M].广州:华南理工大学出版社,2015:185.

[357] 李荣.公司高管薪酬法律规制研究[M].经济管理出版社,2013:116.

[358] 齐林.高管薪酬的中国特色[J].中国新时代,2013(6).

[359] Franklin A Gevurtz. A Disney in a Comparative Light[J]. American Journal of Comparative Law,2007,55(3):469.

[360] 钱玉林. 公司法实施专题研究[M]. 法律出版社,2014:182.

[361] KEAY. The duty to promote the success of the company: is it fit for purpose?[J]. University of Leeds School of Law, Centre for Business Law and Practice Working Paper, 2010,4.

[362] 胡宜奎. 股东代表诉讼诉权的权利基础辨析——兼论我国股东代表诉讼制度的完善[J]. 政治与法律,2015(9):148.

[363] UK 2006 Companies Act, Section 260(2b).

[364] REISBERG. Shadows of the past and back to the future[J]. European Company and Financial Law Review,2006,655.

[365] 李哲松. 韩国公司法[M]. 吴日焕,译. 中国政法大学出版社,2000:269.

[366] 苗壮. 美国公司法——制度与判例[M]. 法律出版社,2007:240.

[367] 高桥均. 股东代表诉讼的理论与制度改进[M]. 梁爽,佐藤孝弘,等,译. 北京:法律出版社,2013:291.

[368] 薛中行. 中国式股权激励[M]. 北京:中国工商出版社,2014:17.

[369] 宫玉松. 上市公司股权激励问题探析[J]. 经济理论与经济管理,2012(11):78-73.

[370] 宫玉松. 上市公司股权激励问题探析[J]. 经济理论与经济管理,2012(11):78-73.

[371] BOOTH R. Why stock options are the best form of executive compensation and how to make them even better [J]. Law & Business,2001(6),282-364.

[372] 官欣荣. 上市公司高管薪酬的商法规制[M]. 广州:华南理工大学出版社,2015:205.

[373] 吴敏. 格力电器董事长天价薪酬震惊各界[N]. 证券日报,2009-03-18.

[374] 卢西恩·伯切克,杰西·弗里德. 无功受禄——审视美国高管薪酬制度[M]. 赵立新,等,译. 法律出版社,2009:128.

[375] 宫玉松. 上市公司股权激励问题探析[J]. 经济理论与经济管理,2012(11):78-73.

[376] 卢西恩·伯切克,杰西·弗里德. 无功受禄——审视美国高管薪酬制度[M]. 赵立新,等,译. 北京:法律出版社,2009:156.